中国 都市のパノラマ

王朝の都《みやこ》 豊饒の街《まち》

伊原弘……著

図説❖中国文化百華 007

農文協

中国 都市のパノラマ

王朝の都《みやこ》 豊饒の街《まち》

目次

デザイン 田内 秀

はじめに

中国は農村社会を基盤としつつ発展してきた。だが、一面で都市の文明でもあった。古代以来、権力や権威は城壁によって囲まれた聚落を拠点としたのである。このことは國という文字が示す。人すなわち口と土地すなわち一を戈という武器で守る。或という字は元来は都市を示すとされる。武器で守っているから、疑う。よって「あるいは」とよむとされる。

大帝国が成立すると、これらを拠点にして支配を強めていった。こうして中国都市は行政の拠点、すなわち支配の拠点として成長を続けたのである。全国的に大都市から中・小の都市へという階層も成立していったのである。そして、支配の拠点としての装置を付け加えていった。早熟な中国文明である。ここでとりあげる十二世紀を中心とした時代には、わが国と異なる都市が出現していたのである。

都市は意匠と象徴の世界である。人が社会生活をいとなみ始めて以来、集住の場として形成されてきた都市は、人びとのかがやける衣装として立ち現れた。たかだかと張り巡らされた城壁。聳え立つ宮殿と神殿。はりめぐらされた街路。自然界とはことなるあでやかな色彩。さらにまた、そこを行きかう人びともまた、折々に流行る最新の衣装をまとう。

都市は輝ける衣装であったがゆえに、類まれな意匠の場となったのである。だから都市は装飾の集合体である。その輝ける都市の意匠は記号であらわされる。そしてそれを表現するのが地図や絵図である。

これらの図像はたくまずしていくつもの情報を織り込んだ貴重な都市解読の史料となる。このことに注目したわたくしは、ながい間中国社会解読の史料として、これらの図像を利用する方法を追求してきた。

思えば、このことはいまより、半世紀まえにはじまった。当時高校生だったわたくしは、絵画に熱中していたが、一方で壮大なオリエントを主題にした映画や小説にもあこがれていた。だから、父に頼んで、当時刊行されていた筑摩書房の『世界の歴史』（筑摩書房・一九六〇～六一年）を購読し、夢中になって読みふけっていた。

戦後しばらくは歴史全集や文学全集が発刊された。思えば、輝かしい知の時代であった。新書や文庫は値段的には手軽だったが水準の高いものが多かった。これらが日本人の知の水準を押し上げたといっても過言ではないのではないか。

とても面白かった本のなかで、まったく興味を感じなかった箇所がある。それが、宋代を中心とした時代である。いまは宋代を専門にしているが、当時は苦手な時代であった。なぜか。難しかったからである。

この『世界の歴史』シリーズには当時の最新鋭の情報がこめられていた。しかも最先端をいく若い先生方の執筆からなっていた。そうしたなかで、宋代もまた最新の問題が取り上げられていたのである。それは身分問題や生産様式などの問題であった。第二次大戦後の歴史学会にとっていずれも重要な問題である。だが、高校生にとっては難しく近寄りがたい問題だった。その後、宋代を勉強することになったわたくしは、ここに執筆されていた先生方の謦咳に接し、お教えをいただくようになる。だが、その折にはそんなことは考えもしなかった。当時の高校生には王安石の改革や農奴問題などは重く、むしろ引用された蘇州の都市図『宋平江図』と徽宗時代の都市絵図『清明上河図』が眼を奪った。地図好きのうえに絵を描いていたわたくしは、これらの詳細な地図や絵図に眼を奪われたのである。そして、その興味は持続した。

後年、わたくしは歴史学を学ぶようになる。歴史学を選んだのは同シリーズに所収されていたイスラム史の論稿に興味をもったからである。もっとも当時の聖書などを主題にしたハリウッド系の大作映画にひかれてのことだから、実に単純なものである。同時に出版やジャーナリズムの世界に進みたいと考えていたわたくしは、目新しい分野は進路に有利とも考えていたのである。その一方で絵画への興味も持続しており、一水会の鈴木良三画伯に師事し油絵を学んだ。

師は水戸の出身で一水会に所属し、中村彝や有島生馬に師事したひとである。新宿中村屋と深い関係をもったこれらの人びとのなかにいて、わたくしは知識人や文化人の構成に興味を持つようになる。このことが、以後のわたくしの中国宋代史研究における問題追及の基礎となった。

この絵画その他に関する知識が生きることになる。知識人の活動の場である都市と、かれらの表徴である絵図を読み解くには、これらの知識と関心が重要だからである。そして、そのことが、かつて興味を持った『宋平江図』、『清明上河図』への関心を再度呼び起こしたのだ。しかも、学会にはこうした視覚史料を利用しようとする風潮がうまれてきていた。

このような成果を手軽に紹介したものとして、黒田日出男『絵画史料で歴史を読む』

（筑摩書房、二〇〇四年）や小澤弘『都市図の系譜と江戸』（吉川弘文館、二〇〇二年）がある。みがきあげられてきた新動向とその成果をわかりやすく紹介しているだけでなく読みやすい。

爾来、わたくしは、本来の課題である知識人論の研究を進めつつ、都市とそれにあわせた研究をおこなってきた。くわしくは、伊原弘・小島毅共編『知識人の諸相』（二〇〇一年）を参照されたい。『宋平江図』や『清明上河図』自体に関する論文はなお多くなかったが、その折の興味を持続させてきていたのである。そして、その成果を利用して、数冊の本を書き上げてきた。それは『中国中世都市紀行』、『中国開封の生活と歳時』、『蘇州』、『中国人の都市と空間』などである。

この結果、北宋の首都の情景を描いたとされる張択端の『清明上河図』に関しては多くの研究者の協力による解析をおこなうことができ、成果は好評をえた。この解読は、まず伊原弘編「『清明上河図』をよむ」（『アジア遊学』一一、一九九九年）を上梓し、ついで雑誌が払底したので単行本化したのである。それが伊原弘編『『清明上河図』をよむ』（二〇〇三年）である。この二種は一部重なる以外は基本的には別本である。一六名の多彩な研究者の多角的な視点の論文から構成されているので、ぜひあわせてご一読いただきたい。本書は、こうした業績と考えを基礎としつつ、さらにわかりやすくさまざまな工夫がめぐらされた都市の図像を読んでいこうとするものである。

I

都市の図像

銀河澄朗たり素秋の天
また林園に白露の円なるをみる

源　順*『和漢朗詠集』所収

1・宇宙の都市、地上の都市

かつてSFブームがあった。多くの映像やアニメが、宇宙を描いた。無限の宇宙空間に人工の星や都市が浮かぶ。そこを宇宙船がいきかう。宇宙に名をかりたこれらの壮大な映像が描き出すのは、みごとなまでの都市の実像であった。映像は孤立する都市を描く。だが、都市は都市のみでは生きていけない。周辺より養分を吸いとらなくてはいけないからだ。そして、それに対応して、内部に複雑なものを抱えながら増殖していくのである。

このような都市はどのようにして出来するのか、また増殖していくのか。古代都市の発生と展開について深い議論が重ねられ、多くの意見がよせられてきた。そのなかで、とくにロマンを誘うのが、都市に神性をかぶせる意見である。地上の都市は、宇宙にうかばない。だが、人びとは、都市を天に輝く星座の反映と考えていた。空にかがやく星々を神々の宮殿やそこにいる英雄たちの象徴と考えたのである。神々が住まう都市が空にあると考えたのは、輝く星々に畏敬の念を持ったからである。

源順　みなもとのしたごう［911-983］平安中期の学者・歌人。三十六歌仙の一人。

銀河澄朗素秋天
又見林園白露円
毛宝亀帰寒浪底
王弘使立晩花前
蘆洲月色随潮満
葱嶺雲膚与雪連
霜鶴沙鴎皆可愛
唯嫌年鬢漸皤然

『和漢朗詠集』　平安中期成立。2巻。藤原公任撰。朗詠に適した漢詩約590句と和歌約220首を、四季・雑に分けて収めたもの。

星は天空における神の宮殿の所在を示す。あるいは、天にのぼった人びとを示す。古代の人びとがこう考えたからこそ、天空と地上の世界、星と地上の建物が対比して考えられる。そして、このことは星々の位置を考えさせ、そこに宮殿が配置されているとみる。このことは文明帯での共通思考をうんだ。東アジア世界で共通する宇宙の認識である。

日本に例をとってみよう。日本の神々の宮殿も天上にあった。そして、それに対する地上の中心たる日本の古代宮都も大地の中心におかれた。このことを語るのが、神話であり伝承である。もちろん、その基本発想は中国の宮都の思想と深い関係にある。星ぼしの輝きに対する宮殿。四角い大地に対応する方形の都城。整然と区画され南北の軸線にあう街路。都城をとりまく思想。これはアジアの都市にも見られる。中国の都市の論理は、東アジア世界に強い影響を与えたのである。

都城は天帝の子供である天子のいる場所であり、天帝のいる天界の都に対応して地上につくられるものとされたが、これは王権の樹立にも及んだ。したがって、天の宮都に対応する地上の宮都は、当時の人びとのさまざまなおもいによって飾られたのである。

天界には天帝の宮殿がある、それは星座に示される。星々は天界の宮城を示す。輝く星々は宮殿をも表す。このように考えたのである。こうした発想は東アジアだけのものでない。オリエントにおいても、古代ギリシアにおいても、ひとしく

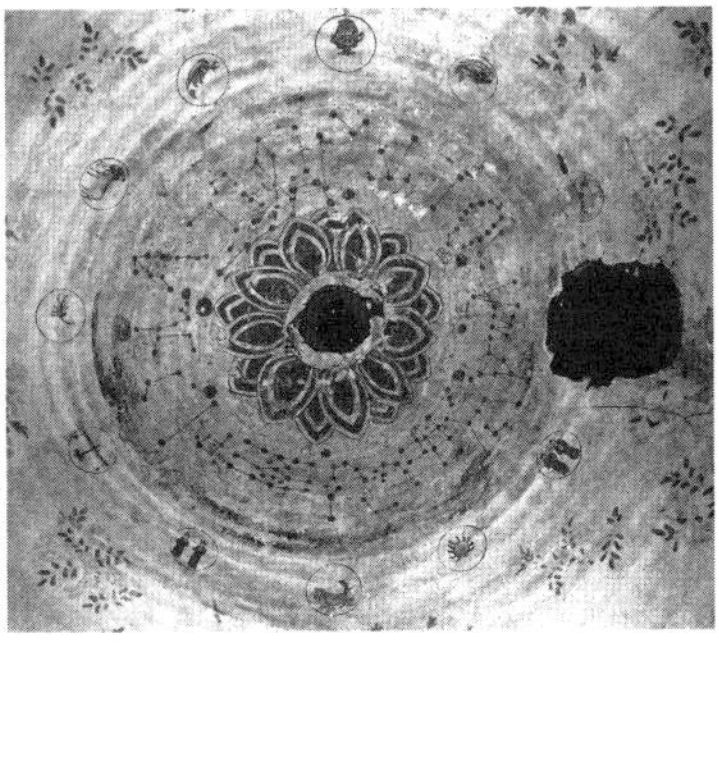

彩絵星図 張世卿墓後室壁画　河北省張家口市宣化遼墓

新バビロニア、ネブカドネザルの時代の都市の復元図。手前のユーフラテス川には大石橋がかかる。ウンガーによる。

もたれたおもいであった。天にかかる星はどこでも同じように、畏敬と驚きをもって眺められたのである。古代人はこのような感性を社会との対応にも向けた。宇宙は王権の偉大さにつながり、天地の営みの偉大さを対応させたのである。煌く星々は王権の反映でもあったのだ。

夜、空を見上げると、銀河のそばに大方形の星座が輝く。ひときわ輝くこの星座を古代ギリシア神話では天馬ペガサスの天かける姿と見た。古代オリエントの強国バビロニア*では、この星座こそマルドゥーク神*が即位した天上の玉座と見ていた。

天に輝く星々に神々の営みを見ることは、東アジアでも変わらない。星座の不可思議の感覚をいち早くとらえた中国の古代文明もこのことを示す。ここでもひときわ輝く星座をつよく意識している。たとえば、このひときわ目立つ大方形の星座を中国でも天子のすまいにみたてたようである。古代の『詩経』*にも

定之方中
作于楚宮
揆之以日
作于楚室

とある。中野美代子氏は詩は「定、すなわちペガサス大方形の中国名の営が真ん中に来たときに日陰をすくって楚に宮殿をつくる」と解され、天界に宮殿を見たとされる。*

バビロニア　西アジア、メソポタミア南東部、チグリス・ユーフラテス川の中・下流域地方の称。世界最古の文明の発祥地。

マルドゥーク神　水神エアの息子。戦いの神。太陽神。

『詩経』　中国最古の詩集。周の初めから春秋時代までの詩305編を国風・雅・頌の三部門に大別。

定之方中
定之方中　定星の真南に輝くとき
作于楚宮　楚の丘に宮居《みやい》作る
揆之以日　日景揆りて方位を定め
作于楚室　楚の丘に宮位作る
「国風―鄘風」より。目加田誠訳。

＊中野美代子「北斗の星」（『ユリイカ』1988年4月号）。中野氏は星座に関する該博な知識を駆使して、興味ある論を展開する。

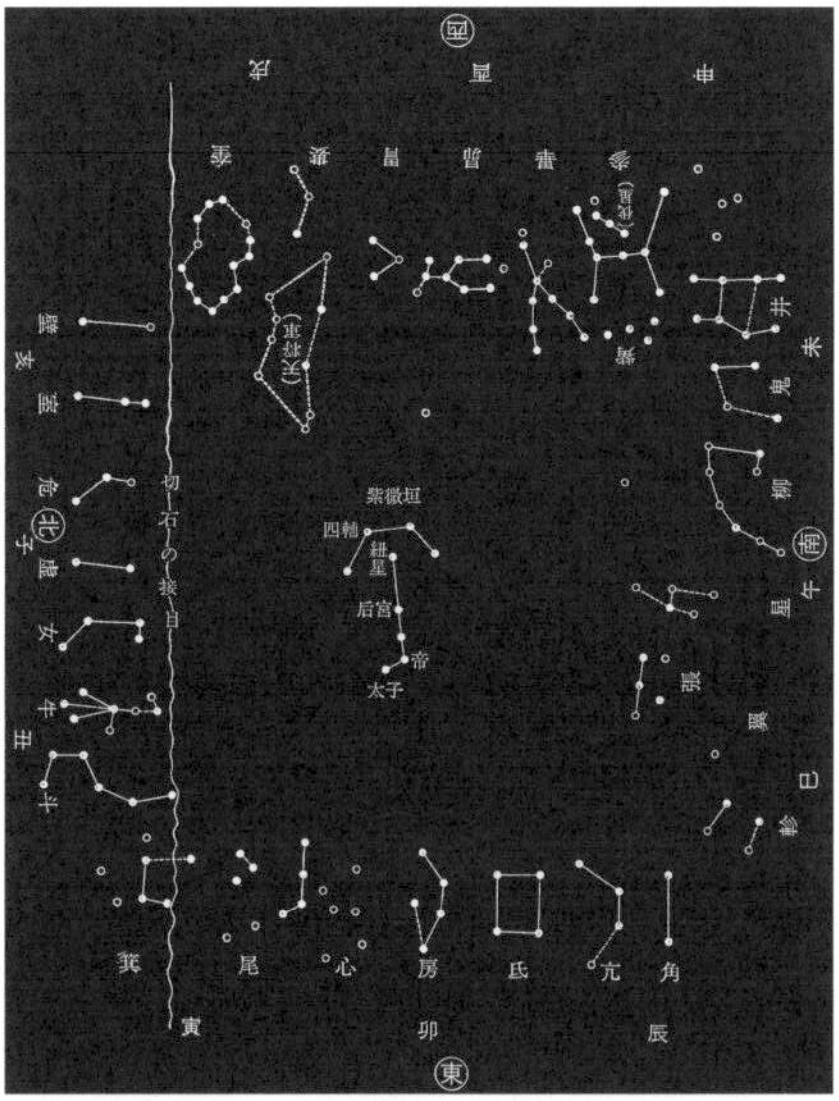

高松塚古墳天井の星宿図　末永雅雄・井上光貞編『高松塚古墳と飛鳥』（中央公論社　1972年）より
○確認できる星　●確認できない星

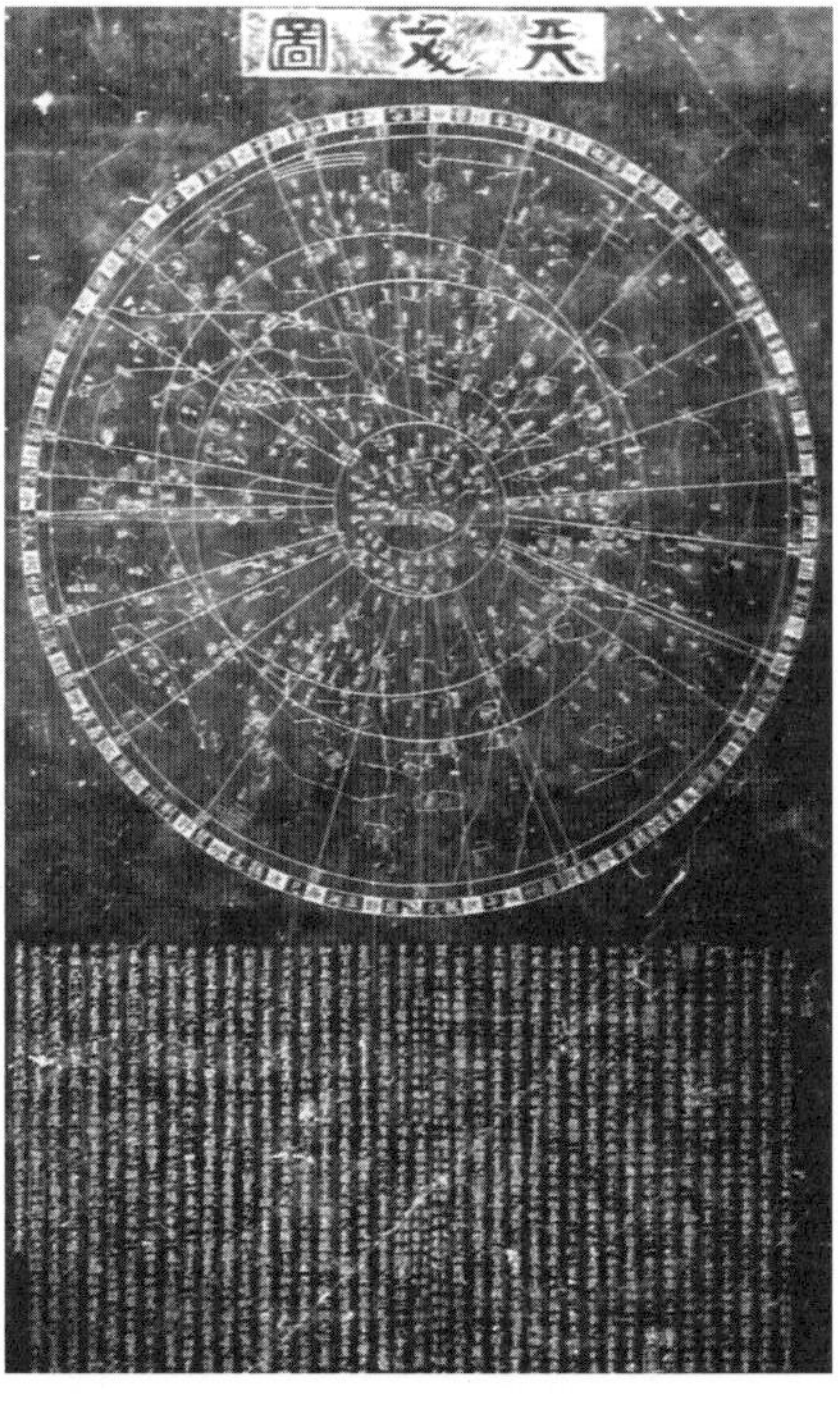

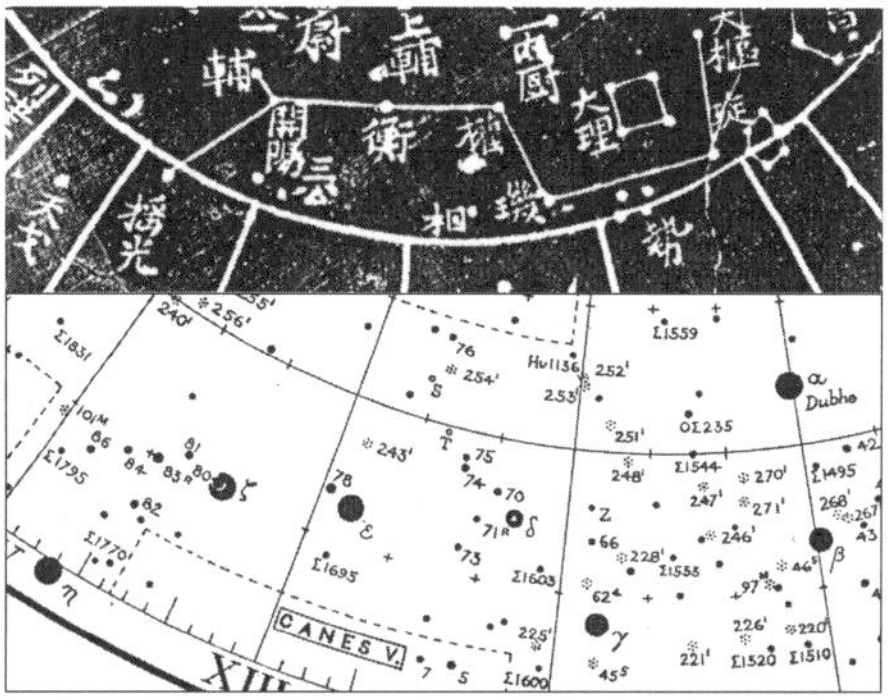

北斗七星　上）宋淳祐星図　下）ノルトン星図
大崎正次『中国の星座の歴史』（雄山閣出版 1987年）より

北斗九星図　112.5×54.1cm　絹本着色　一幅
宝厳寺蔵

天文図　石刻拓本　高さ約2.6m　南宋　淳祐7年（1247）蘇州

星々の輝きと天空での移動に不可思議を感じた古代の人びとは、神々の玉座がそこにあると考えた。そして、星の輝きはまた権力の輝きと考えたのである。地上にある権力者の都市も、こうした不可思議さを地上に具現したものとして考えた。このように天の輝きは地上に反映し、星は人の世の不思議さをうつすものとしての興味をもたれたのである。

このようなおもいをさぐったものに天文学者の海部宣男氏の著書がある。* わたくしの子供のころは野尻抱影氏* などのような星へのおもいを語ってくれるひとがいたが、今日ではあまりみかけない。その意味でも、きわめて興味深い著書である。

古代の人びとの星座に対するおもいを知るとき、いつも現代のわれわれを考える。いまは昔ほど空を見あげない。また、天空にかかる星を見あげない。街の明るさが星の輝きを薄くしていることもあるが、ときに天空を飛行する人工衛星や宇宙船などは、空に対する畏敬の念を薄くさせている。彗星が話題になることはあっても、ひとは以前ほど空を見あげなくなった。古書につづられ、伝承に伝えられる天空のいまは、遠いものになってしまった。単にせわしさがそうしているのではない。大気がにごり、以前ほど澄み切った空をみられぬということであろう。

ひとは満天の星をみると感動と畏怖に満たされる。輝く星々はひとを威圧するのである。われわれですらそうである。古代の人びとはもっとおそれ感動したのではないか。というより、宇宙についてさめたおもいのない時代にあって、満天

＊海部宣男『宇宙をうたう―天文学者が訪ねる歌びとの世界』（中公新書、1999）

野尻抱影　のじりほうえい［1885-1977］星の研究家。天文学に関する多数の随筆を執筆。著『新星座巡礼』

の星は人びとの頭上に輝き、一層不思議なおもいをさせたことであろう。

　現代にいきるわれわれが星を見ようとおもえば、街の明かりの届かない山や野原にいかねばならない。そこで、はじめて満点の星が見られる。街の明かりが強いからだが、街がもっと暗かった。以前は、いまよりはるかに星が見えた。太古でなくても、古代や中世の街には明かりが少なく、夜空に多くの星が輝いていたからである。今日のように都市のなかに電飾が多くなかった時代にあっては、どこでも星が見えたのではないか。わたくしも、子供のころはずいぶん多くの星を見あげたものである。かぶさるような夜空に満天の星が輝き畏怖を覚えた。

　とくに、子供のころ広島の山奥で見た夜空に輝く満天の夏の星座は、いまでも忘れられない。祖父母が住んでいた山県郡の豊平町は、山に囲まれ空は狭い。その空に星が輝き、地の稲田のうえを蛍が舞う。深い山のなかゆえ、見える星には限りがある。だが、それゆえ星は輝く。その美しさは、いまでもおもい起こすことができるほどである。

　この広島の山奥の地にいつからひとが住んだかわからない。だが、各時代に星々を眺めた人がいたはずである。その後、この地はＮＨＫの大河ドラマ『毛利元就』*のなかで砂鉄の地として取り上げられた。近世への展開の時代で鉄の争奪の場として注目されたのである。そこで鉄の精錬にいどむ匠たちもまた、星をながめたのであろう。地に燃える砂鉄をとかす炎の色ほど、天地の妙を示すものはないとおもう。八岐の大蛇*の伝承こそその象徴である。人びとは、こうした景観をいま

蘇頌星図

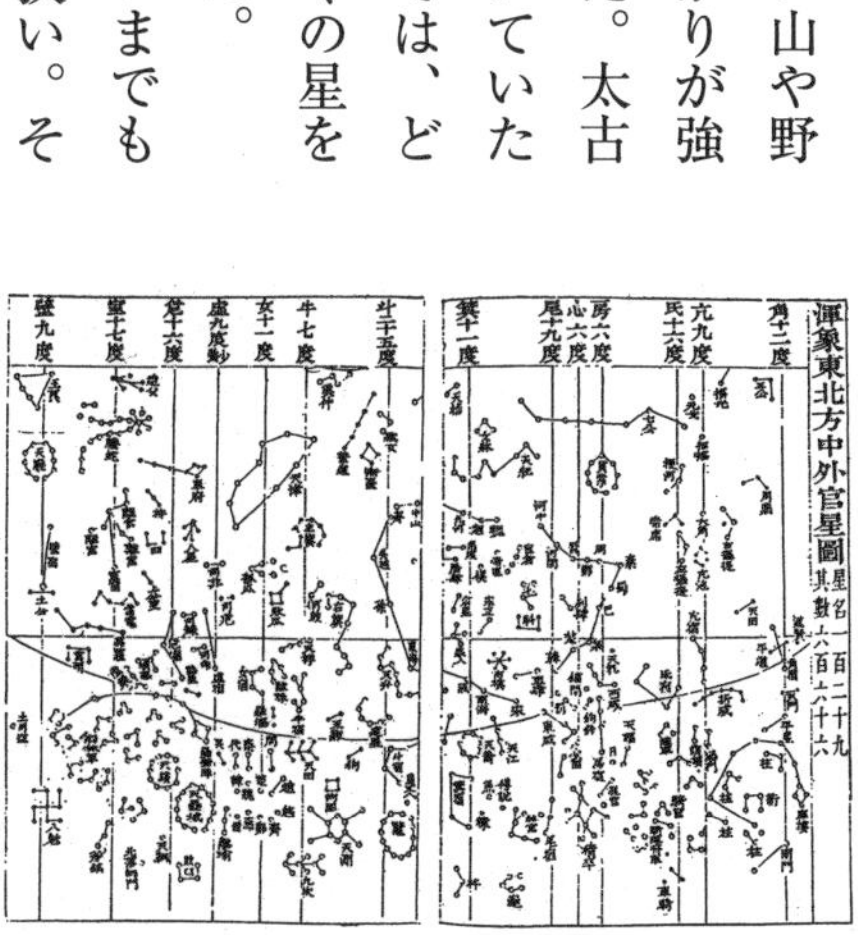

毛利元就　もうりもとなり　［1497–1571］戦国時代の武将。隆元・元春・隆景の三子に与えた、一族の結束を固めるための三本の矢の教訓が有名。

八岐の大蛇　やまたのおろち　伝説上の生物。8つの頭と8本の尾を持ち、8つの谷、8つの峰にまたがるほど巨大とされている。

よりもっと強く、かつ、深く感じたことであろう。だからこそ、人びとは、このような天空に神が住んでいると考え、地上に住む王はその代理人であると考えたのである。

『詩経』は古代びとのおもいを伝えるが、それは単に星座だけにかかわらない。あまねく現象を注意深く見、そこに世の中の仕組みをみようとした。たとえば、暖かくなった河を泳ぐ巨大な水生生物に龍をみようとしたり、天高く飛ぶ鳥を神の使いと見ようとしているのはその例である。*この眼は地上にも注がれる。地上にある虫や草ぐさにも神秘な宇宙を見た。かれらがいかに畏敬をもって、この世の生きとし生けるものを見ていたのか。小さな虫にまで神性を感じた古代エジプトの逸話が示すところであるが、日本でも同じである。

どこにでもいる虫に「おとしぶみ」がいる。木の葉を上手に巻いてなかに卵を植えつけて地上におとす虫である。*その姿から「おとしぶみ」となづけられた。なんとみやびやかな名前であろう。*丁寧に自然を見、そこに大いなる営みをみる。古代人の感性をおもわざるをえない。このようなこまやかなことに眼を向ければこそ、天と地のあいだでの王権の響きあいをいうのであろう。

このような天地の不可思議さにおもいをはせさせるのは星も同じだ。斎藤尚生氏は『有翼日輪の謎』のなかで日食が人びとにあたえた想像と太陽の象徴性、そして神性についてかたる。*日食によって黒くなった日輪の周囲にたなびく光芒は、翼をもつ日輪を想像させた。このことは、翼ある日輪だけでなく、聖なる頭の周

＊加納喜光『漢字の博物誌』（大修館書店、１９９２）

＊天を飛び地を這う虫がときとして宇宙を表現することは、古代エジプト文明のスカラベが象徴するところである。昆虫については、種々の面白い解説と読みがある。当面は『ユリイカ』１９９５年５月号の「昆虫の博物誌」をごらん頂きたい。天文学者の星に対するおもいをつづったものに、海部宣男『宇宙をうたう―天文学者が訪ねる歌びとの世界』（中公新書、１９９９）をすすめたい。きわめて興味深い書である。

＊この種の博物学的な考察をまとめることは日本の研究事例では多くない。その点、シェファー著、吉田真弓訳『サマルカンドの金の桃』（勉誠出版、２００６）は興味ある中国文化の追求をしている。

＊斎藤尚生『有翼日輪の謎―太陽磁気圏と古代日食』（中公新書、１９８２）

水運儀象台（復元）。宋代の蘇頌『新儀象法要』を解析、復元した天文観測時計塔。北宋時代、開封に建設された。高さ11m。屋上に今日の望遠鏡にあたる渾儀、２階に天球儀の渾象、１階にはからくり人形を立てた五層の時間表示装置、機構全体を動かす水車と歯車伝動装置、動力源の水時計と給水用の揚水車が据えられた。時の科学館蔵［長野県下諏訪町］

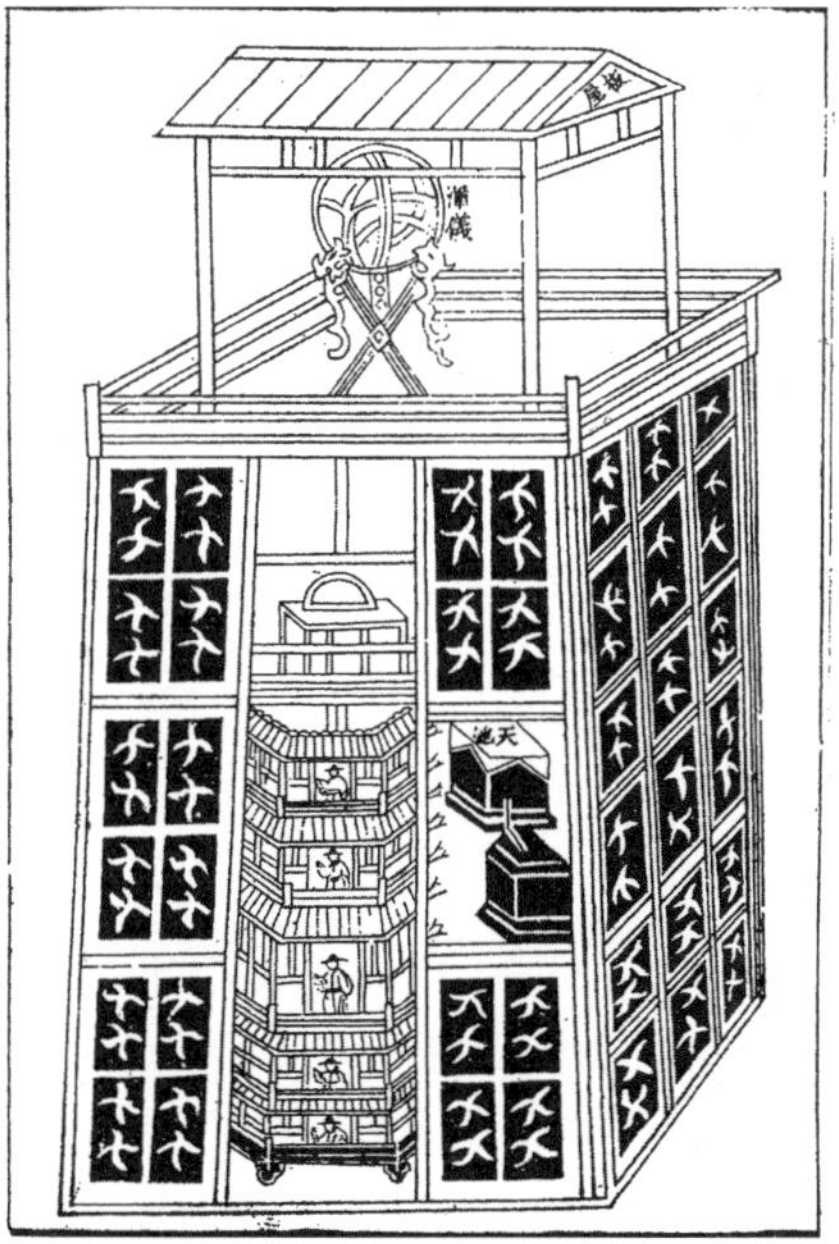

渾儀・渾象台　蘇頌『新儀象法要』より

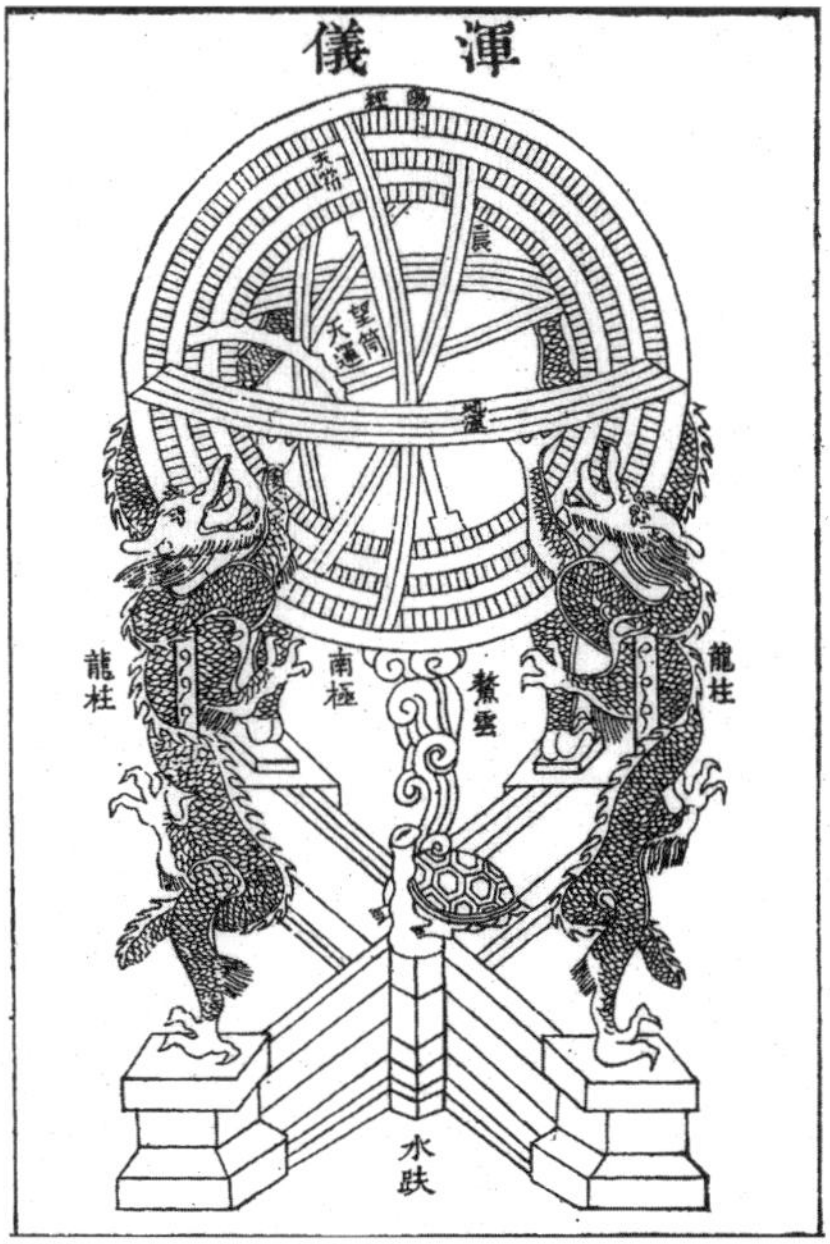

渾儀　蘇頌『新儀象法要』より

囲に光を漂わせる絵柄へと転換していく。神々や聖人の頭のうしろの光背こそそれであるとするのである。輝ける日輪の変化は、人びとの空想と畏怖をいやがうえにも、増殖させたのである。中国では太陽のなかに三本足の烏がいるとされる。日本でも烏の信仰があるが、真黒で大きく巨大な嘴ゆえに、烏はある種の不気味さをもって見られたのであろう。そして太陽のなかの黒点がこの力を示す烏に見られたと考えられる。なぜ黒点が見えたのか。吹き舞う黄砂をすかして見たのだといわれている。

このような神秘な烏の住む天上の日輪。そしてその光がかげると見え出す星。だからこそ、星々の輝きと配置を地上の世界に対比させ、天の星の中心なる星座を地上に対比させ、王権の神聖さを表徴するべく都市に謎をこめたのである。この都市の象徴性の問題は多くの問いがある。とくに、権力者にして権威をもつ支配者がすまう宮都はそのような観点から追求されてきた。宮都のありかたはその民族の国生みの思想とかかわるからである。日本でも古代の宮都が、全体の配置や風水などと関連して語られるのがその好例といえる。*

中国最初の統一王朝として姿をあらわす秦は中国史のうえに画期をなした。中国では中国の王朝こそ正統なものという意識が流れ続けていたが、しかし、それも華北での小国家から始まったものに過ぎなかった。殷や周への歴史的流れと東周時代の春秋・戦国時代は確実に中国世界をひろめ、かつ意識の統一と拡大も招いたと考えられる。しかも、それはなお完成へ向かって動いていくものであった。

彩絵帛画　右下に日輪が描かれ、中に三本足の烏がいる。長さ205cm。馬王堆1号漢墓出土。

中国各地にはなお固有の文化や民族が残る。かつて、中国南部を旅した際、点在する秦・漢時代の遺跡や都市をながめた。古代王朝の力がここまで及んでいたのかと驚くと同時に、その支配がなお形成過程であることも強く感じた。それは古代都市の厚い城壁の存在をみたからである。いろいろと述べられ、わたしも述べてきたように、そして本稿でも示唆していくように、中国都市の形態の判断の重要な要素に城壁がある。とくに、古代都市は堅固な城壁で囲まれていたのである。

一般に我国の都市は城壁を持たぬ稀有な例といわれてきた。実際、たちあらわれる古代王朝の都は囲壁を持たぬ。藤原京、平城京、平安京といった都市は古代王朝の首都として出現したが、いずれもが城壁がなかったり、形式的なものにすぎなかったりする。

日本の都市は古いように思われているが、実は誤解である。日本の古代において都市はそれほど多くなかった。今日まで続いている都市のいくつかは戦国末期から江戸時代にかけての時代にまでしか遡ることができない。これ以外に全国各地に都市が存在したとはいえぬ状況である。古代に豪族の拠点や王朝の軍事拠点などひとびとの集中した場所があったが、それをオリエントやインド、そして中国の古代の事例と比較すると、とても都市とは言えぬであろう。そして、それらも城壁を持たない。もちろん、自然的地形を城壁に代用させているものも少なくない。だが、人工の巨大な城壁で周囲を取りかこむということはなかった。古代

1号銅車馬 全長225cm、始皇帝陵西側の陪葬坑から出土。

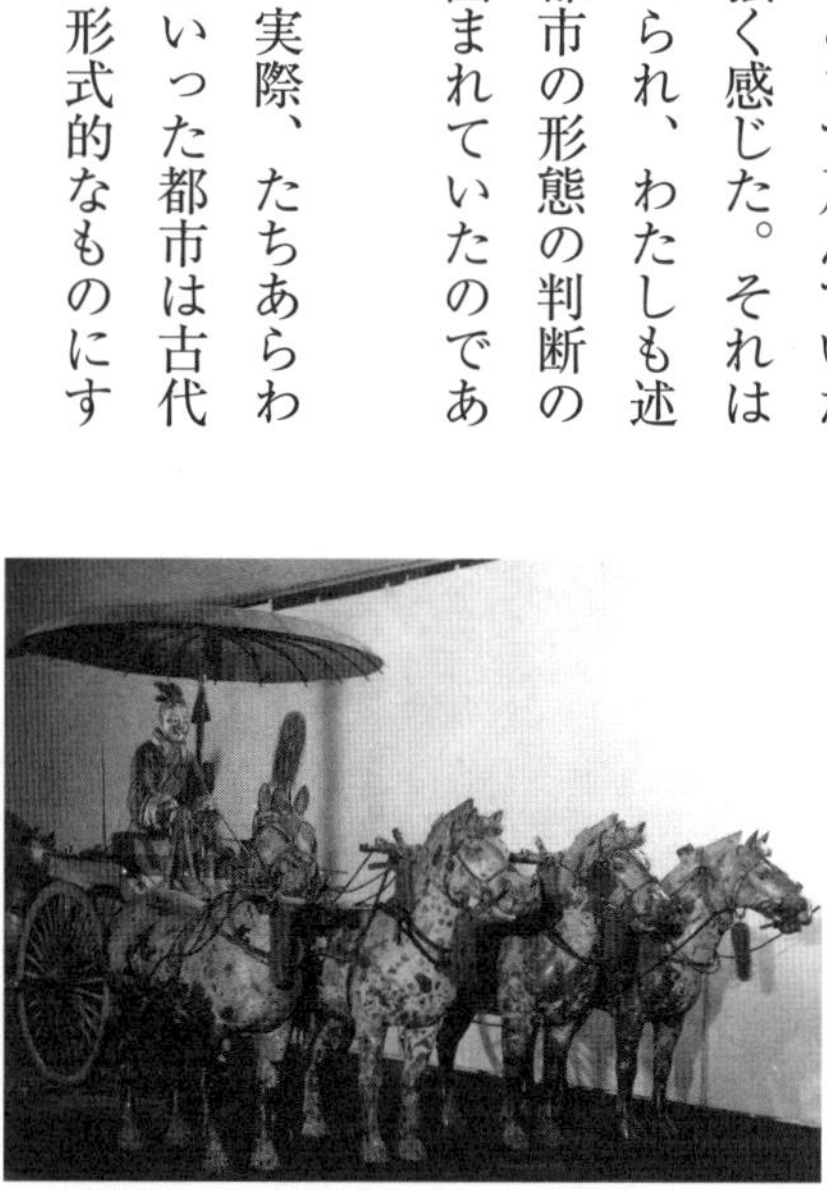

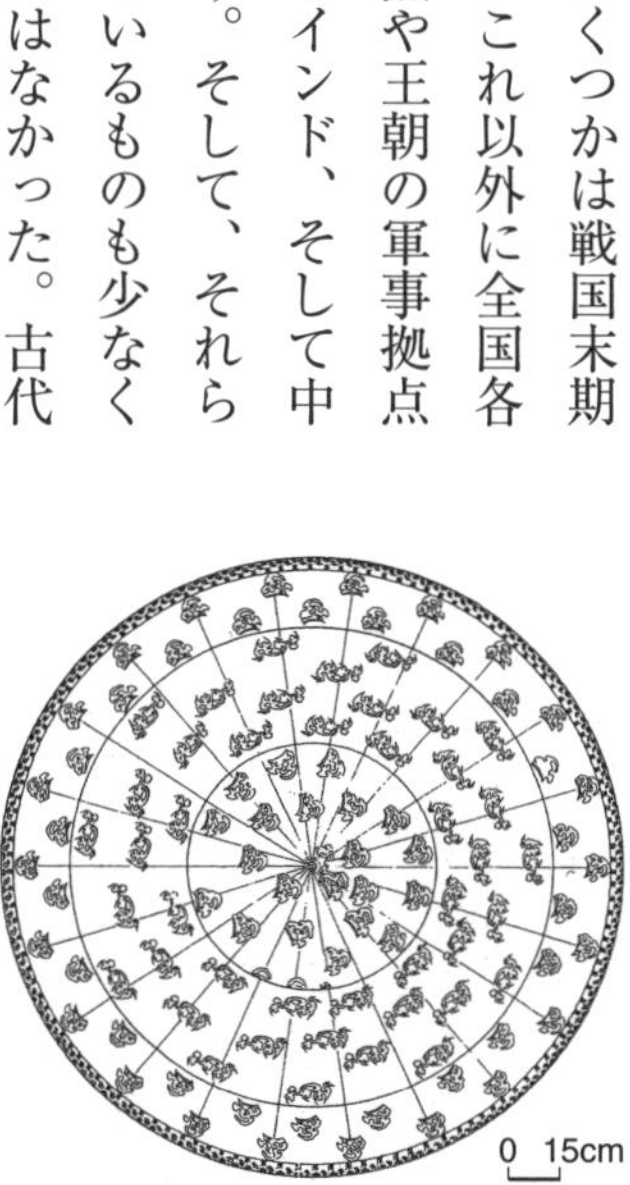

1号銅車馬の車蓋、星座の文様
『秦始皇陵銅車馬発掘報告』より

や中世の聚落には環濠城塞聚落がある。だが、その設備と構想性において西欧やオリエント、中国の都市には及ばないのである。

こうして人工的造物で囲った都市では自然的なものも排除する。樹木もときには計画的に植えられ、不必要なものは伐採される。そして、聚落の全体を支配者の意思のもとに整然としたものに構成する。それこそ都市である。そしてその表徴こそが城壁と街路、そして建物の配置であった。中国都市にはこれが存在した。

もっとも、では中国都市が最初から設備の充実と構想性、さらには中国文化全体での連続性にみちていたというと、そうではない。たしかに、古代都市は囲壁に囲まれている。だが、その形態はさまざまである。街路も、宮殿の位置も統一されていない。それが次第に統一され、始皇帝の都市に近づくのである。そして、それは全国に及ぶ。制度の整合による巨大帝国は、地方都市に帝都に準じることを要求するからである。そして、都市は一定の波動に従う構造を持つ。その資源が始皇帝*の都咸陽なのだ。

輝ける信念にしたがって、輝ける支配の理念を具現するものとして、都市、とくに帝都が設計されるのである。これは始皇帝も同様であった。はじめて大帝国を出現させた異常の人始皇帝は、漢族のあいだに伝わる始原的信仰を具現した大都市を出現させ、その中心に座ろうとしたのである。だから、始皇帝の都は神々のいますす天空の玉座とその宮都に対応するものでなくてはいけなかったのだ。

このような地上の帝都の卓越化を顕著にしたのが、秦の始皇帝である。始皇帝

秦咸陽宮一号宮殿
（復元模型）

の壮大な都城造営が中国に深い衝撃を与えたことはよく知られている。そして、その考えが中国文化の基礎として確定され、後世に影響を与えたのはたしかである。このことはすでに多くの人びとによって論じられているが、述べてきたことと無縁でない。始皇帝はかれの大帝国の首都を秦の都咸陽においた。それは、広大な関中平野が防備に向いていたことと無縁ではないだろうが、一方でなかに渭水が流れていたこともその理由の一つである。平原の中を通貫する渭水は天上を通貫する銀河にも似て、始皇帝の都市に神性を与えたであろう。

山などに囲まれた広大な関中を銀河のかたちに見立てれば、中を流れる渭水は銀河にみたてることができる地形の神聖性も帝都に力を与えたのである。そして、天空にちりばめられる宮殿の象徴たる星座になぞらえた宮殿を配置し、総合的な都を築くことによって王権を飾ることが可能になるのである。このことは、秦の始皇帝の建都以来明確になっていく。都市の理論的装飾は、そのうえにあるのだ。そして同時に、理論の再現には地理との関連が重要であることをも示すのである。人は大地に住み、そこにとらわれる。始皇帝の住んだ関中平野はかれの思想を作り上げたのである。

もっとも、始皇帝が天空の都市をどのように考え、配置させようとしたのかよくわからない。始皇帝の都市造営は、かれの死によって途絶し完成しなかったからである。よってその全体像がわからないのだ。そのうえに、それを受け継いだ漢の長安造営は、始皇帝の造営規模を縮小したものでしかない。よって始皇帝の

始皇帝　しこうてい〔前259–前210〕秦の初代皇帝。在位 前221–前210。戦国の六国を滅ぼし、初めて中国全土を統一した。

夔紋大瓦当　始皇帝陵出土　臨潼区博物館所蔵

意図をうかがうすべがないのだ。のみならず、その手がかりとなる、神々が住む天上の世界の風景をかたるものも多くない。ちなみに、天上の都市が明確に語られるのは、ひとも知る『西遊記』である。『西遊記』は宋代以降積み重ねられて成立した物語である。*しかし、実はそこの宮殿や官職も宋以後の社会の反映にすぎない。

宋代、そして以後の中国社会は官僚世界だった。科挙試験が完全に立ち上がり、人びとは採用者たる天子の門生となり、ともに政治に携わった。*いうまでもなく、官僚世界は秩序と位階、組織の世界だ。よって、神々の世界もこの地上の世界を反映し、神々の官僚世界が語られていくのだ。神々の世界は人間世界の反映だから、地上の権力のあり方が明確になっていくと、天上の世界も明確になるのである。それを映し出すのが『西遊記』である。

石から生まれた猿が道術を学び、天界で大暴れするところから展開するこの物語では、孫悟空の天界での生活が語られ、同時にその世界が述べられる。天上の世界には、玉皇帝の宮殿があり、官衙がある。神々のパンセオンである。だが、この神々のパンセオンは、緻密に構築された宋代官僚世界の反映であり、ある種地上の宮殿の世界の反映なのだ。宋代の宮殿は密集した空間にあった。そのことが見事に示されている。

さて、始皇帝の都市設計である。この論理を理解するために重要なものが、古代の人びとがとくにおもいを寄せた天空の星の逸話の七夕伝説である。天空に横

『西遊記』 明代の口語体の長編小説。100回。呉承恩作。1570年頃成立。玄奘三蔵法師と孫悟空で有名。四大奇書の一。

*『西遊記』自体については積み重ねられてきた諸訳注書をおよみいただきたい。また、『西遊記』についても贅言を要しない。それぞれの『西遊記』へのおもいがあるはずである。

*エチエンヌ・バラーシュ『中国文明と官僚制』(ミネルヴァ書房、1971)伊原弘・小島毅編『知識人の諸相』(勉誠出版、2001)

都市の囲壁　現在の西安は唐の長安の一部である。磚すなわちレンガで固めた堂々とした城壁が続くが、古代はもちろん土で固めただけである。

明代西安城壁

驪山中腹より秦始皇陵を望む。左手の丘が始皇陵で右手のドームが秦始皇兵馬俑博物館、後方に見えるのが渭水の流れである。

たわる銀河。その側にひときわ輝く牽牛と織女のふたつの星の物語である。西欧でいうなら、アルタイルとベガ。ともに鷲座と琴座の主星で一等星である。『淮南子』*にのるこの物語についてはいまさら喋喋するまでもない。七夕の物語とは神代の時代にあって、銀河の側で牛飼いをする牽牛と、水浴びをしていて衣服を取られ、かれの妻になった織女のものがたりである。*ふたりの仲を裂こうとする天帝の妻、西王母によってやがて天に戻された織女をおって牽牛も天にのぼる。ふたたび仲を裂こうとした西王母も最後にあきらめ、七夕に会うことのみをゆるす。そういった物語である。ふたりを表す星座がそのあいだに横たわる銀河をはさんで輝く。そして、その周囲には、牽牛と織女にまつわるものが星座として輝く。

我が国に伝わったこの物語の解題は小南氏によって懇切に行なわれているので、いまさらいうまでもない。*

ただ、重要なのは、この物語が東アジア世界に流布し、宮殿設計の理論や都市をかたる物語になっていくことであろう。実際、この物語は愛好された。本来の因縁を無視し形骸化したとはいえ、今日でも各地で祭りが盛んである。*こうした祭りがあるのは、アジアにおける都市の始原的発祥の地である中国からの伝承がつたわってきたからこそ、その色が濃く残りつづいているのである。

このことでもわかるように、七夕の物語は文学にも大きな影響を与えた。たとえば、我国の和歌や浄瑠璃である。巷間によく知られた大伴家持*の和歌に

『淮南子』 前漢時代の哲学書。21編。淮南王劉安の撰。道家思想を基礎に諸学派の説を体系的に記述したもの

*この種の物語は枚挙に暇がない。管見の限り『千夜一夜』でも数件見受けられる。バートン版『千夜一夜』（ちくま書房）参照。

*小南一郎『西王母と七夕伝承』（平凡社、1991）

*現在の祭りは、本来の祭りでない。本来の祭の日は陰暦で行なったが、いまは陽暦でおこなう。しかも、換算して行なわず、休日におこなう。交通事情や参加するひとの事を考えてのことだろう。また、本来は男性だけの祭りに女性が参加しているものもある。衣装も同様で、本来の衣装は守られていない。参加する人も祭り好きの人たちがよそから参加することも多い。これでは祭りといえない。

鵲のわたせる橋に置く霜のしろきを見れば夜ぞふけにける

がある。この歌は『新古今和歌集』*にのり、『小倉百人一首』*にも入っている。人口に膾炙した歌で、鵲が橋をかける様子をうたったものであるが、歌うところは七夕と天の川伝説である。牽牛と織女のふたりは、一年に一度の逢瀬に、カササギがかけた橋をわたるのである。ここから、宮殿の前にかかる橋を烏鵲橋という。*

この話は民間にも流布した。近松門左衛門の『曽根崎心中』*にも取り入れられ、ここでは死にに行くおはつと徳兵衛の心情をせつせつと歌いあげる。ふたりを夫婦星、つまりは彦星と織姫にたとえているのである。そして、梅田橋をカササギのわたす橋にみたてている。この語りのくだりは、日本語の美しさを集約した古今以来の一致した批評である。かの新井白石*すらも膝をうって感嘆したほどである。この格調高い場面は七夕伝説をうたっているのであり、それだけ巷間にこの物語が敷衍していたことを示すものである。

このように、都市にいくつもの意味がこめられていることは、漢の長安の出来にもかかわる。長安は不整形である。これは形を重んじる帝都としては異様である。だから星座に合わせた、地形にあわせた、秦の離宮の試みを受け継いだなどの説がある。いずれが正しいのか。いずれにも一長一短があり、にわかに判断を下しがたい。だが、都市の形態がここまで夢を呼ぶものであることだけはわかる。だからこそ、始皇帝は黄河に包まれなかを渭水が横切る関中平野を天に対応させ

大伴家持　おおとものやかもち［718?–785］　奈良時代の歌人。地方・中央の諸官を歴任。万葉集編纂者の一人といわれる。

『新古今和歌集』　鎌倉初期、第8番目の勅撰和歌集。20巻。約2000首。元久二年（1205）成立。

『小倉百人一首』　天智天皇から順徳天皇に至る各時代の著名な百首の歌。藤原定家が京都小倉山の山荘で選んだといわれる。成立年未詳。

＊橋についてはすでに言及してきたが、かさねて言及する。橋が結界の意味をもち、神聖な場であることはいうまでもない。我国においても同様で、平林章仁『橋と遊びの文化史』（白水社、1994）などを参照。

『曽根崎心中』　浄瑠璃。世話物。3巻。1703年大坂竹本座初演。

新井白石　あらいはくせき［1657–1725］江戸中期の朱子学者・政治家。徳川家宣・家継に仕えて幕政改革にあたった。著書に『藩翰譜』『西洋紀聞』など。

て考えたのではないか。

こうした壮大な考えと読みのなかで、秦の咸陽は営まれた。そして、それが漢の長安に受け継がれた。よって、その壮大さも長安城にも伝承がつたわる。だがこれも関中平野あればこそである。

関中平野の広大な図は示した通りである（次頁下）。関中平野はその名の通り、東西南北を関所によって守られている。南北は北の蕭関、南の武関によって閉ざされている。東西は東の函谷関、西の大散関によって囲まれている。この空間の中心部は、東西三〇〇キロ、南北が六〇キロほどあって、一つの完結した形態をもつ。この関中平野は、なかを流れる渭水とあいまって天に対応すると考えられた。だからこそ帝王が都をおくにふさわしい土地だったのだ。土地にあわせて物語が成長した面もあるのではあるまいか。

都市に関する伝承は、華北だけでない。江南にもある。現在の南京、かつての金陵は、秦の始皇帝以来の伝承をもつ。占いにより秦の行くすえを危うくするもののひとつが南方に立つ王者の気であるとの占いを聞いた始皇帝は、当時の金陵、のちの建康府の改修を命じた。すなわち、現在南京を流れる秦淮河はこのときにうがたれたものという。この河によって、金陵にやどる王者の気を流したというのである。名前もこのときに、秣陵に変えたという。だが、この地が王者の気を保っているとの伝承はのこり続けた。

とくに、三国時代になって、諸葛孔明*が孫権*に進言した建鄴の地形論は有名で

龍虎戯璧　天地逆になっているのが牛郎織女。後漢画像石拓片。四川省。

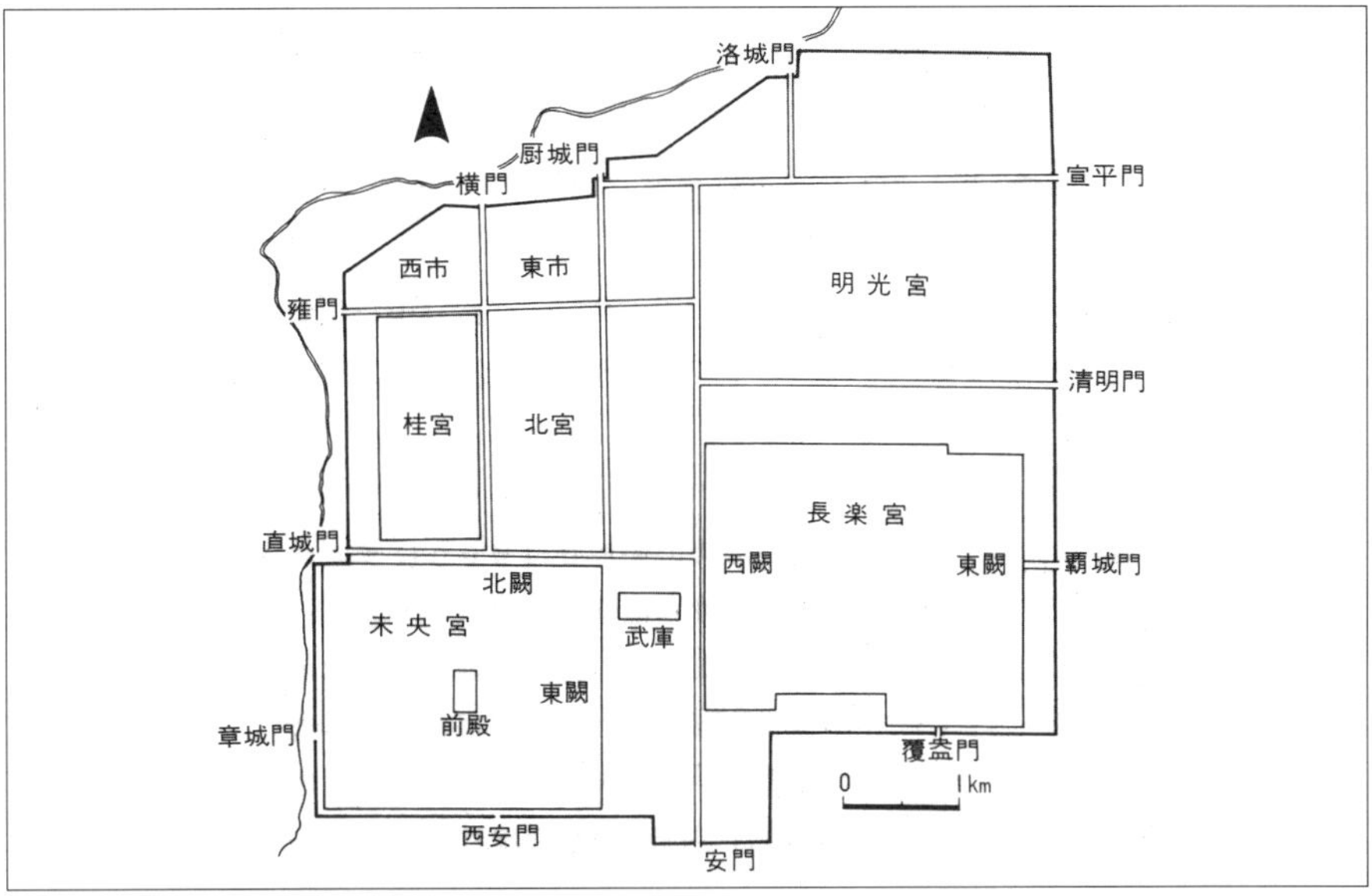

前漢長安城復元想定図　この図によれば長安城の中は宮殿ばかりである。『古代帝都の世界』(1982年)より

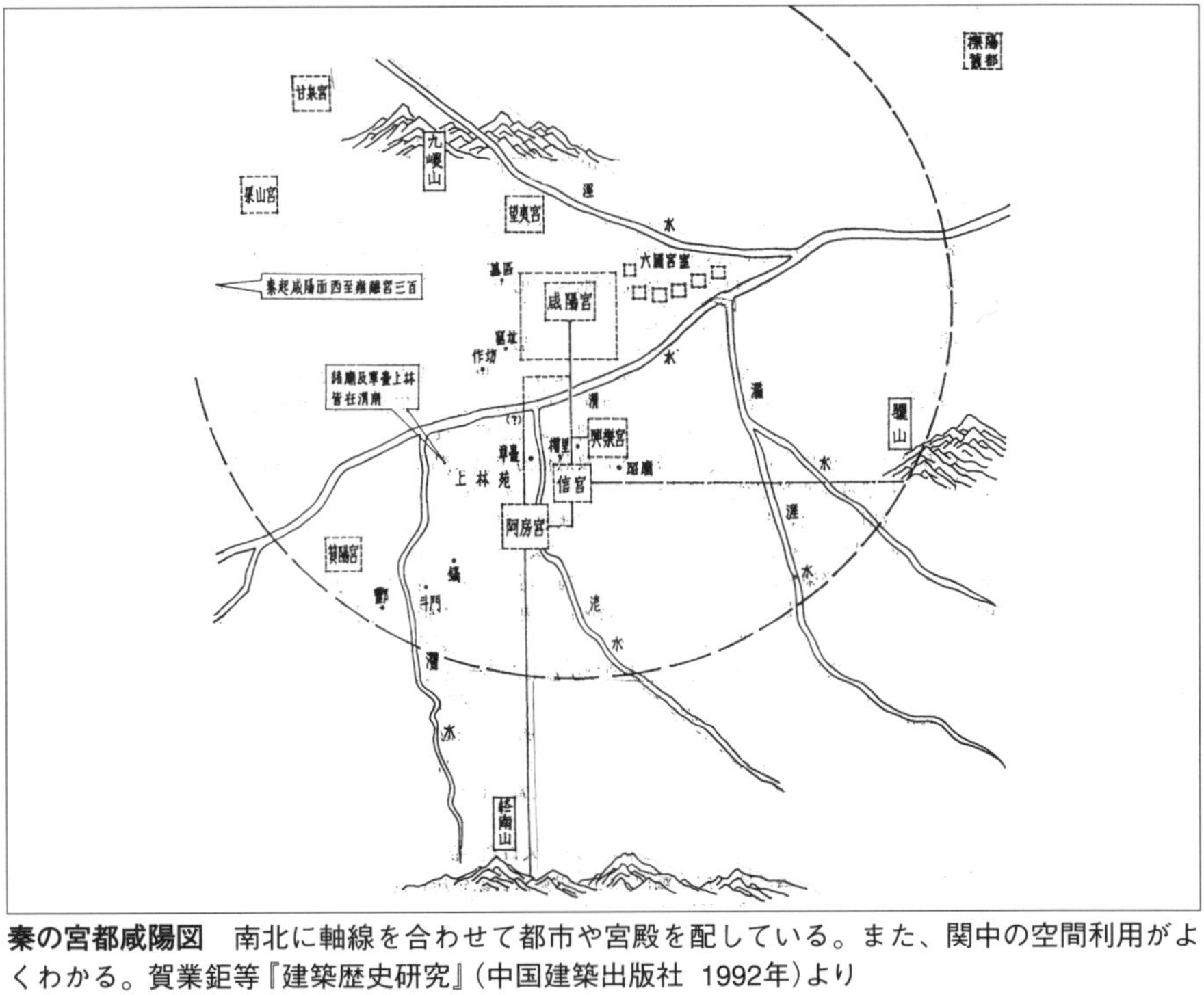

秦の宮都咸陽図　南北に軸線を合わせて都市や宮殿を配している。また、関中の空間利用がよくわかる。賀業鉅等『建築歴史研究』(中国建築出版社　1992年)より

ある。それは建鄴が「龍盤虎踞」の地形であるという説である。「龍盤虎踞」とは、龍がわだかまり、虎がうずくまるという意味である。龍も虎もともに帝王のしるしである。建鄴はそうしたものがひそむ地形だという意味は、ここころ覇業をおこなうものが都するべき土地という意味である。この理想的な地形は、宋代金陵の記録をしたためた『景定建康志』に描かれている。

これらの図からもわかるとおり、都市は定められた土地として意識される。もともと、都市は権力と権威によって飾られるものであるが、とくに、覇王の住む都市にはその傾向が強い。とくに、芽生えて育つ権力には、王業の地としての保障が必要である。だから、約束の土地を探す。権力の鎮座する都市は吉祥によって飾られ、吉祥によって守られる。都市にまつわりつく、立地の意味。たとえば、風水によって約束された地といわれるのは、そのゆえである。覇王の都市は、伝祥と吉祥によって守られた約束の地なのだ。このことが、日本でも同じなのはいうまでもない。だからこそ、我が国でも軸線にそった構造の都市がつくられてきた。

この都市へのおもいは以後も持続する。北宋の都開封、南宋の都杭州、明と清の都であった北京と持続している。東西南北の主軸にあい、壮大な囲壁をめぐらし、堂々たる威容を示す。しかも、なかの街路は整然と走る。王者の都市が壮大な企画と由来にもとづくことをこの一連の都市の形態が示すのである。*

もっとも、都市はそのままありつづけるのでない。ひとが住み生活が営まれると変化していく。都市がそのままでありつづけることはない。壮大な意図のもと

諸葛孔明　しょかつこうめい［181-234］三国時代、蜀漢の宰相。諸葛亮。

孫権　そんけん［182-252］三国時代。呉の初代皇帝。

＊これは地方都市も同じである。都市は帝王の代理人たる官僚がおり、なかは官衙が中心になる。なれば、都市は帝都や王都の雛形であらねばならない。ただし、実際はそうとばかりはいえない。地形や状況に応じたさまざまな都市があるのである。

開封の宮殿跡地につくられた龍亭公園。大殿は高さ13mの土台の上に建てられた。

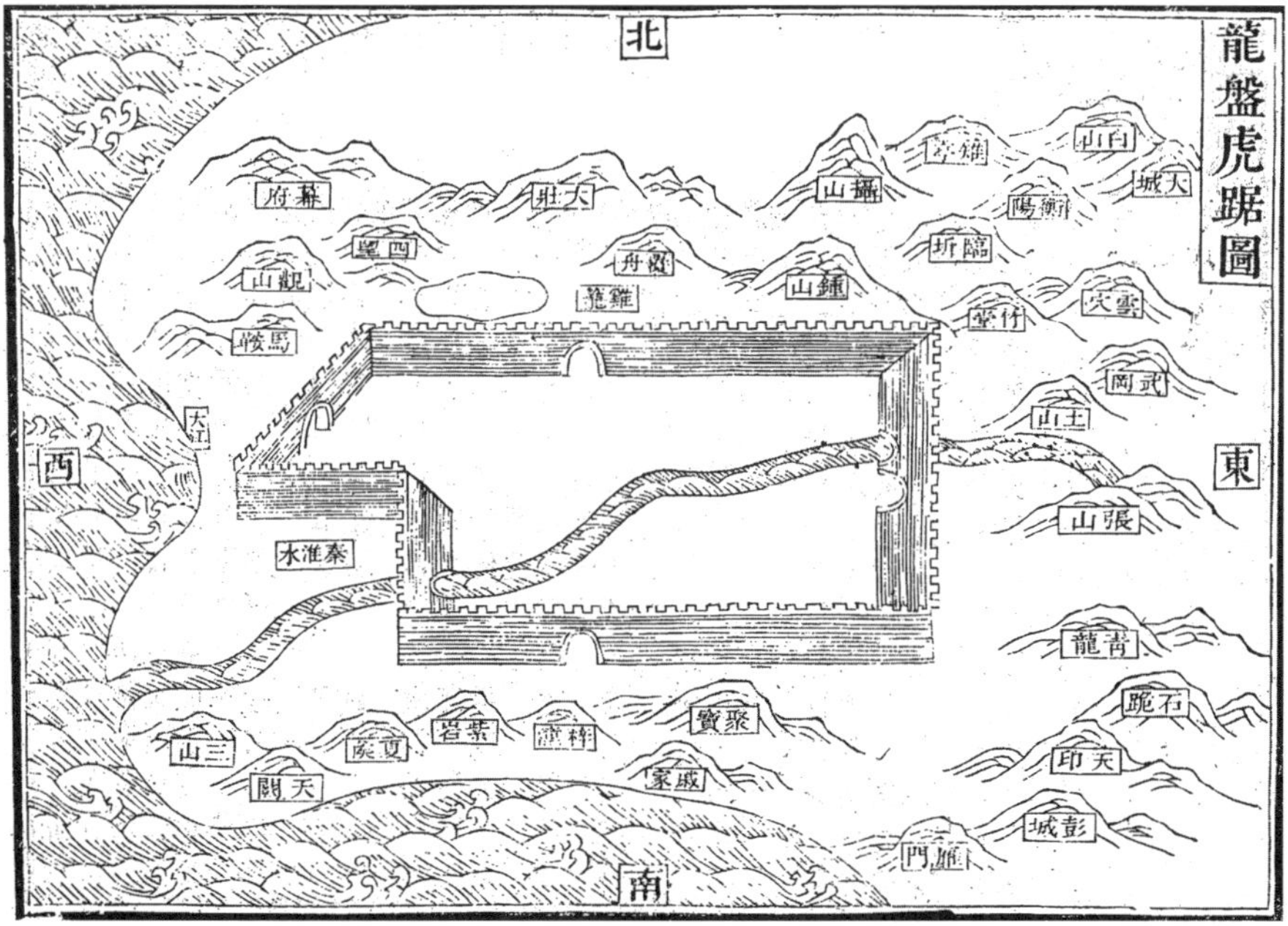

龍盤虎踞図　『景定建康志』所収　南京は古来帝王の位置する地理条件をもっているとされ、いくつもの王朝の都市となった。

に造営された帝都とても、やがて変化していく。唐の長安でも建都後に改造が始まっている。

城内の変化は社会の変化に対応する。だが、それだけではない。権力者たちも自らを変えていくからである。宮殿を改装するだけでなく、建築もおこなう。ついに玄宗皇帝の時代にいたって、東に興京宮をたてて住むようになる。それだけでない。お忍び用の路をつくったりする。これによってひとの流れも変わる。これは都市の改造だけでなく、国家の本質の変化にもかかわる。都市の主宰者、権力者の行為は国家や都市の構造にかかわるからである。

これは現に存在している都市も同じである。きちんと設計されたはずの都市が、変化するのはそこで生活が営まれるからである。東京とてここ百年のあいだに盛り場が移り、行政域がうつっていた。新宿などかつてはきわめて限られた部分しかにぎやかでなかったのが、いまは駅域の両側に拡大している。しかも都庁も移ってきている。逆に浅草は見る影もない。これと同じである。

時代や状況による推移だけではない。折角指定した商業区の便利が悪く、人が集まらないということもある。住みやすいとおもった場所が、実は氾濫などの害を受けやすい場所だということもある。街路をきちんと整理し、横切ってはならないとした道を人が横切る。建物を建ててはいけないところに建物を建てる。こうしたことが都市を徐々に変えていくのである。城壁は区画としてのこるが、なかはこうして変化が生じるのである。

ただ、これも時代による。宋代は帝都であっても計画都市でないからである。もともと中国の帝都は計画都市として出来してきた。のみならず理論をかぶせてきた。漢・唐の長安や洛陽がその好例である。この伝統に一時的な変化がみえたのが、宋代であった。北宋の開封と南宋の臨安はいずれも既存の都市に手を加えて整備し、帝都の威容を与えたものだからである。だがその変化も一時的なものにとどまり、元以降はもとに戻る。元の観念的帝都、大都が受け継がれていくからである。

このような変化は都市内部にも及ぶ。計画的でないとなると、なかの街路もあとから直線的につけたものとなるからである。都市内部の街路は以前からのものだから、計画的な街路でないのだ。これは、都市の成立過程からいって、開封と杭州が他の帝都と異なることからでてきたのである。これらの都市は、いずれも既存の都市を帝都にしたもので、帝都として計画されて立ち上がった都市ではないからである。狭い城内の家々をたちのかせ、街路をひろげて都市として整備していったのである。だからこそ、自在な都市ができてくるのである。

しかし、それでも中国の伝承と無関係でない。それは、地名その他に伝承がいきているからである。開封の宮殿のまえを流れる汴河にかかる橋の名前を天漢州橋というのはその好例である。天漢は銀河をいう。つまり、渭水を銀河とみたてたように、汴河を銀河とみたてる意識が続いているのである。

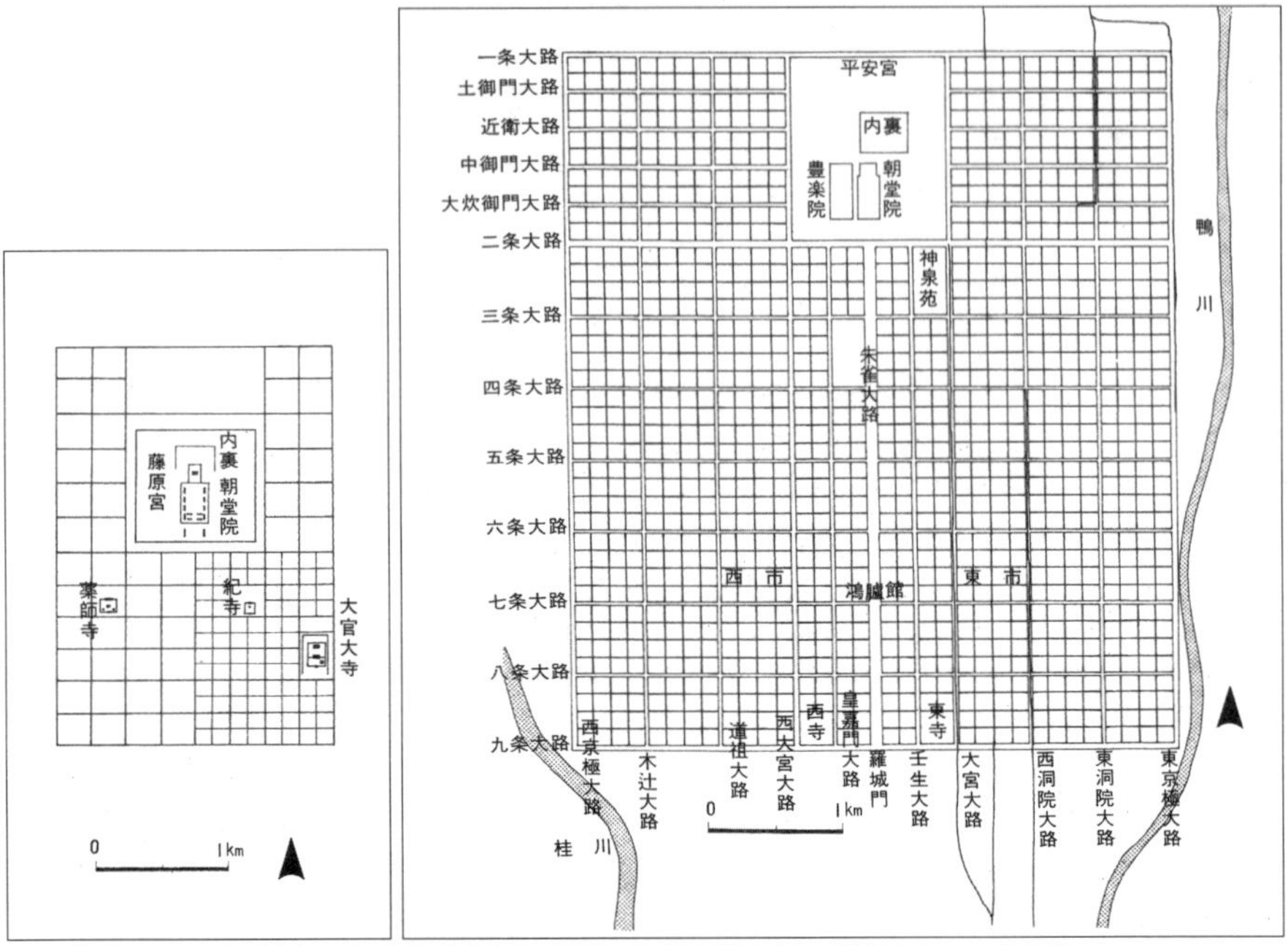

藤原京復元平面図（左）・平安京復元平面図（右）『古代帝都の世界』（1982年）より

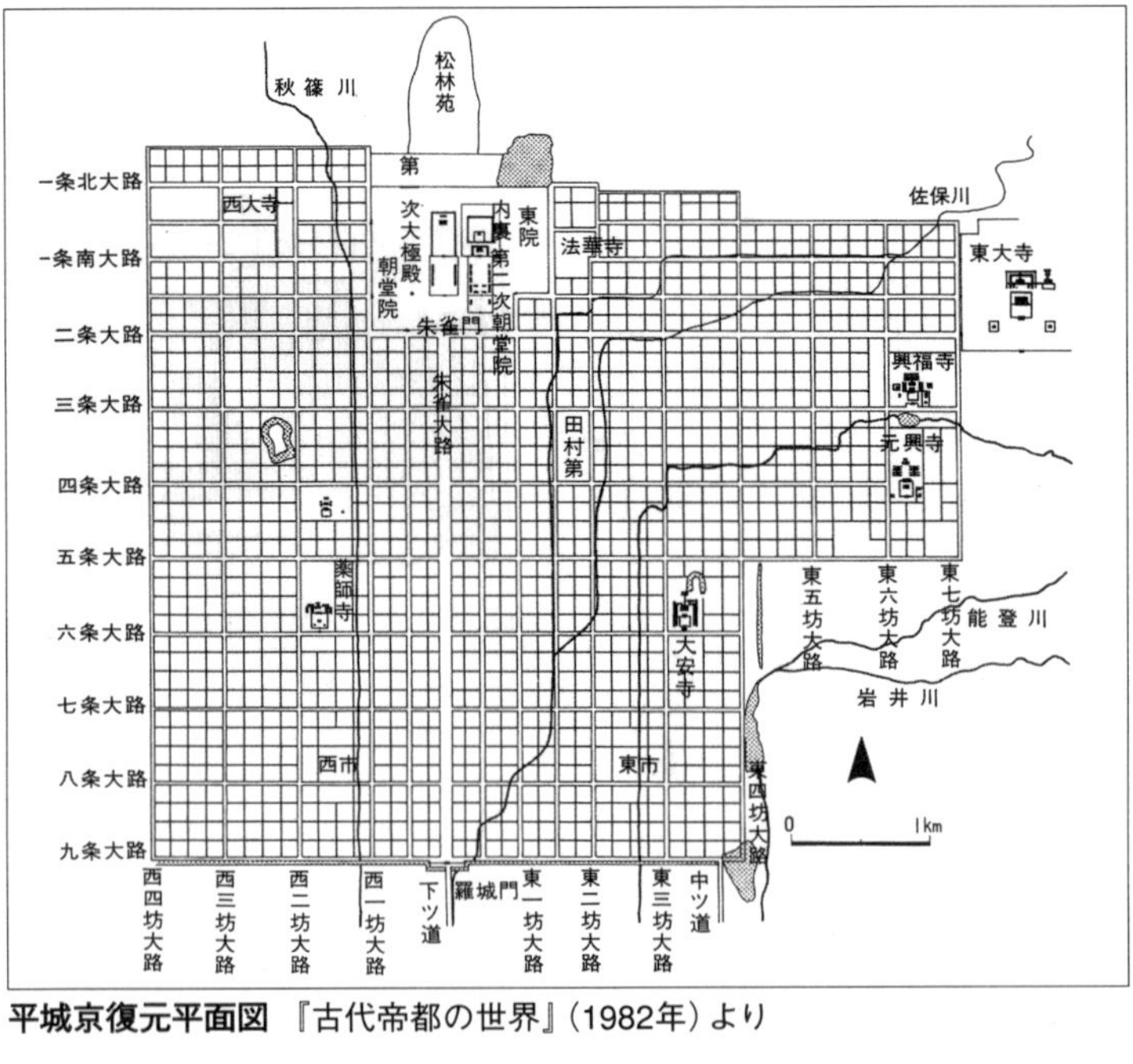

平城京復元平面図 『古代帝都の世界』（1982年）より

日本の古代の宮都の位置についてはいくつかの説がある。それらは発掘調査によって事情が次第に明らかになりつつあるが、なお謎がある。ことに藤原京には不確定要素が強い。

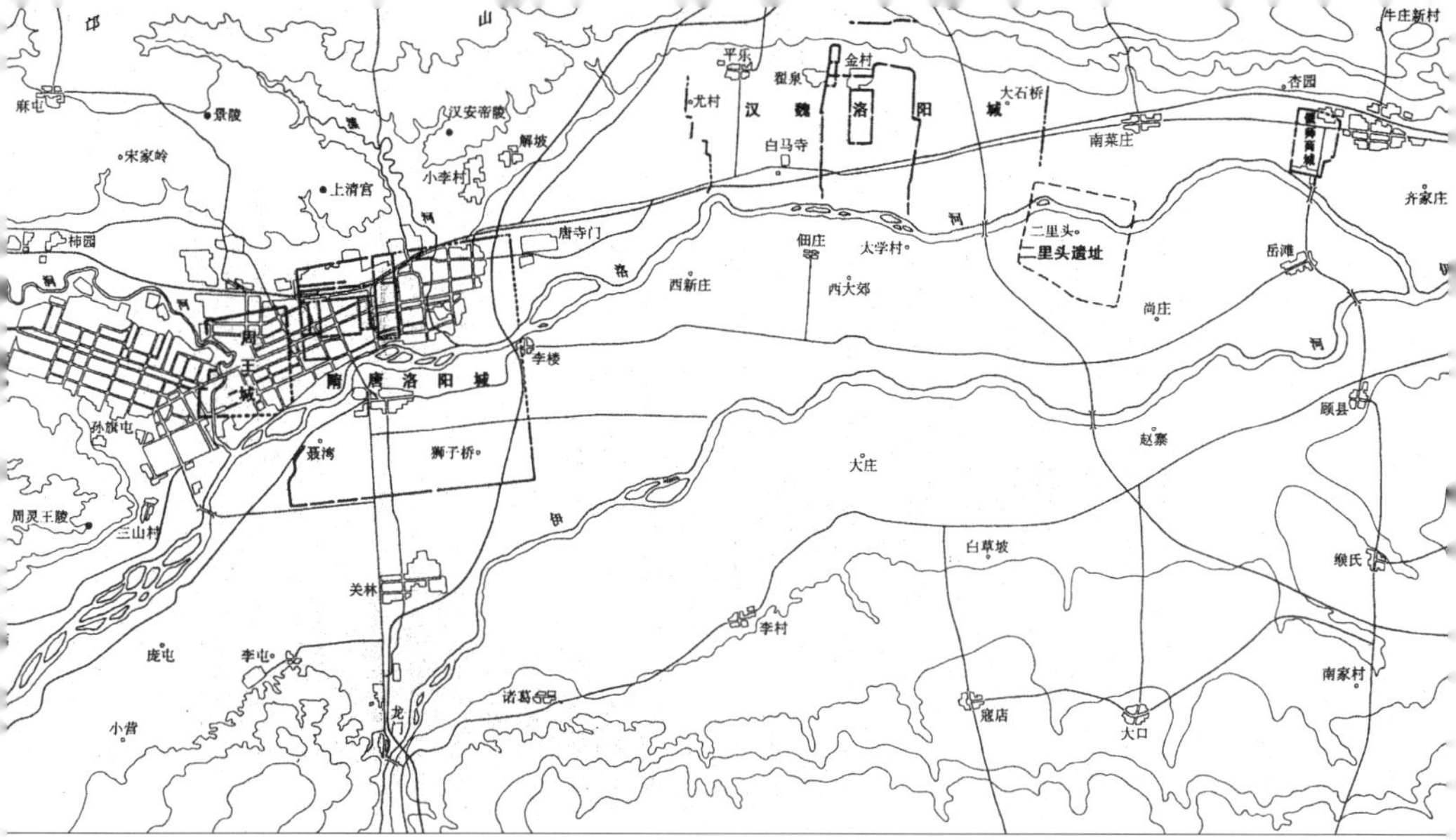

歴代洛陽王城位置図　北の邙山、南の洛水にはさまれたこの一帯も古代から王城の地であった。周・漢・隋・唐・宋・明の王城跡が点在する。隋・唐の宮殿より南にのびる道は伊闕、つまり龍門に至る。

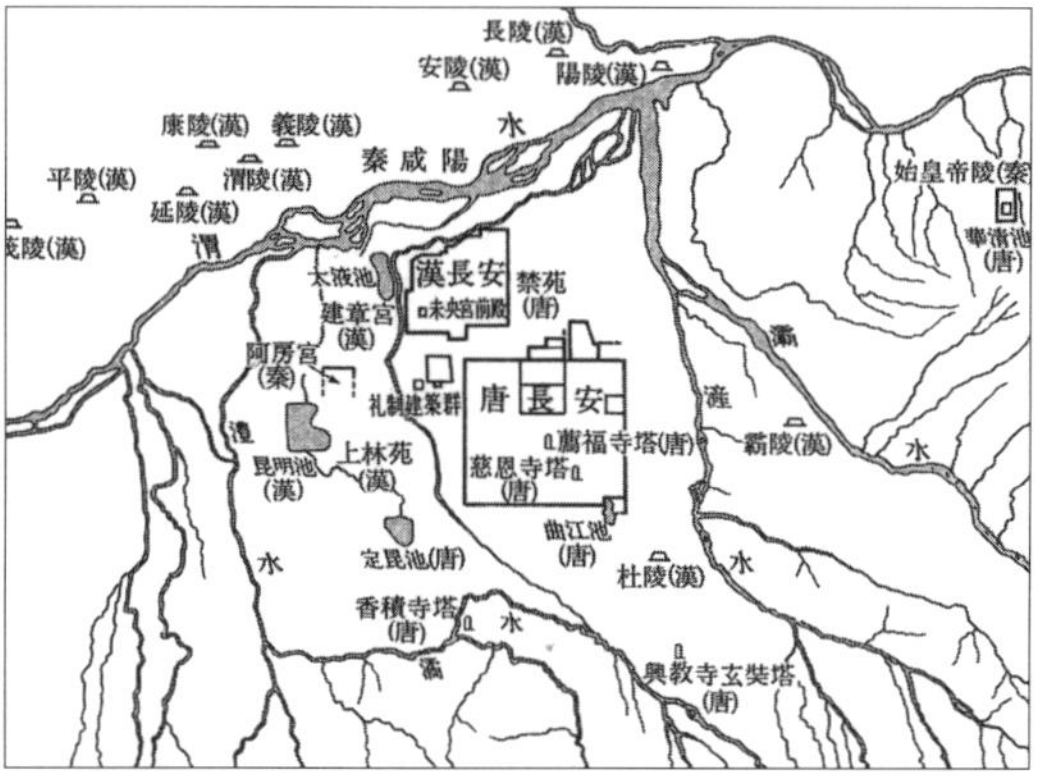

漢中平野に広がる古代からの王城図
帝都としての位置は唐でほぼ終わる。『中国の都城2』(1987年)より

漢魏の洛陽城(左)　この城を基礎に北魏の洛陽城が築かれる。ここも帝都の位置する歴史はほぼ唐で終わる。

隋・唐の洛陽城(右)

これらの地図は『中国建築史』などの所収図版を利用したが、地形と都城の様子がよくわかる。

2・意匠と記号の世界

都市の内部は地図によって示される。狭い空間に家や人が密集する空間は、地図でないと示されない。地図はしかし訪問者のためのものである。住んでいるものにとってはわかりきった道でも、外から来たものにはわかりにくい。だから、そとからの訪問者にとって他の都市は迷宮である。*正確に仕切られ配置された街路が町を区画する一方で、複雑で入り組んだ街路もある。巨大な街路は権力と権威を示すが、入り組んだ街路は狭く、人々の生活の場を示す。都市のなかへ入っていくには地図が必要である。都市とは複雑で入り組んだ神経細胞のような構造を持つ。たしかに、アリストテレス*が紹介したように、都市は整然とした設計を持つ。*そして、それは伝播してく。*その都市を描くのが地図である。

中国でも古代以来、多くの地図が作られてきた。それらは近年、集大成化されて手に入れやすくなった。*地図はさまざまなデータを圧縮して詰め込んだ、一種のCD・ROMである。記号化され圧縮された情報は、図表化していて、引き出し方によってさまざまな情報を与える。もっとも、これは今日の地図でも同じである。畑や山林、さらには諸施設が記号化され、地図の中に示されている。これは宋代の地図でも変わらない。一例をあげてみよう。宋代の地図として著名なものに『宋平江図』と桂林の『静江府図』がある。このうち、かねてより解明してきた『宋平江図』の記号をあげよう。宋代の都市図といえども、記号化が行なわれ

＊もっとも、都市自体は案外似通った構造をもつものでもある。我国においても、城下町はどこでも同じ地名を持ち、にたような構造を持つ。これは中国でも基本的には同じである。にたような地名、にたような構造をもつ。それでも大小があるし、土地による変化もある。見知らぬ土地はだれにとっても異郷なのだ。

アリストテレス ［前384-前322］古代ギリシャの哲学者。プラトンの弟子。『政治学』（岩波文庫、1961）参照

＊アリストテレス『政治学』では、最初の整然とした都市プランの創設者としてヒッポダモスをあげる。ヒッポダモスの整然とした都市プランはアリストテレスの有能な弟子、アレクサンドロスによってアジア世界に敷衍していく。世に名高いヒッポダモスプランとアレクサンドリアである。ただ、この都市プランがアジア世界へ伝播して行ったかどうかは、なお不明である。

ていたのである。地図解読のためには、方向・軸線・変形の方法・縮尺その他に注意しなくてはいけないのである。たとえば、地方志所収の地図はおおむね方形に処理し、現実の姿とかけ離れていることが多い。

よって、この描き方にも注意が必要である。都市をもっとも明確に示すのは地図で、それを読めば都市内部の権力構造、つまりは重力の場すらわかる。だが、このような表現には注意も必要である。都市は権威と権力のある場所である。その位置は同時に都市の最も高い位置をも示す王宮や官衙のある場所は意識としての空間の中で高位を示すのである。* そして、それは、権力の場を示すとともに、歩く手段としてのガイドブックである。こうして歩けば官衙や寺観に行ける。そうなると手軽に記号化が行なわれる。されば、都市図には形象化が行なわれる。すなわち地図における記号と意匠の登場である。それは地図の作成とともに始まる。このような地図はだからこそ失われた世界の構造を示す。近年の観光地図も同じである。古都の地図は古都の世界を描いているのである。

中国都市を地図で描くことは早くから行なわれてきた。都市図の起源は非常に古い。近年、復元され収集された地図をみることが多いが、中国で出版される書籍にもこのようなものをあつかったものが少なくない。このような伝統もまた古くさかのぼることができる。好例は北宋時代の呂大防の長安図である。

呂大防は唐代の首都長安の詳細な地図をつくった。この成果は巨大な石版に刻まれたが、その後変遷し行方がわからなくなった。だが戦前に一部の拓本が発見

＊『中国古代地図集』（文物出版社、1990）参照

＊イーフー・トゥアン『空間の経験』（筑摩書房、1988）

長安図　宋の呂大防が調査した唐長安図の一部である。今日の長安復原の大きな手がかりとなっている。

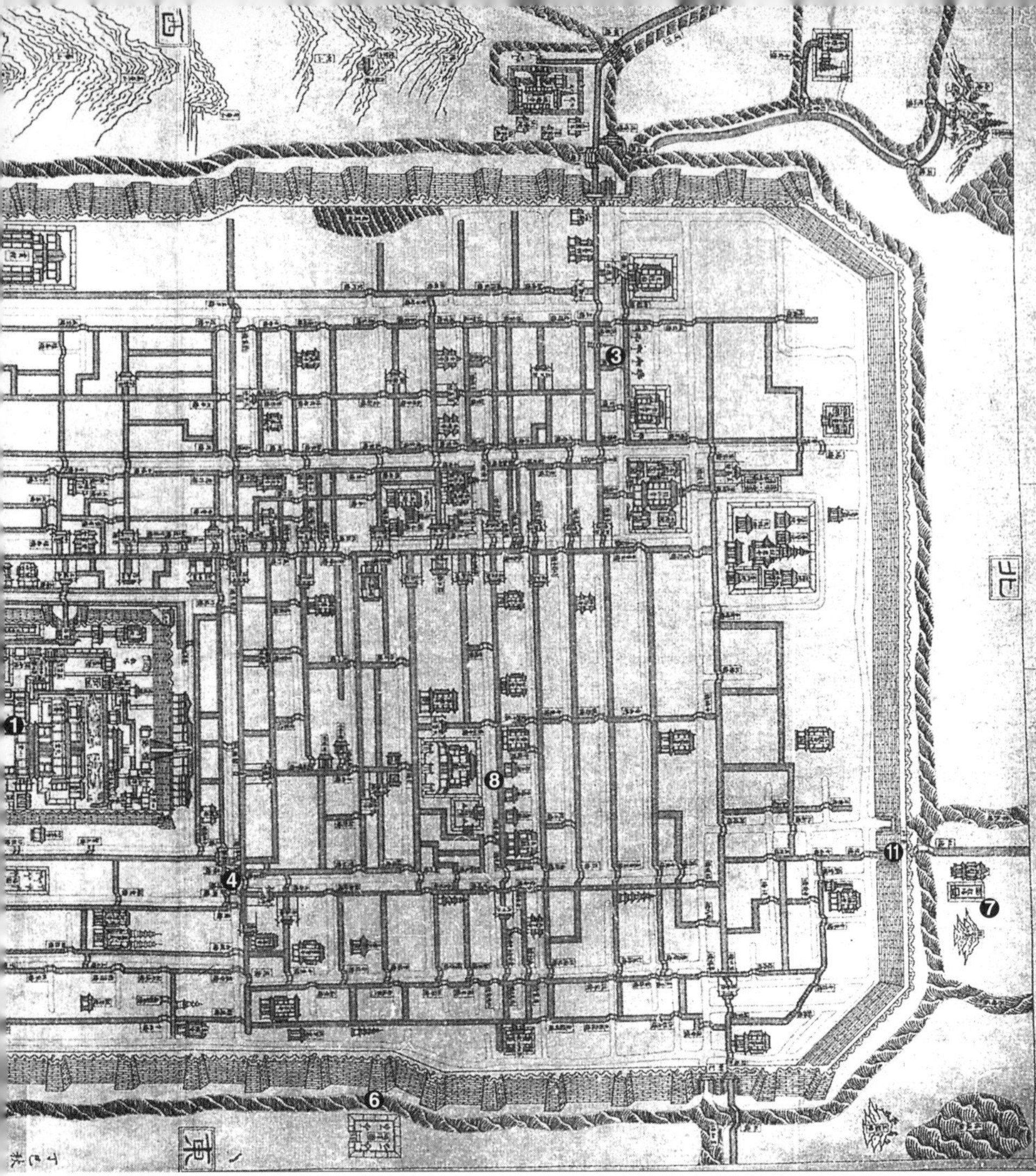

平江図墨線図。南宋紹定２年刻。

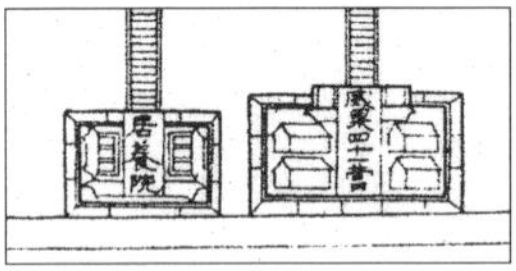

❺居養院

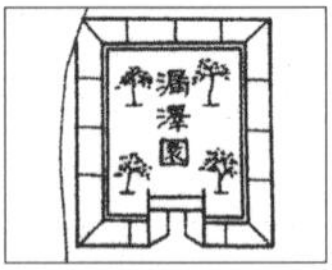

❻漏沢園

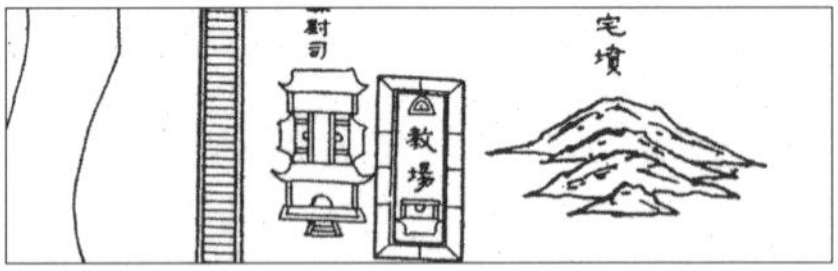

❼軍事訓練場

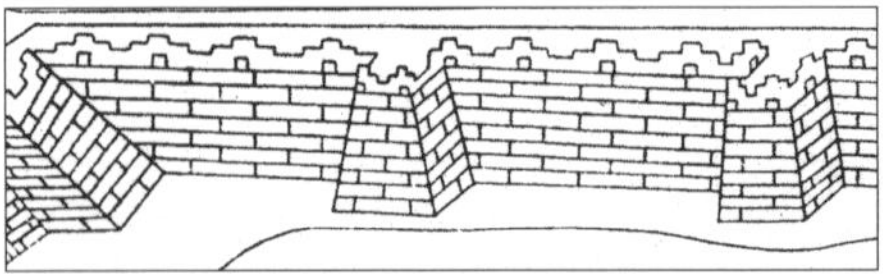

❿城壁

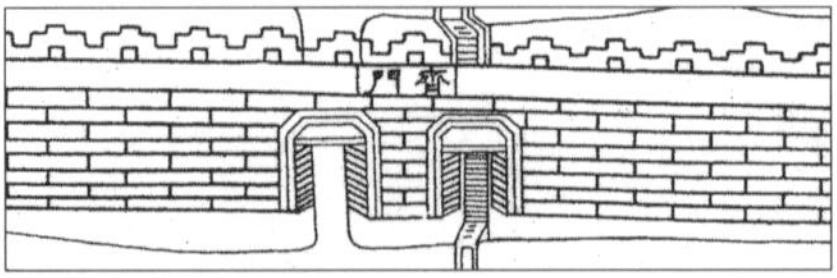

⓫城門・水門

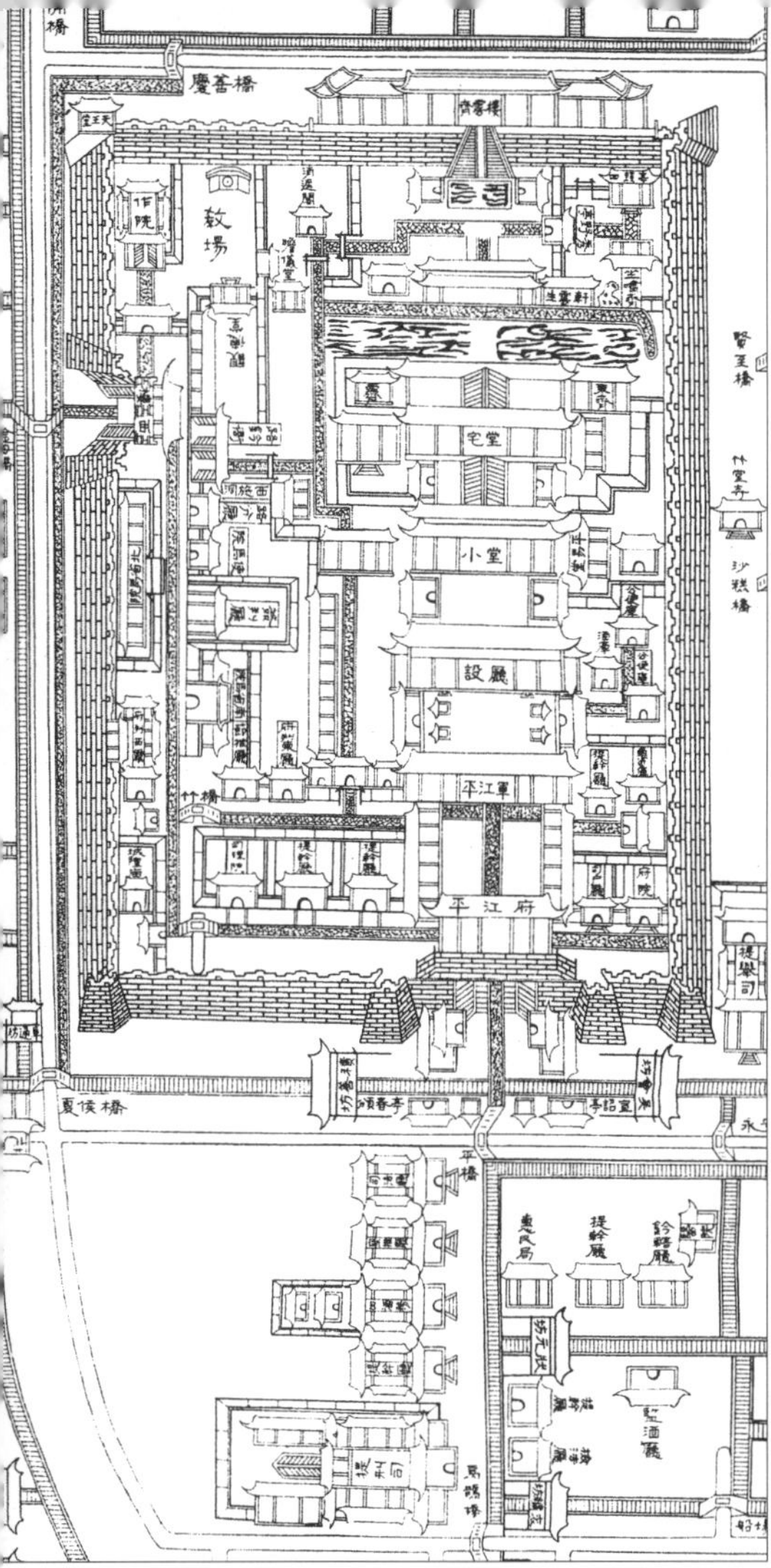

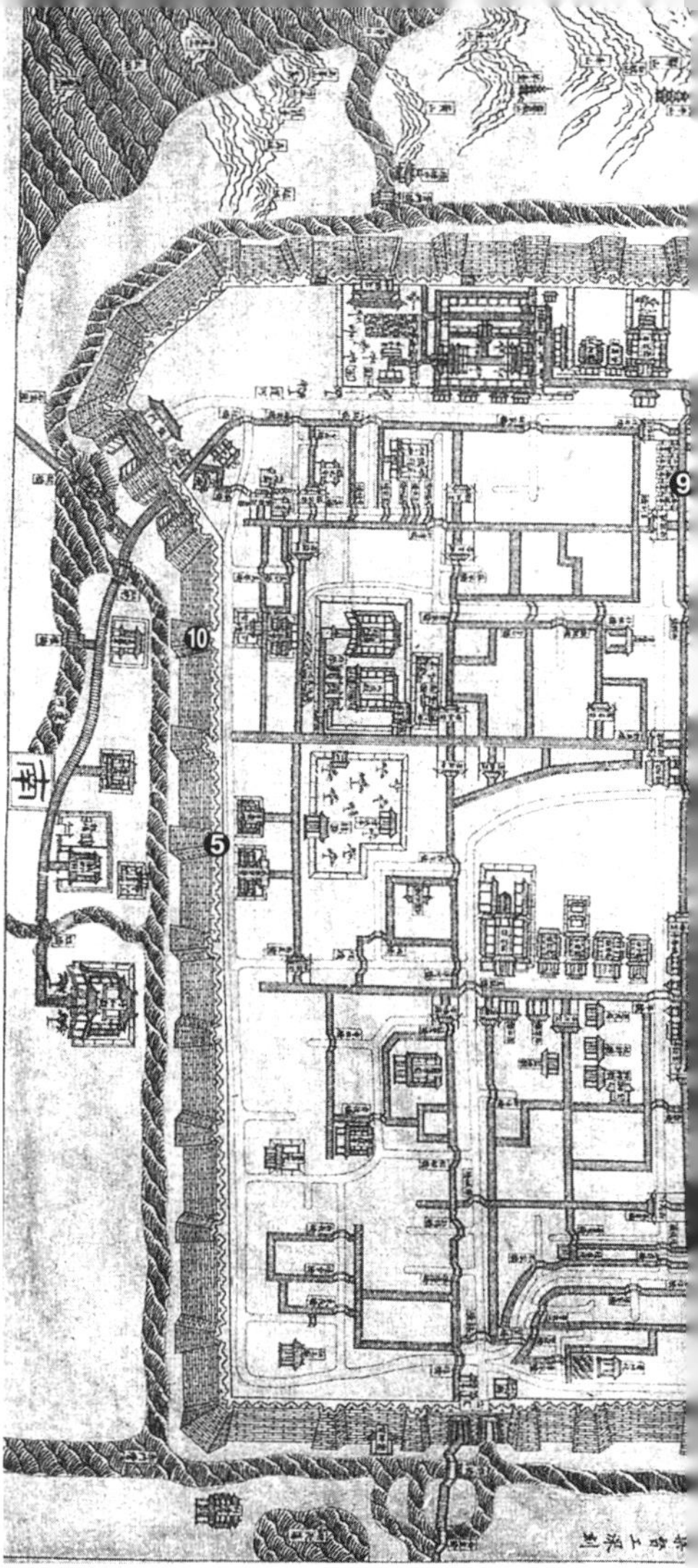

❶蘇州は官庁を囲った子城と城全体を囲んだ拡大外城の二重の城壁で囲まれていた。本図は子城とその南に広がる官庁街である。

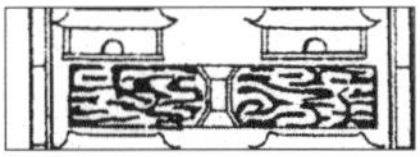

❷池

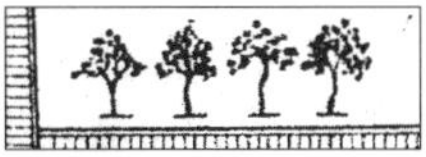

❸樹木

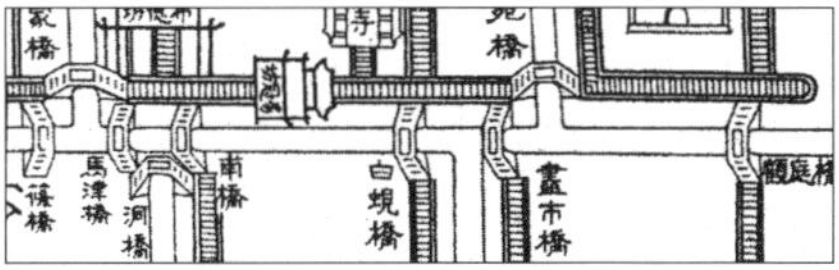

❹橋

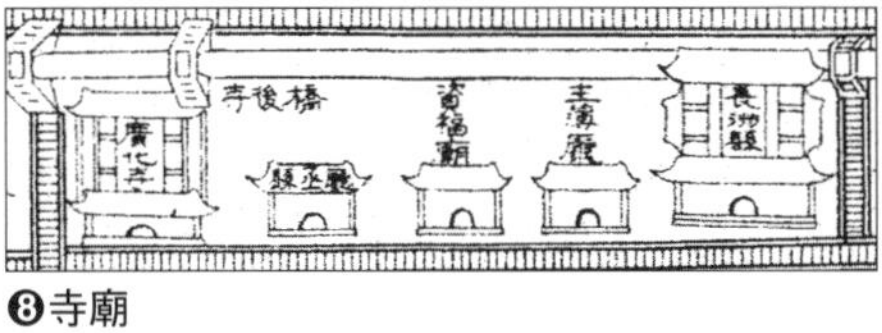

❽寺廟

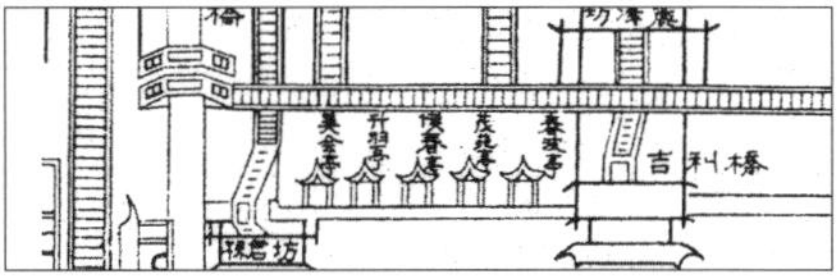

❾料亭街

され図に起こされ公開された。現在作成され検討されている唐代長安の復元想定図はこの図によっているのである。このように、宋代に古都を検証し、地図上に復元することが行なわれたのは重要である。

　地図に対する中国人の興味は都市だけにそそがれていたのではない。中国の地理的形態は記号化され示され続けた*。だが、都市地図における図形化と記号化はことさらに顕著であった。それはなぜか。それは都市自体がもつ特殊性に由来する。そもそも都市は人工的な狭い密集空間のうえに、複雑な構造を持つものだから、精通するには解読と歩行のための手引書が必要なのだ。とくに異国からの旅行者にとって、地図は欠かすことのできぬものである。だから、地図が作られたのである。そして、都市はまた迷宮の様相をもつことになる。

　都市が迷宮的な様相を持つのは、地図のゆえである。記号化され、図形化された都市絵図と都市地図はある種、騙し絵*的なものになる。それは人工的な線と色を満たせて作成される。その形式を形作るものは、自然界と異なる。大地に積み上げられた建物、内在する丘や高台を削って作り上げられた景観である。

　大地もまた掘り込まれる。刻み込まれた線は陸路や水路である。かくして、都市は自然的景観を隠し、聳え立つ高楼や高殿によってあらたな雰囲気をかもしだす。この意味からも都市は騙し絵的存在であるといわねばならぬ。また、自在に配置された建物群や機能分担地を結ぶ街路は、また、縮地を可能にする。ここからも、都市を騙し絵的な存在といいうる。

*日本では荘園の地図が多い。

山城国五ヶ荘井水差図　桂川用水と農業を用水に頼る桂川流域のいくつもの荘園が描かれている。

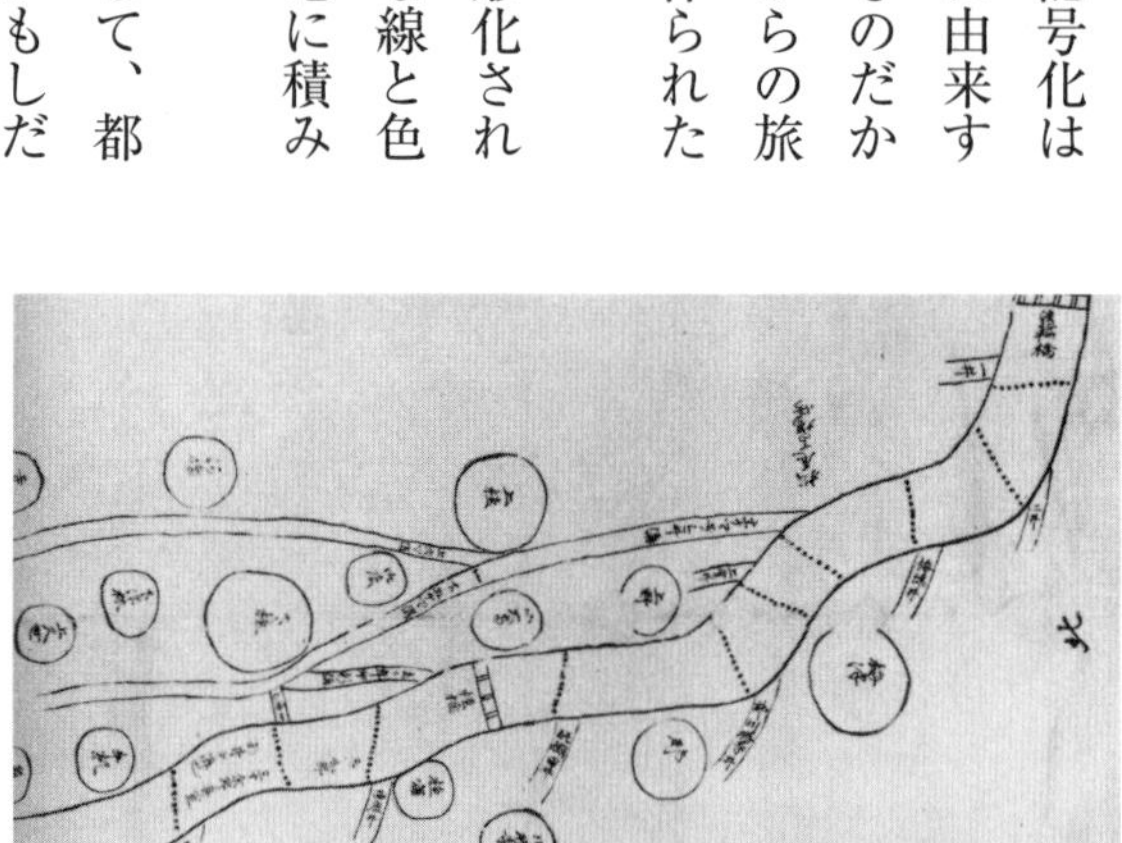

騙し絵　見る人の錯覚によってさまざまに見える絵

騙し絵的な都市は、決して荒唐無稽な話ではない。* 古代でも都市であっても人造の建築によって飾られていた。そして自然界を模した庭園が造られ、人びとをいざなった。オリエント*における人工の庭園、バビロン*の空中庭園はその有名な例である。中国においても都市に不可思議な庭園が設けられ、異形の動植物が住み着いていたことを、大室幹雄氏が論じている。* この結果、都市に多層的世界がうまれていくのである。

いまでも、このような騙し絵的な作業が行なわれている。ビルの屋上に緑を植えて庭園化をはかっている。街路はさまざまにぬられている。これらは、都市の騙し絵であり、その迷宮化でもある。

このような都市を歩くには何が必要か。それが地図である。地図も騙し絵だ。だから地図は明確に描かれない。都市内部の重要な建物を概略的に示すだけだったり、街をゆがめる。

都市を視覚的に描くのは地図と絵画である。そして的確に文字で描くのは文学である。そこで、視覚的に描く地図や絵画から、都市の解読に入っていこうとおもう。これらは、圧縮された都市の情報を詰め込んで、都市空間を描き示すからである。それらを解読しつつ、中世都市のイメージに入っていこう。

都市をイメージさせ、表徴するものは城壁である。高々とめぐらされた城壁こそ都市を都市たらしめる。この外的表徴に対して、内的な形象を示すのは何か。それは高い建物である。そしてもうひとつ複雑な街路である。あたかも機械の内

＊かつて、陣内秀信氏とイタリアのヴェネチアを旅したときに、壁に騙し絵が描かれているのを教えていただいた。都市の建物に騙し絵を描くことは東アジアでは見られぬことのようにおもう。そうしたことと関連することかどうかわからないが、近年は都市の壁に絵を描くことも盛んである。地下鉄の通路に街角の風景を描いていることも少なくないが、これは東京だけのことであろうか。

オリエント　世界最古の文明が形成された西アジアとエジプトの総称

バビロン　ユーフラテス川の東岸にあった古代都市。古代メソポタミア文明の中心として栄えた。

＊大室幹夫『劇場都市』（三省堂、1981）

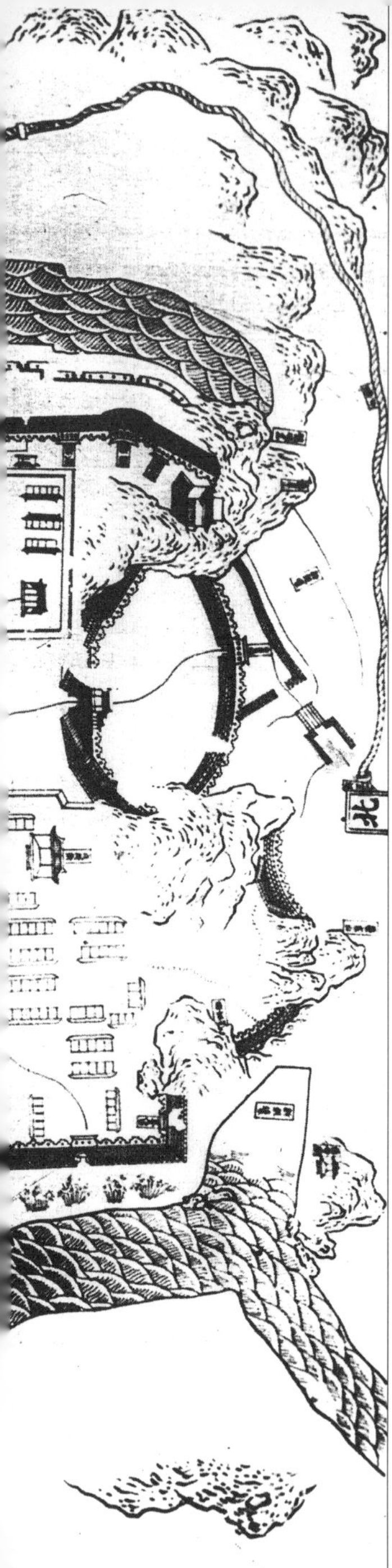

▍付記された南宋末年の桂州城修建費用

監督者／工事用費	李曽伯	朱禩孫	趙与霖	胡穎	合計
軍夫（工）	354,436	541,007	193,560	1,905,921	2,994,924
石（塊）	328,000	72,220	98,962	36,397	535,579
木（条）	314,800	142,538	15,843	11,987	485,168
磚（片）	11,054,000	6,230,870	442,000	2,908,412	20,635,282
石灰（斤）	14,400,000	6,423,150	821,160	3,270,534	24,914,844
瓦（片）		176,300			176,300
米（碩）		8,454（9斗）	942（2斗6勝平）	700	10,096
塩（斤）			4,403	8,272	12,675
銭（貫）	362,700	40,480（353文）	22,685	115,324（231文）	541,189
関子（貫）				766	766
銀（両）				260（1銭）	260
十八界会（貫）			7,175	2,055	9,230

桂州城には歴代の工事監督者の名前と要した工夫や材料が記録されている。各項目の単位を一つ一つ換算することはしないが、一見して膨大な費用を要したことがわかる。ちなみに銭の額だけを述べると、銭1000文は1貫にあたる。当時の下級兵士の年間給料は、ほぼ50貫ほどであったというから、ここでも費用の膨大さがわかる。

静江府図（桂州城図） 静江府とは現在の桂林である。元の侵攻を前に整備された様子を示す。

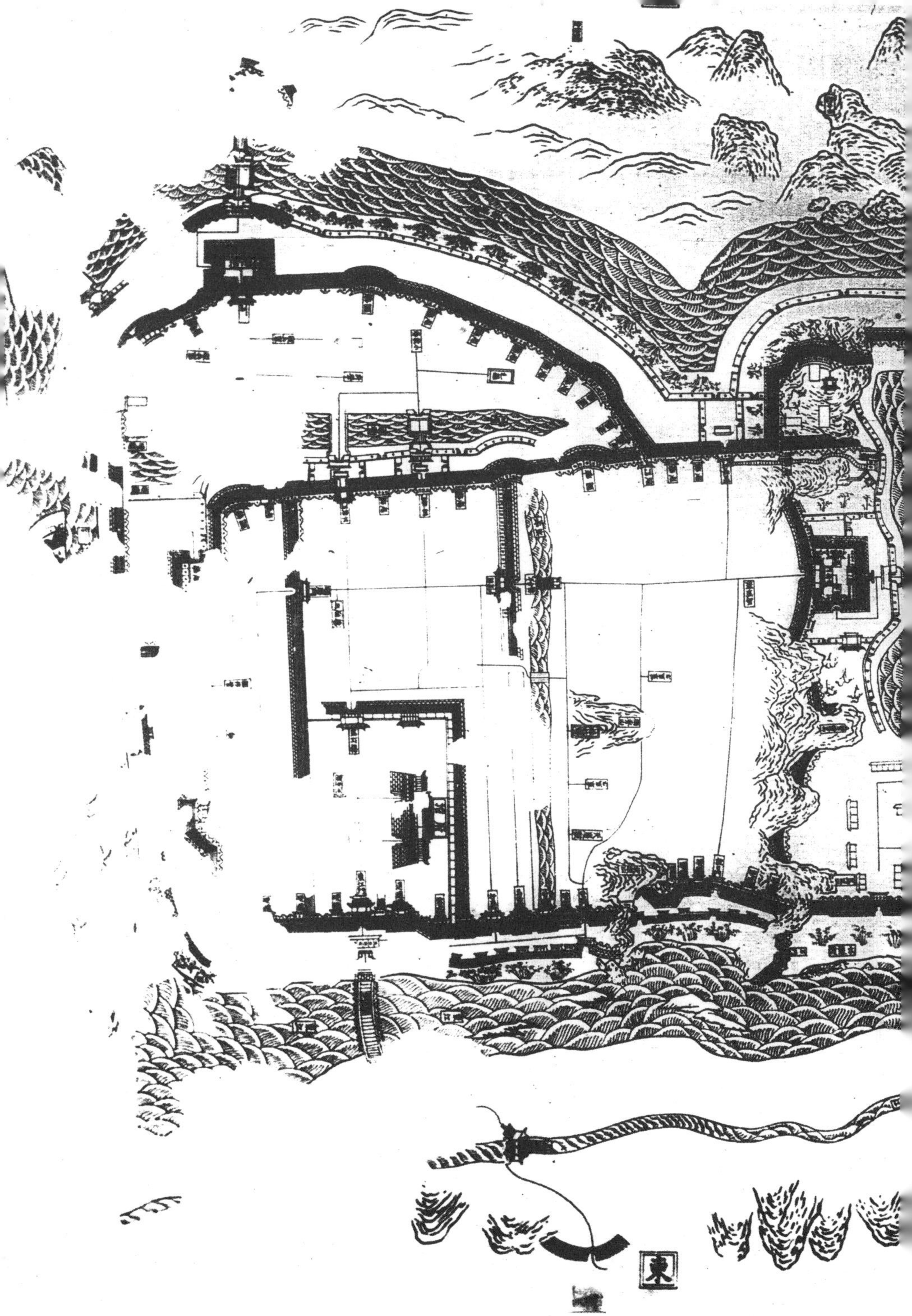
東

部のようなその街路は都市の内を示す。よって、これらが都市を表徴するのである。そしてこれはまた、都市自体が抱える問題をも示す。つまり、都市の問題とは囲壁と街路の問題なのだ。この点に対する意識が日本では薄いようにおもう。それは日本の都市が自らを他と際立たせぬからである。城壁を持たぬとされる日本の都市と異なり、他の地域では囲壁が都市を目立たせる重要なものであった。洋の東西を問わず、都市は囲壁によって、まずその形を示される。したがって、地図はまず、城壁をいかに描くかが問題になる。

ただ、これにも問題がある。たとえば城壁である。本当に日本には城壁都市がないのだろうか。ないわけではない。日本の都市は内に堅固な城をもち、その周囲に聚落が集まる。そして城自体は守られている。その周囲の聚落とて無防備なわけではない。整った形の城壁都市は都市のいたる最高点にすぎないのであって、それがすべてではないようにおもう。* 実際に中国都市全土の都市に囲壁が備わるようになるのは、きわめて遅い。まず、華北から都市の城壁化がはじまり、しだいに全国に広がっていく。特殊な都市以外は城壁が充実していないのである。* 都市域が分散していて囲みようのない都市もある。都市域が固まっていても、まったくないものもある。それだけでない。簡単な壁だけのものもある。このように、江南の県城クラスの都市の場合、城壁のないものもめずらしくない。* いくつか、囲壁を描いたものを示そう。

このように都市は囲壁でその形を示すが、これらはほぼ描き方を統一している。

＊ほぼ定説と化したこの意見は正しいのだろうか。古代の聚落のなかには環濠城砦聚落があるし、宮都にも城壁らしきものがみつかったりする例がある。これは、中世都市でも同様である。城壁をもついくつかの例、壕や山や川など天然のものを利用して都市を守備する例がないでもない。

＊李済『支那民族の形成』（生活社、1943）

＊前掲の李済『支那民族の形成』のほか、伊原弘『中国人の都市と空間』（原書房、1993）参照。

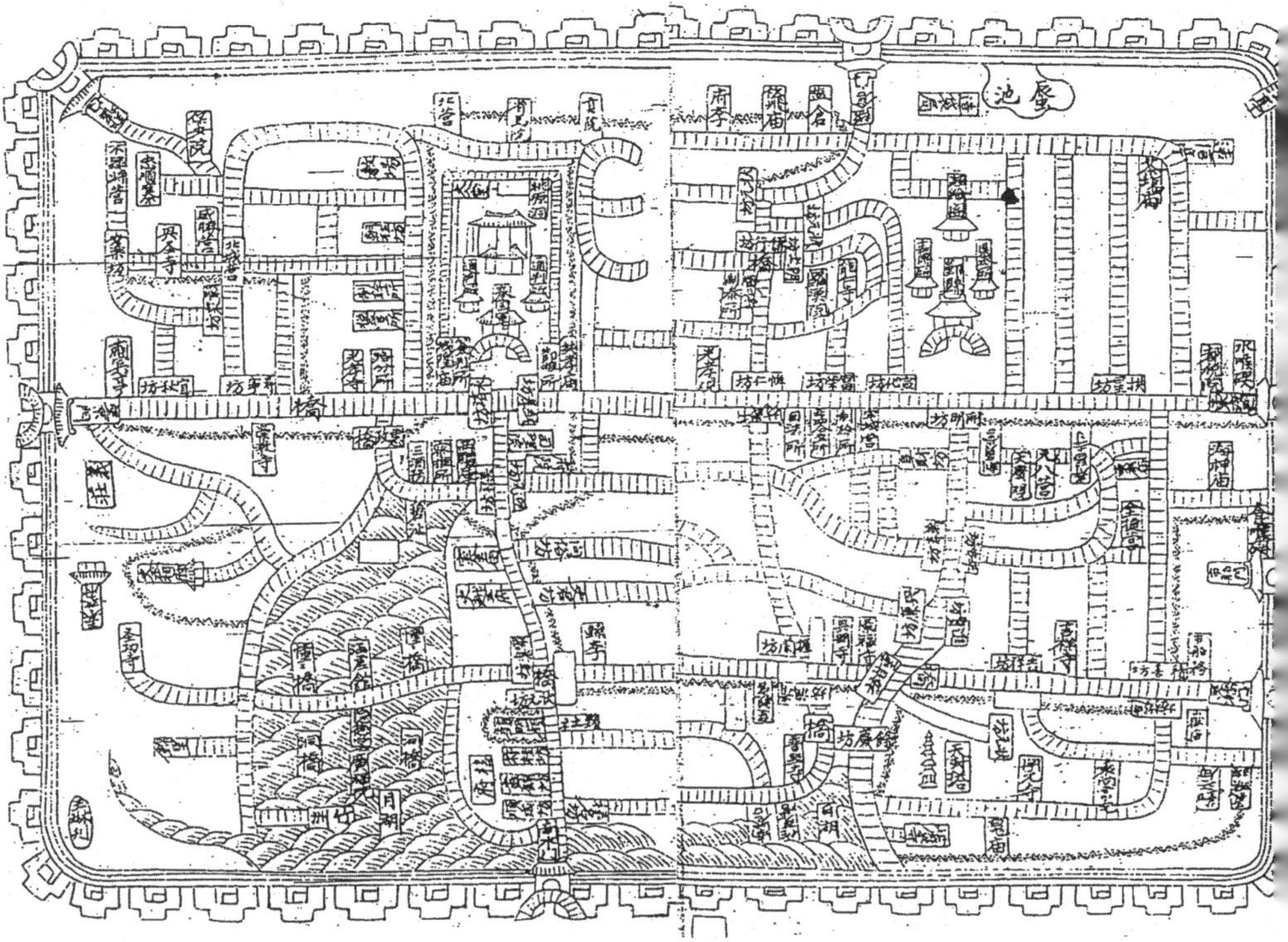

南宋時代の寧波図　実際は卵形だが、方形に描かれる。ここには多くの日本船が入った。

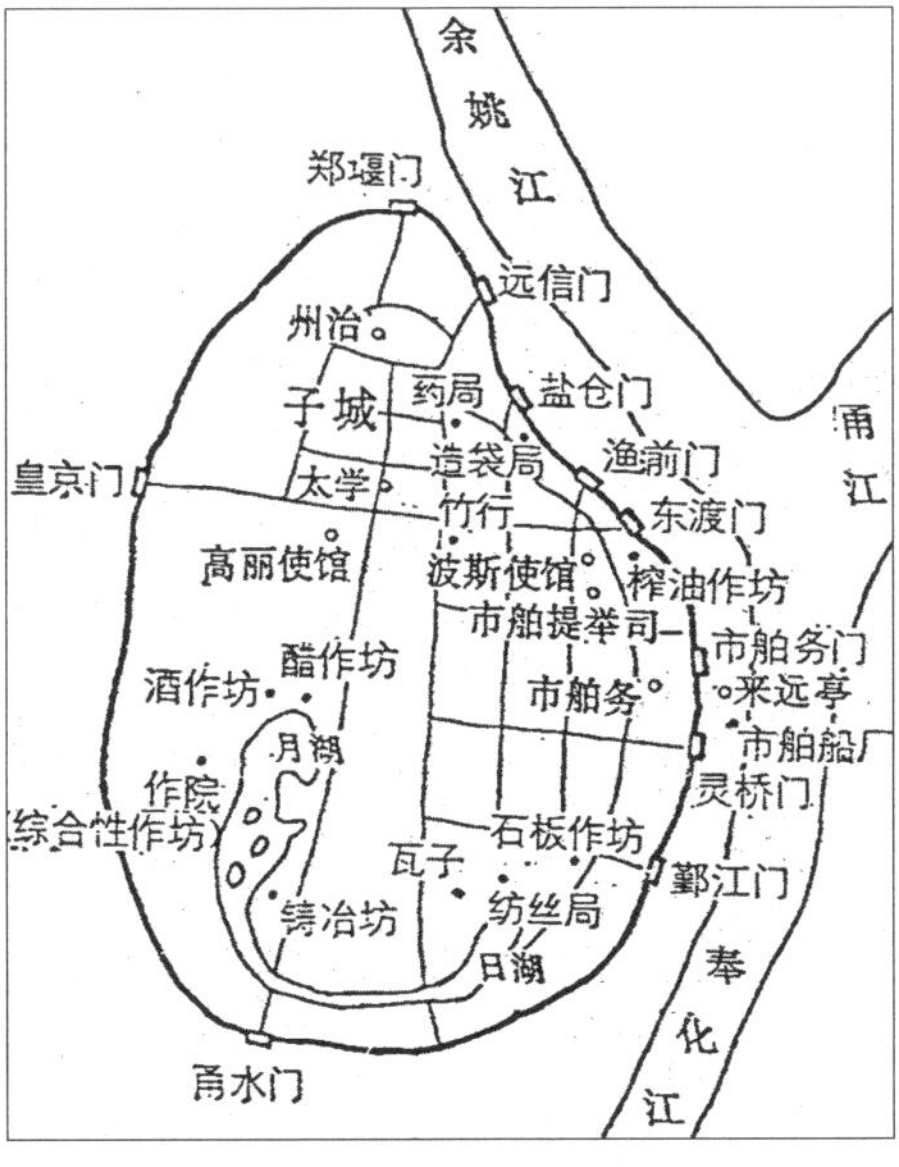

宋代の無錫　咸淳『毗陵志』所収。単純で粗雑だが、特徴はきちんとおさえている。

宋代明州城復元想定図　陳橋駅『中国歴史名城』(中国青年出版社 1986年)より

これは、近代的地図でなくても、地図を描くに際して、ある程度の記号化が進んでいたことを示しているのである。

このような地図を描く際の記号化はかなりの面に及んだ。例はすでに示した。手元にある地図から無差別に選んだものをのせているが、街路、官衙、寺観、樹木その他がみごとに類型化されているのがわかるであろう。実際、宋代の地図といえども縮尺と記号化がはかられていたのだ。こうして都市の迷宮的様相がかたちづくられていくのである。

さて、都市には城壁のないものもあったと述べたので、ここにそれを紹介しておこう。一体に、都市の城壁化は時代をおって中国全土に広がっていったと考えられる。最初に華北一帯に城壁化が広がるが、これは華北が戦乱の被害を受けたり、災害の余波を受けやすかったことに由来するとおもわれる。華北は古くから開拓されたがゆえに、都市も比較的密集し、各地に有力者が点在していた。このことは有力者同士の抗争の害を受けやすい立場であることを示す。また、より北のほうは異民族の侵入を受けやすい場であった。さらに南に下がると大河黄河の氾濫の害を受けやすい。こうした理由から、華北では都市の城壁化がすすんだとおもわれる。そして人口の稠密さも、これらをおしたのである。

一方、他の地域では城壁の設置はしばらくしておきる。第二波は四川と江南一帯を中心におきる。唐の後半期以降、これらの地域が明確に華北政権の支配領域に入ることによって、都市の巨大化と城壁の設置が進行するのである。もちろん、

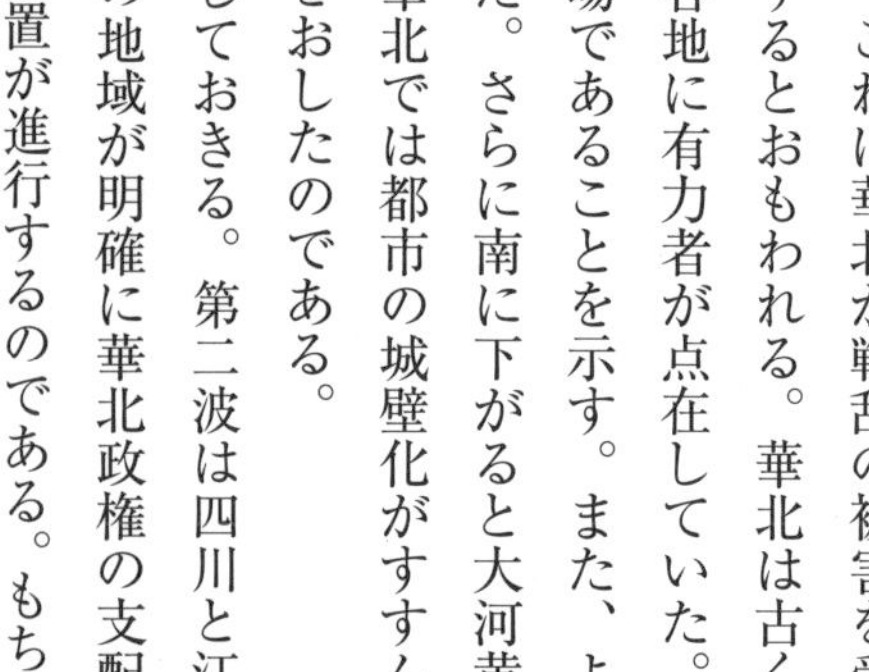

象山県治図　宝慶『四明志』所収。象山県は明州すなわち寧波治下の県城である。城壁をもたないが、県山としっかりした街路を備え、県の治所を中心に市街地を展開させている。では、この絵が現実を反映しているかというと必ずしもそうはいえない。

巨大都市には最初から城壁がもうけられている。だが、県城などには城壁がなかった。それが、しだいに意識されるようになっていくのである。城壁で囲まれているという中国都市のイメージは否定されなくてはいけない。城壁の設置がただちに進んだのではないのだ。中国にはつい最近まで、なお、城壁のない重要な聚落が点在していたのである。

このように、江南ですら城壁のない都市が存在していた。それだけではない。時として、せっかく作った城壁を壊すことさえあった。都市は人の集う場所である。よって、城壁を作ることは都市を要塞化することになる。統一が進んだ社会に存在する城壁を備えた都市は叛乱の拠点になる。『水滸伝』*を読んでみるといい。祝家荘のように、都市が要塞化されて攻防の場になる例がでてくる。そこでは、聚落の周囲に細い街路を張り巡らせたりして防御機能をたかめる話も出てくる。城壁の建設は費用がかかる。したがって膨大な費用のかかる囲壁の建設をあきらめて、この種のもので間に合わせる例があるのは当然であろう。* いずれにしても、このような都市の存在は王朝権力には危険以外のなにものでもない。そこで、城壁をとりのぞくこともあったのである。

このようなさまざまな都市の様態を視覚的に示す代表的なものとして、なによりも地図をあげなくてはならない。述べたように、地図は都市の図像だからである。しかもその図像は圧縮された情報の塊である。地図の形態については、すでに所論を展開しているので、ここで論じるつもりはない。* ただ、地図が都市のみ

『水滸伝』 明代に書かれたといわれる長編口語小説。宋の徽宗の時代、宋江を首領とする108人の豪傑が山東省の梁山泊に結集し、軍に抵抗、やがて滅びていく物語。

＊典型的な例として清代の台湾の例がある。台湾では棘のある竹を植えて城壁の代わりにする例があった。

＊伊原弘『中国人の都市と空間』（原書房、1993）、中国地図の特集としては『中国古代地図集』（文物出版社、1990）が出版されている。その他、地図を列挙したものは枚挙に暇がない。

を示すのではないことを言っておこう。地図は領域や水路も示す。古代国家であれ、さまざまな目的のもとに地図を作っている。領域が確定し、支配が確立すると権力と組織が樹立する。

宋代の都市図のいくつかを検討してみよう。すでに示唆したように、都市は記号であらわされる。地図は記号によって埋められているのだ。これは現在の地図でも同様だ。実際、都市には多くの記号が用いられる。現代地図でみてみるといい。どこでもいい。一枚の地図を広げてみよう。そこには、農地・森林・学校・役所。多くのものが書き込まれている。そして、これらは、記号化されている。地図とはそれ自体が記号の集合体なのである。そしてそれは地図の出現と同時に始まっていたのだ。一般に記号化は近年の所産のようにおもわれがちだが、決してそうではないことがわかるであろう。もっとも、すでに示したのでここでその歴史をたどるつもりはない。

いつの時代でも簡略化や記号化は見られるが、宋代とて例外でない。木々や石垣。船や橋。官衙や寺観。述べたようにこれらがそのとおり描かれていると考えてはならない。その意味でも都市図とは暗号と記号化の所産なのだ。

もっとも、地図自体も記号化されたものである。都市の交通地図をみてほしい。それだけでない。時刻表の地図すら変形して描かれる。都市は記号化され、絵図化されているのである。このように記号化された絵図を要求する都市とはなにか。都市が絵図や地図に形態を定めて描かれ、なおかつ表徴化して示されることは述

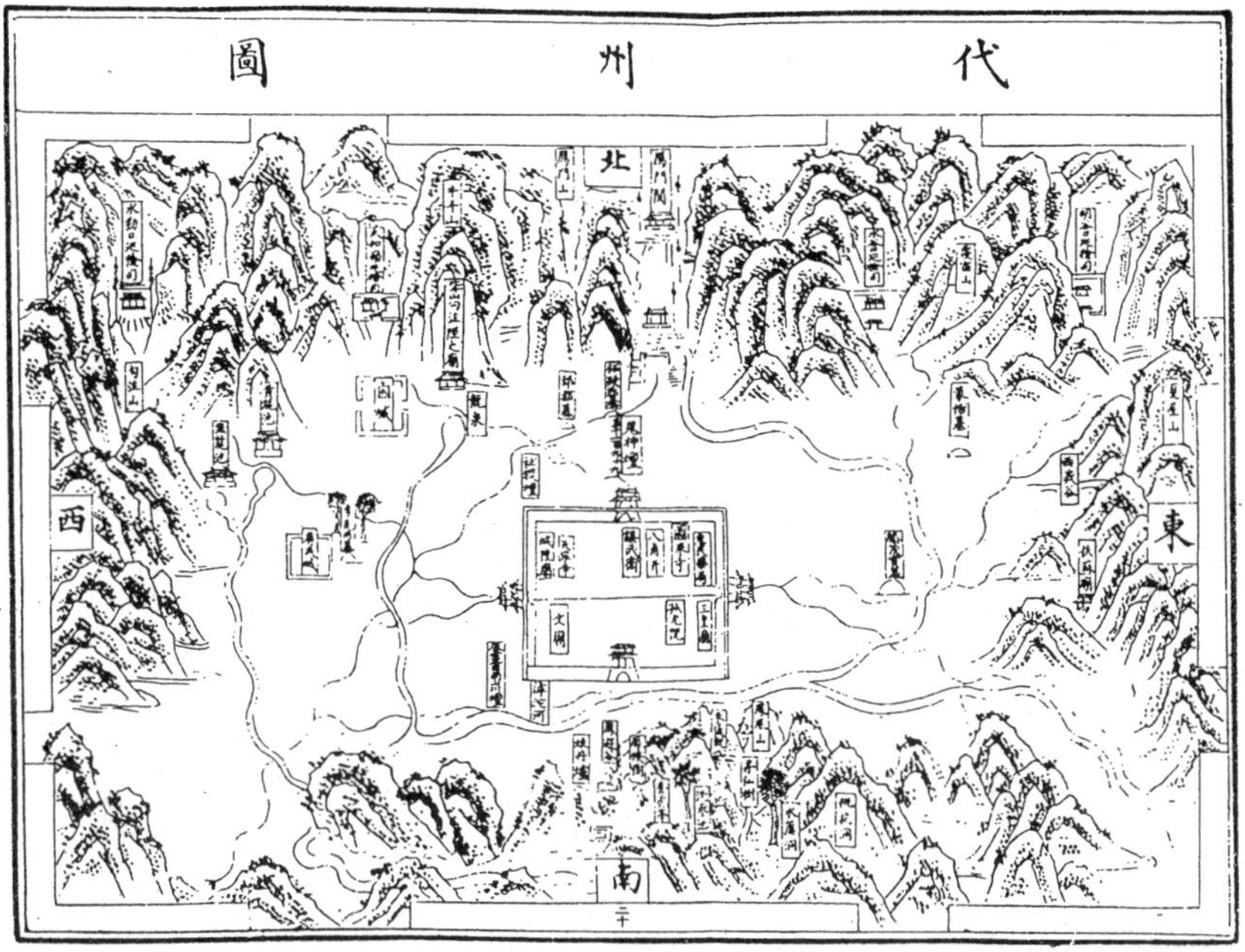

代州城図　『永楽大典』巻五一九九所収。華北の都市代州ともに方形に示される。

保徳州城図　『永楽大典』巻五一九九所収。地形ゆえか、珍しい形態である。県城の図は入っていない。

べたとおりである。それだけでない。都市はそれにふさわしく、実際人工的で規格がされた場所でもある。そしてそれゆえに、人びとが息苦しい場所でもある。人工の場所に住み続けてきたとはいえ、人間も本来は自然の中に生きるものだからである。

その人間が自らの生活を営むためにつくりあげたもの、それが都市なのだ。そして、人びとが密集し絡み合い住み着く空間である。だが、決してわかりやすいものではない。都市は都市そのものの存在だけでなく、構造もまたなぞめいた存在なのだ。

その都市には密集した空間が広がる。それは、あきらかに農村の景観とは異なる。自然の豊かな農村に比較して、人工的で非自然的な色と線によって色どられたものこそが都市なのだ。都市の内部はまた迷宮である。整然とした街路のなかを入り組んだ道がうねうねと続いている空間こそ、都市なのだ。街路によってはさまれ仕切られた居住空間の集合体が都市の実相なのだ。*

このように密集した都市は、それ自体が孤立していけない。だが、ひとは誤解している。近未来を描くアニメーションが、その典型である。都市は屹立して描かれている。だが都市はそれのみではいきていけない。というより、都市自体はひたすら栄養分を吸収し、膨れ上がっていく存在である。そのために、他のものを犠牲にしていく。増殖するためには、都市以外のところから栄養分を吸収し、奪い続けるのである。飢饉があろうとなかろうと都市は生きつづけるのである。*

＊都市を解読するためには、街路、街区といった言葉に敏感でなくてはならない。日本史・東洋史・西洋史で共通の認識がないようである。

＊藤田弘夫『飢餓・都市・文化』（柏書房、1993）、『都市の論理』（中公新書、1993）

その都市を支えるのが交通路である。交通路を往来するのは、人の社会を成立させる物資や情報である。よって交通路、すなわち街路は、人間の体の神経や血管にもにたものである。そのなかをはしる情報や物資は血液にもにている。交通路は都市の命をまもるものなのだ。だから、陸路や街路は都市が栄養分を吸収しつづける手段である。その意味では、人間の血管や神経ににている。複雑にいりくんだ街路は栄養をとる道だし、指令がとおる道でもある。

よって、都市のなか、というより、周囲には街路や水路が張り巡らされた。とくに、水路は重視された。近代的な交通手段のない時代にあって船は荷を大量にかつ安価に送ることができる最良の手段であったからである。それは江南の都市だけでなく、江南の都市においても同様だった。たとえば蘇州である。

蘇州は古い時代から江南の重要な都市であった。江南自体が複雑に入り組んだ水路とそれを利用した交通運搬手段によっていたが、宋代でも同じだった。というより、一層、その重要性がましたということだろう。そのことを示すのが蘇州である。水路が入り組む江南にしっかりと根を張った蘇州は、時代が下がるごとに人口がふえ輸送の物資もふえる。だから、江南の都市はその利点を積極的にいかした。そうして繁栄するありさまを、かつて水生都市とよんだ。*

水生植物は水中にたっぷりと根を張って栄養分を吸収し、水中や水面にあでやかな花を咲かせる。暑い夏のけだるい朝にあでやかな花をひらかせる蓮や睡蓮はその代表である。* 江南に花ひらいた蘇州や杭州といった都市は、水生植物のよう

*伊原弘『中国中世都市紀行』(中公新書、1988)、『蘇州』(講談社現代新書、1993)

*ここで雑談をひとつ。一般に蓮の花はけだるい夏の朝に、音を立ててひらくという。だが、そのことを検証しようと夏の沼にテントをはった人たちの経験談では、蓮は開花に際して音を立てぬという。幻影の話であった。しかし事実に夢を失った気がする。

な都市である。

もともと都市は水路を活用し、その上に花を開く。これは長安や開封も同じである。だがこのことは江南の都市において見事に具現される。ひときわ繁栄する江南の都市群は、入り組んだ水路からたっぷりと栄養を吸収し、みごとな花をひらかせるさまにになる。これをわたくしは水生都市と呼んだ。地図に描かれた街路や水路は、都市が周辺にはった根でもあるのだ。

その意味からも都市の問題とは交通路の問題というべきである。陸路・水路をとわず、都市が生きて繁栄するためには、交通路の管理と整備が大問題である。物資の運搬、人の行き来、行政の伝達。街路を使わねばなにもできない。とくに大事なのが、街路を保全し、通しやすくすることである。道路舗装をしたり護岸を強化するのもそのためである。宋代にはすでに都市と都市の間を舗装した記録も残る。このように、道路を保全するためには、無用で無法な街路の使用を禁じる。家を建ててはならない。物を放置してはいけない。道路の土をとるな。それが侵街の禁*である。これはいまも同じである。もっとも守られていないことも多い。路上に芥を散らかし、看板をおき、荷物をおいておく。そして、車を放置しているのは、その好例である。

もちろん、問題はそれだけではない。保持のためには禁令だけでは駄目である。そして、そこを行きかう費用も問題になる。また旅の方法も問題になる。一体に、宋代は旅がさかんになってきた時代である。特に僧侶の免許状の度牒*をもらって

侵街の禁　道路を侵犯することを禁止するもの

度牒　僧尼になることを許可した公文書。中国では唐代に制度的に整備されたが、宋代には政府が空名度牒を大量に売り出したので、買い占める者が出るなど紙幣のような性格をもった。

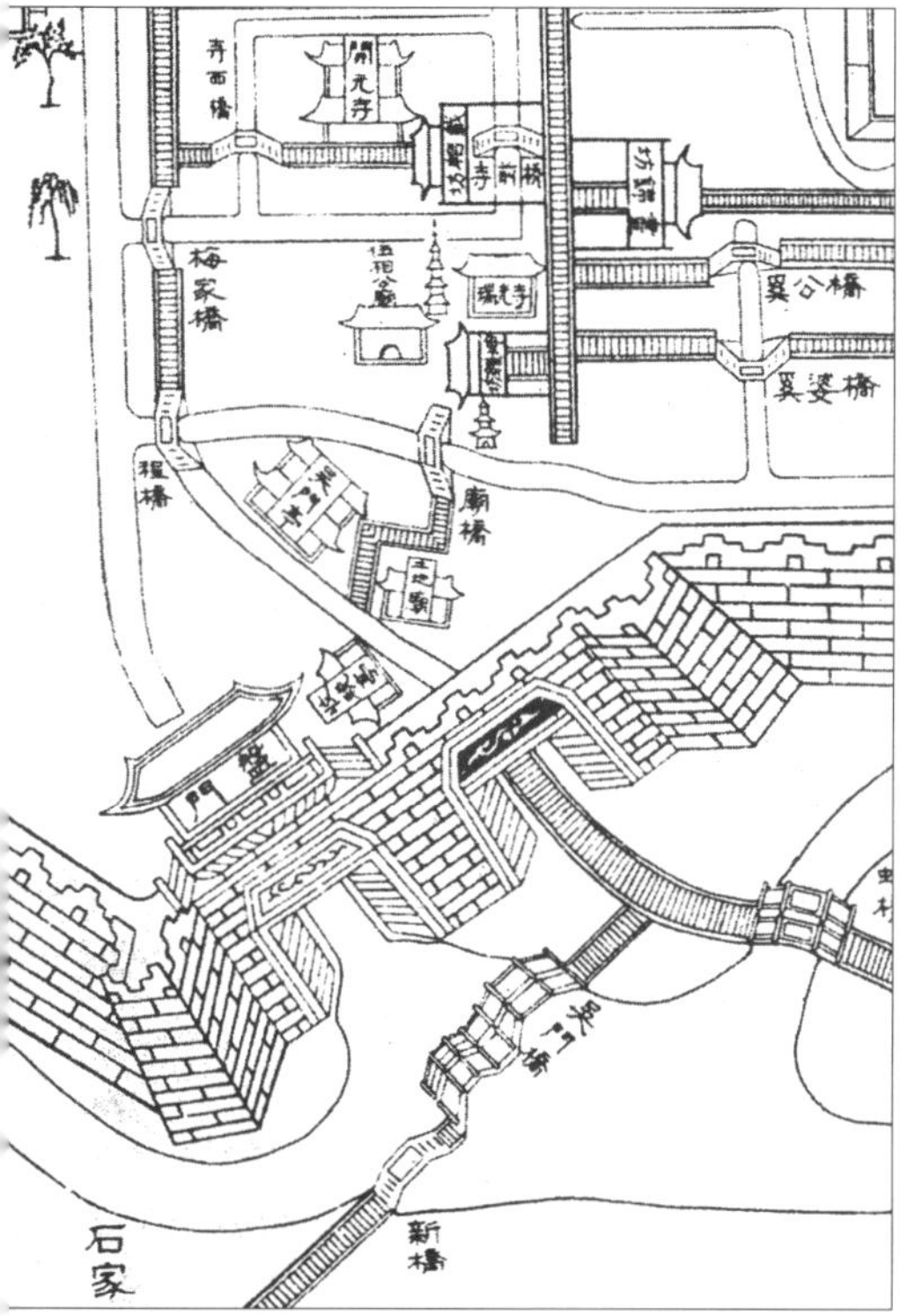

盤門付近　南の城門であった盤門は、今日でもその遺構を伝える。しかし城内はさびれ、城外のほうが繁栄している。「宋平江図」より

蘇州盤門前の橋

蘇州盤門　宋代の地図「宋平江図」にも描かれた風景

いる僧侶にはさまざまな特典があった。そうした特典を持たぬ一般の人びとでもさかんに旅をしている。交通手形をもらい、旅に出かけたのである。

そのための道路や水路の整備は、早くから進んでいた。都市と都市を結ぶ道路や水路だけでなく、都市のなかでも整理がされていた。元代の都市の街路の整備については、マルコ・ポーロ*が詳細に述べている。人が行く道は舗装され、馬が行く道も蹄を傷めぬように工夫されていた。東アジアでは蹄鉄の使用がなかったから、路面の整備が必要なのだ*。そしてそれを示すのが、宋代の都市であった。

ところで、街路や水路などの交通路は、用途に応じた幅、保全が必要である。また交通量に応じた副路、すなわちバイパスの設置も問題になる。また、街路の重要性に応じた装飾も問題である。唐の長安も宋の開封も、こうした配慮がされていた。宮殿から南にまっすぐに伸びる都大路には街路樹を植えて、憩いの場とした。春になれば花が咲き、青々とした樹木は人びとを休めたことであろう。開封では秋には樹木が色づいて鮮やかだったという。

大きな街路の側には側溝があり、下水も流した。開封の下水溝には暗渠もあった。地下に巨大な下水溝がもうけてあったのだ。春先には蓋をあげて下水掃除をした。夜外出した年寄りが落ちて行方不明になったが、お役所はしらんふりという梅堯臣*の歌が残っている。それほど巨大で、犯罪者が巣くっていて開封の政府といえども手出しのできぬ暗黒街を作り上げていた。女をさらって住み着き「無憂堂」とか開封一の樊楼になぞらえて「鬼樊楼」といっていたという。鬼は幽霊

マルコ・ポーロ［1254–1324］イタリアの商人・旅行家。元に7年滞在し、各地を旅行した。口述書「東方見聞録」のなかで日本を黄金の国と紹介した。

＊蹄鉄はケルトからローマにかけての発明である。遊牧騎馬民族たるモンゴルも蹄鉄を使用していない。だから、遠征に際して膨大な馬を必要とした。なお、都市の建築に必要なのがコンクリートである。これもローマの発明である。長城もコンクリートの使用なくして築かれたのである。

梅堯臣［1002–1060］ばいぎょうしん　北宋の詩人。官位は低いが、家族など身近なものを題材とし、詩人としての名声は高かった。

▌蘇州呉県吉利橋版寮巷舗装費用寄進額一覧表

番号	名前	住所ならびに出身地	役職・職業	寄進額
1	耿(某)	蘇州呉県(城内)	都監	二十貫
2	耿六八	蘇州呉県(城内)	太君	塼一万片
3	朱四娘	蘇州呉県(城内)		塼一万片
4	朱　某	蘇州呉県(城内)	太丞	銭二十貫
5	黄三七郎	蘇州呉県(城内)		銭二五貫
6	馬四郎	蘇州呉県(城内)		銭二十貫
7	呂七八郎	蘇州呉県(城内)		銭三十貫
8	茆四郎	蘇州呉県(城内)		銭二五貫
9	胡十一妹	蘇州呉県(城内)		銭一五貫
10	曽四郎	吉州		銭八貫
11	呉十二公	蘇州呉県(城内)		塼一千片
12	張七郎	蘇州呉県(城内)		塼一千片、米一石
13	孫四郎	蘇州呉県(城内)		銭五貫
14	陳　某	蘇州呉県(城内)	孔目	塼一千片
15	陳十二	蘇州呉県(城内)	官人	塼一千片
16	祝解元	蘇州呉県(城内)		銭五貫
17	余　某	饒州	承務部	塼一千片
18	黄二妹	蘇州呉県(城内)		銭五貫
19	劉念二郎	蘇州呉県(城内)		塼一千片
20	黄二□	蘇州呉県(城内)		銭五貫
21	王十郎	宣州		塼五百片
22	葉四郎	蘇州呉県(城内)		銭五貫
23	項七二郎	蘇州呉県(城内)		銭二貫
24	葛居	蘇州呉県(城内)		銭二貫
25	銭九郎	蘇州呉県(城内)		銭二貫
26	張六妹	蘇州呉県(城内)		銭二貫
27	大　林	蘇州呉県(城内)	都勧縁知府中	米十碩
28	韓八妹	蘇州呉県(城内)		銭一貫
29	潘五叔	蘇州呉県(城内)		銭二貫
30	徐□八□	蘇州呉県(城内)		銭二貫
31	胡十八妹	蘇州呉県(城内)		銭一貫
32	徐二妹	蘇州呉県(城内)		銭一貫
33	徐二郎	蘇州呉県(城内)		銭一貫五百
34	葉姉大	蘇州呉県(城内)		銭二貫
35	袁七妹	蘇州呉県(城内)		銭二貫
36	荊公	蘇州呉県(城内)		銭一貫
37	呉十二妹	蘇州呉県(城内)		銭一貫
38	潘四郎	蘇州呉県(城内)		銭二貫
39	顧二妹	蘇州呉県(城内)		銭二貫
40	魯二妹	蘇州呉県(城内)		銭二貫
41	金五郎	蘇州呉県(城内)		銭二貫
42	徐四哥	蘇州呉県(城内)		銭二貫
43	徐小娘子	蘇州呉県(城内)		銭一貫
44	蒋道安	蘇州呉県(城内)		銭二貫
45	沈六七郎	蘇州呉県(城内)		銭?貫
46	張三妹	蘇州呉県(城内)		銭二貫
47	唐二郎	蘇州呉県(城内)		銭二貫
48	張　□	蘇州呉県(城内)	郎中	銭二貫
49	王二哥	蘇州呉県(城内)		銭一貫
50	呉一二哥	蘇州呉県(城内)		銭二貫
51	張六哥	蘇州呉県(城内)		銭一貫
52	唐二容	蘇州呉県(城内)		銭五貫
53	王百四	蘇州呉県(城内)	秀才	塼一千片

宋代蘇州の街路は舗装されていた。吉利橋の側の版寮巷では、住民がお金を出し合って舗装した。これはそれを整理したものである。他州の出身者、女性の名前が見られるほか、寄進額の大きさにも注意の必要がある。出典：『江蘇通志』金石13 吉利橋版寮巷砌街磚記

をいう。女をさらってきて住み着いているというからたまったものではない。

さて、にぎやかな街路があれば裏道がある。これはどこの都市でも同じだが、当時の都市も同様だった。とくに、陸路と水路を活用した江南の都市ではこの傾向がはっきりと見てとれる。水路と陸路が並んで街をはしる。とくに、蘇州では城内の水路と陸路が並んでみごとな図をつくっている。そして、目的地ごとに水路がたどれるようになっていた。都市に水が必要なのは日本も同じだ。いまでも各地に水を利用した都市がいくつものこる。都市の奥深くまで船でたどれるのだ。この様態は近世都市も同じである。江戸の切り絵図*は水路となりたつ街を描く。これは杭州でも同様だ。

杭州は南北に細長い形態をもち、南に宮城があった。北にあるのは大運河の基点である。しかも、杭州の北から長江の南岸までのひろい一帯が穀倉地帯である。それだけでない。茶や絹といったもの。陶磁器や米といったものも北から運び込まれる。塩や炭といったものも北の運河の基点を目指してもってこられる。そして、城内の各場所に運ばれて保管される。だから、城内には倉庫街などが集中する場所があった。そのための運搬路が城内にはあって、使い分けられていた。

北の基点に入った船は、まっすぐに倉庫街へ向かう。旅客もまた基点にたどり着き、そこから乗り換えて城内の各所を目指したであろう。城内の東は倉庫街や軍事施設が多い。城壁と銭塘江とのわずかなあいだには軍事施設などがおいてあった。運搬船は倉庫街で荷を降ろしたあと、水路をたどって城外にでていく。

宋代の交通費

これも、ごく一例である。物資の輸送、移動といっても単純でないことがわかる。

年月日	西暦	項目	費用ならびに代価	その他	出典
天聖6年5月	1028	牛1頭の河渡し代	50文	公安県	『宋會要輯稿』方域13津渡
元豊4年10月12日	1081	人夫雇用の1人の賃金	3000文	距離不明	『宋會要輯稿』食貨48陸運
元豊4年10月12日	1081	驢馬雇用資金（1頭）	8000文	距離不明	『宋會要輯稿』食貨48陸運
元豊5年5月丙申	1082	車夫への手当て	米2升・銭50文		『続資治通鑑長編』326
靖康1年10月12日	1126	京西での人夫1人の食料運搬費	銭40貫	日程など不明	『宋會要輯稿』食貨48陸運
隆興2年1月9日	1164	貴州・象州江口の渡し場代	100文		『宋會要輯稿』方域13津渡
乾道7年12月16日	1171	長江流域での100里100斤の船賃	30文	法定運賃	『宋會要輯稿』食貨27塩法雑録
乾道7年12月16日	1171	長江流域での100里100斤の船賃	44文	民間運賃	『宋會要輯稿』食貨27塩法雑録
嘉泰1年3月24日	1201	臨安府龍山西興魚浦の渡し場代	31文足	一般人	『宋會要輯稿』方域13津渡
嘉泰1年3月24日	1201	臨安府龍山西興魚浦の渡し場代	無料	官員・軍兵・茶塩鈔客・乞丐	『宋會要輯稿』方域13津渡

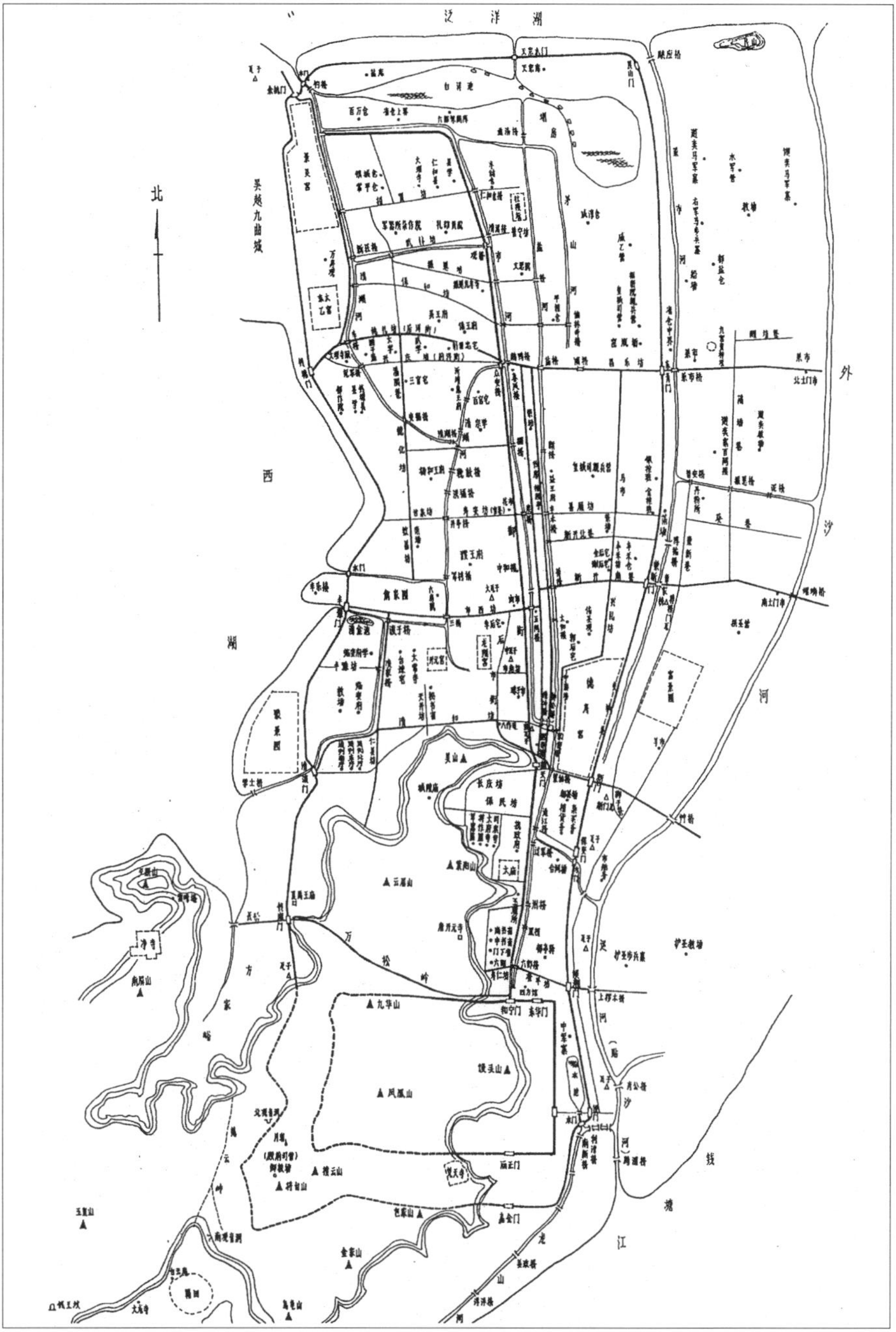

杭州の復元想定図　賀業鉅『中国古代城市規画史論叢』（中国建築工業出版社　1986年）より

一方、城内の西は居住区や商店街である。歓楽街もある。城壁をでれば西湖がある。西湖の周りは保養地でもある。旅をして杭州にたどりつく人びとは、たんに商旅のためだけだったのではない。受験のためや赴任のためなど、実に多様だった。また、行楽の目的だったものもいたであろう。かれらはここ杭州の西を目指したのである。南宋を旅した陸游も杭州についたあとは船で西湖を周遊している。地図はまことにいくつものことを明らかにするのである。

3・地図に描かれたもの

都市図は都市だけを描くのではない。その周辺も描く。この点は地方志もわきまえていて、都市図を中心にしつつもその景観や周辺の様子を描いたものをのせている。たとえば、南宋の仮の都となり臨安と呼ばれた杭州の地方志に『咸淳臨安志』がある。周囲の様子や県城までこまかく載せている。地方志には地図以外のものをのせるものもある。後述する宋代建康府、すなわち現代の南京の図は学校などまで詳細に記載している。その意味では私的編纂といいつつも、地方志がもっている公的性格をよく示している。

『咸淳臨安志』にも、臨安の行政域以外の地図を掲載している。それが、西湖を中心に描いた臨安の地図である。この総図は一種の俯瞰図にもにている。

西湖とは杭州の西にある湖である。西湖そのものは普通名詞で、どこの都市にでもある名前である。西は金の色である。よって金明池というのは、西方の池の

切り絵図　全図を小区域に分けて拡大・詳述した図。江戸時代から明治にかけて作成された。

白楽天　はくらくてん［772–846］中唐の詩人。白居易。平易な詩風で日本の平安文学に大きな影響を与えた。『白氏文集』『長恨歌』など。

意味でもある。だが、杭州の西湖はとくに有名である。この西湖は風光明媚で人びとの行楽地でもあった。土砂の堆積によって海と分離されてできた湖である。最初はただの沼地だった。何でもなかった湖は白楽天*と蘇東坡*によって整備され、今日の景観の基礎を築いた。五九頁上の図を見てのとおり、いくつもの寺観が書き込まれており、宗教的地域でもあった。宗教施設は城内にも多かった。都市杭州は多くの宗教施設に取り囲まれた場所だったことがわかる。

個人的印象であるが、この絵図は雪舟*の「天橋立図」によくにている。*杭州を囲む絵地図は、宋代杭州を囲む周辺を詳細に描いている。これと組み合わさっている西湖図は、西湖のなかをはしる白堤や蘇堤と景観を描く。そのありかたが、「天橋立図」を連想させる。これらの絵図からは都をとりかこむ景観と立地がみごとによみとれる。往時の景観を読み込むことができるすばらしい絵図である。

これに対して対照的なのは城の東部である。城内東部は新開地である。また、その外は、銭塘江が運ぶ土砂を堆積した低湿地帯である。当時は、土地が低く水害を受けやすい場所であった。土砂はその後も流出し、堆積し続け、後世の城壁の拡張の場となる。この不安定な場所には、北宋末の戦乱によって杭州にやってきた人びとが多く住んだところである。よって低所得者がすみついた場所というべきであろう。絵図からはこうした混乱ぶりがうかがえる。雑然とした施設の配置があって、新開地であることを明確に示している。

このような新開地に集中したのは軍事施設である。北宋の壊滅によって南下し

蘇東坡　そとうば［1036－1101］
蘇軾。中国、北宋の詩人・文学者。王安石の新法に反対し、しばしば左遷され、黄州での「赤壁賦」は代表作。散文・韻文ともにすぐれる。唐宋八大家の一人。

蘇東坡塑像

雪舟　せっしゅう［1420－1506］
室町時代の画僧。1467年明に渡り、水墨画を学んだ。

＊このことを美術史家にうかがったところ、そうした意見はあるとのことであった。分野もちがうので、資料検索がうまくいかない。不足している資料があればご海容を願いたい。

た軍のかなりが都に集まって防衛を任とした。そのために、都の周辺には多くの軍営が集中した。地図にはそのかなりが描きこまれている。もちろん、都市内部にも軍の施設はあった。建康府の絵図には書き込まれているが、都ではむしろ他の施設を書き、城外の軍事施設はここに集中していることを示したのであろう。

この低湿地帯に住んでいた難民は軍事や関連の雑事・雑役にしたがって生活をしていた。水路や街路の整備などもかれらの仕事である。したがって、軍事施設のあるところは、かれら貧民の集合する場であった。

こうしたなかで興味深いのは、かれらの住んでいるところに、多くのやしろなどがあることだ。住民たちの信仰する神々のやしろであろう。そして、それゆえに、かれらの生活を示す。都市に住みつく人びとはさまざまである。昔からいる人や流れ込む人など多様だ。だが、都市の住民の大半は移ってきた人たちだ。その理由はさまざまだが、杭州は北から移ってきた宋政権の仮の都として行在とか臨安とか呼ばれた。その臨安は北宋末・南宋初の戦乱によってふくれあがっていた。各地から南下してきた人びとによって、一挙にふくれあがったのである。、かれらは神をもってくる。戦乱を逃れて落ち着いた場所に、かれらが守ってきた神をすえ、平安を祈るのである。神々は信者の背中に乗ってやってくる。人びとはなつかしい故郷の神を祭ったのである。それだけではない。ときにはかれらをまもってくれた人を祭った。

そうしたなかで目立つのは水神である。杭州城外を流れる銭塘江は潮の逆流で

西湖

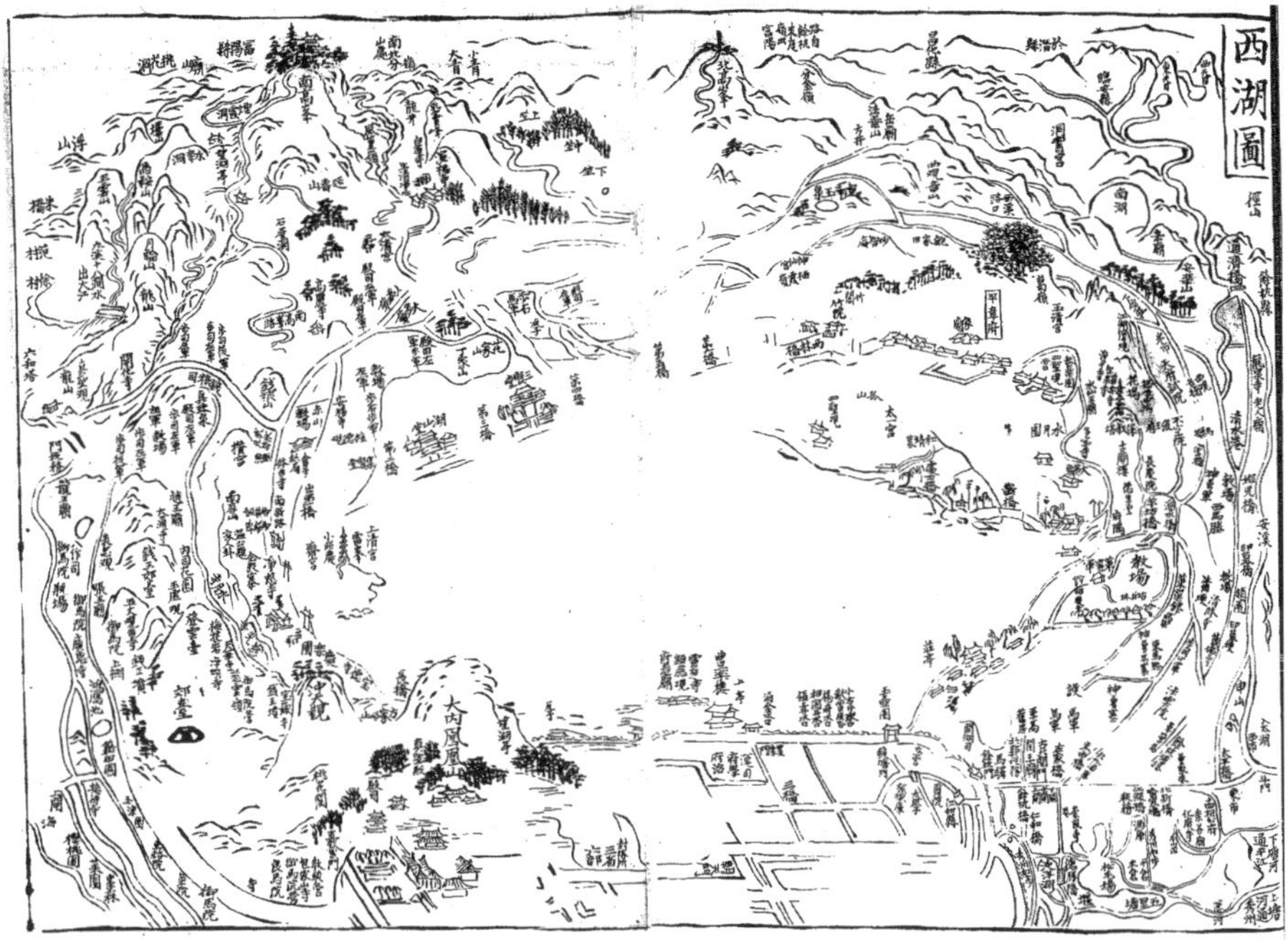

西湖図

雪舟「天橋立図」16世紀　89.4×168.5cm　紙本墨画淡彩　京都国立博物館蔵

有名な河である。だから、ここで信仰を受けたのは水神だった。この絵図は臨安の周辺にあった小都市も描いている。従来の都市研究では都市のみをあつかい、周辺部についての記述は多くなかった。今後、こうした状況を打破するものとして、これらの絵図は重視されなくてはいけない。*

寺観*は城内にも多い。これも地図に描きこまれている。明代の小説に『売油郎、花魁をひとりじめする』というのがある。花魁の客にあがるために銀を貯めこむ計算をするので有名な小説だが、花魁との恋をみのらせた売油郎がお寺にお礼の油を奉納する箇所がある。そこで、戦乱ではぐれた父と邂逅するのだが、このことは城内を飾る寺の多さを示す。とにかく、臨安には宗教施設が多い。この異常さは都市民の構成の複雑さを示すのか。

寺観は信仰の場でもあり、人びとが集う場でもある。城内にはいくつもの寺観があった。いささか多すぎるほどである。*実は、中国や日本の都市に特徴的なのは、宗教施設の多いことである。

こうした寺観は城内において緑地でもあり、商取引の場でもあった。開封の相国寺も寺内に定期市をひらいていた。ここでは開封付近の産物や名品が売られていた。雑多な品が並んでいたようだが、地方から帰った官僚も地方の特産をうるべく店を出していたという。出張の折に商売の品を買ってくるなど、官僚もなかなかである。それほど生活が苦しかったのか。

お客もさまざまだ。宋代の書籍収集家として名高い官僚に趙明誠がいる。かれ

＊都市の周辺が閑散としていたのではないことは諸記録からもあきらかである。

寺観　寺と道観。寺院。「観」は道士の道場。

＊多くの比較史の研究会で耳にする西欧の宗教施設は極端に少ない。なぜ、東洋では宗教施設がかくも多いのか。疑問のひとつである。

中華門　南京城の城門

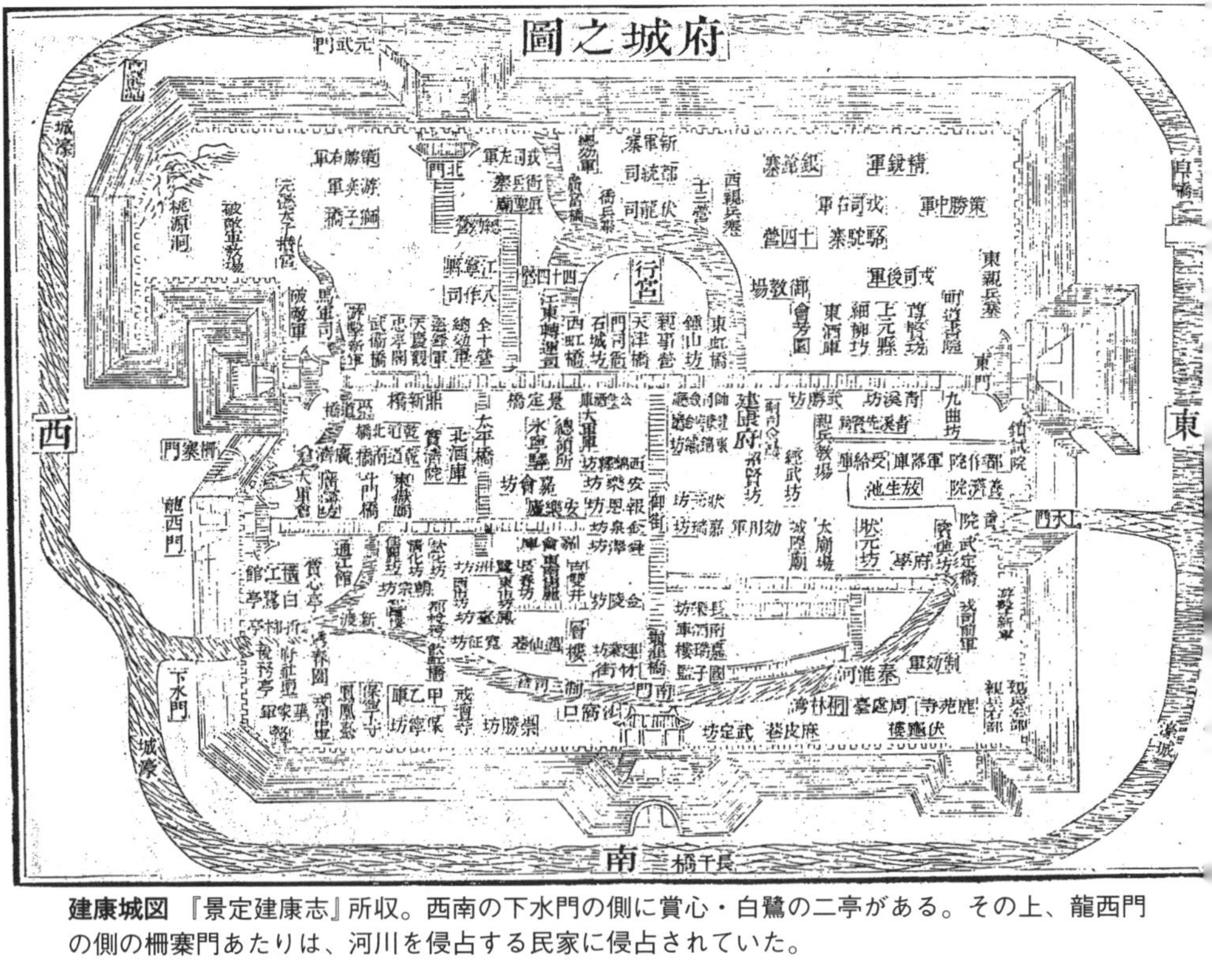

建康城図　『景定建康志』所収。西南の下水門の側に賞心・白鷺の二亭がある。その上、龍西門の側の柵寨門あたりは、河川を侵占する民家に侵占されていた。

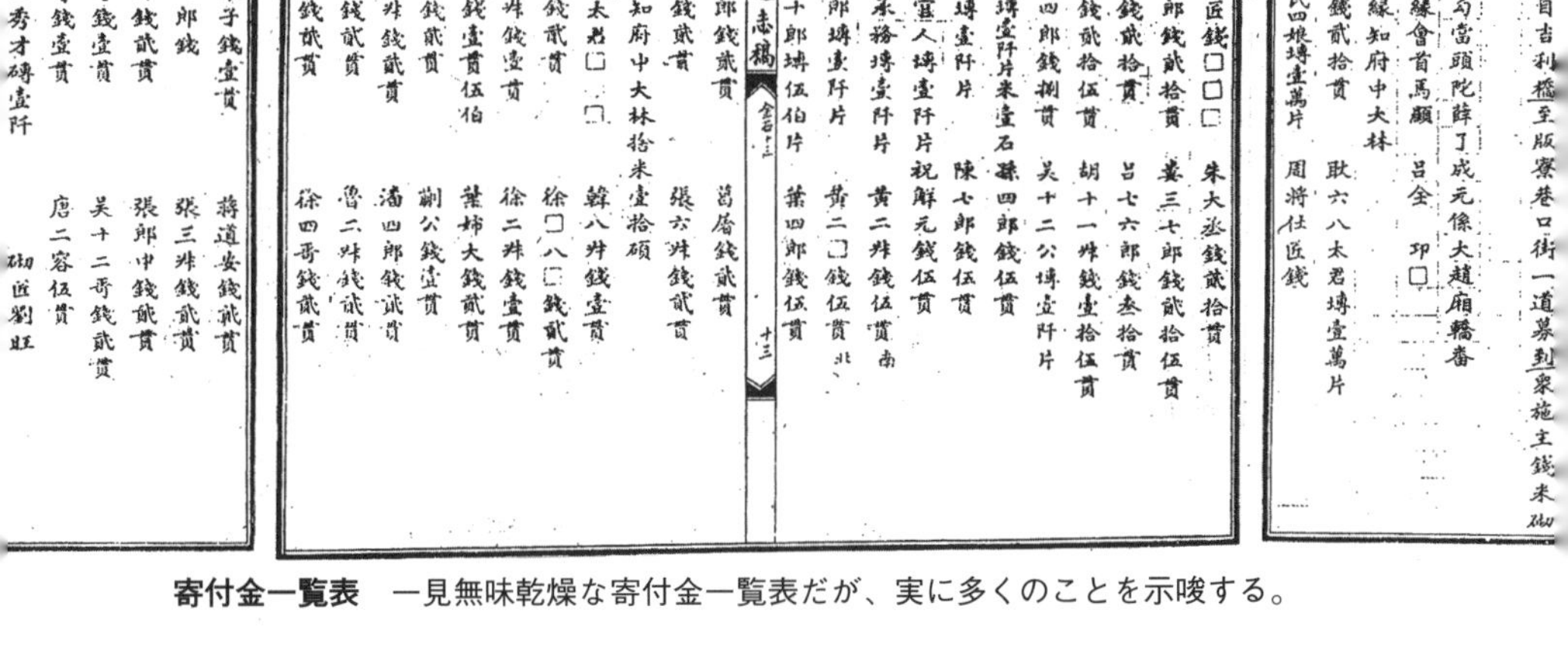
工甃砌自吉利橋至版寮巷口街一道募到衆施主錢米砌
造
幹縁勾當頭陀薛了成元係大趙廟轄畚
副幹縁會首馬顯　呂全　印□
都勸縁知府中大林
耿都監錢貳拾貫　耿六八太君塼壹萬片
陸宅朱氏四娘塼壹萬片　周將仕匠錢

劉將仕匠錢□□□　朱大丞錢貳拾貫
王四八郎錢貳拾貫　姜三七郎錢貳拾伍貫
馬四郎錢貳拾貫　呂七六郎錢叁拾貫
薛四郎錢貳拾伍貫　胡十一姊錢壹拾伍貫
吉州曾四郎錢捌貫　吳十二公塼壹阡片
張七郎塼壹阡片米壹石　蔡四郎錢伍貫
陳孔目塼壹阡片　陳七郎錢伍貫
陳十二宣人塼壹阡片祝解元錢伍貫
饒州余承務塼壹阡片　黃二姊錢伍貫南
劉念二郎塼壹阡片　黃二□錢伍貫北
宣州王十郎塼伍伯片　葉四郎錢伍貫

江蘇通志稿　金石十三　十三

項七二郎錢貳貫　葛僭錢貳貫
錢九郎錢貳貫　張六姊錢貳貫
都勸縁知府中大林拾米壹拾碩
張六十太君□□　韓八姊錢壹貫
潘万叔錢貳貫　徐□八□錢貳貫
胡十八姊錢壹貫　徐二姊錢壹貫
徐二郎錢壹貫伍伯　葉姉大錢貳貫
袁七姊錢貳貫　蒯公錢壹貫
吳十二姊錢貳貫　潘四郎錢貳貫
顧二姊錢貳貫　魯二姊錢貳貫
金五郎錢貳貫　徐四哥錢貳貫

徐小娘子錢壹貫　蔣道安錢貳貫
沈六七郎錢　張三姊錢貳貫
唐二郎錢貳貫　張郎中錢貳貫
王二哥錢壹貫　吳十二哥錢貳貫
張六哥錢壹貫　唐二客伍貫
王百四秀才磚壹阡　砌匠劉旺

寄付金一覧表　一見無味乾燥な寄付金一覧表だが、実に多くのことを示唆する。

の妻がこれまた書籍収集家として名高い李清照*である。夫は開封にあった学校の宿舎に入っていたが、休みの日にはこの相国寺の市場で書籍や果物を買って帰った。貧しいが書籍に興味のあったふたりは、果物を食べながら拓本などの鑑賞をしたのである。記録をみると、売られていたのは本や果物だけでない。日用品や装飾品などさまざまである。寺の定期市は、市民にとって重要な場だった。

寺観の重要性はどこでも同じだったとおもう。と同時に、それらは田舎を離れて都市へ移り住んだものたちの重要な交流の場でもあった。かれらはまた地元の神をもってうつり住んでいく。神は征服者の背中に乗ってやってくるというが、それは北宋から南宋へとうつりかわっていくときも同じだった。混乱を避けて、江南へ流入した多くの人びとは、故郷の神々とともに流入していったのである。その結果、城内には多くの寺観が出現した。そして、市がもうけられ、人びとの集まる憩いの場になったのである。

それらの宗教施設のなかにはこれをきっかけに全国的な神に昇華するものもあった。たとえば、科挙の神様である。森田氏の指摘によれば、四川の地方神に過ぎなかったものが全国的信仰を集めたのは、四川の人びとの都への流入がその一因だという。*

このような都市近郊の宗教施設は、流入するもののための施設を備えていた。都市周辺の宿泊所や寺観のなかには、宿泊所や給水所をもっているものもあった。商用や巡礼のために旅する人びとのためのものである。*

李清照　りせいしょう［1084–1155?］宋代の女流詞人で蔵書家。済南（山東省）の人。北宋・南宋の間に夫の官僚で金石学者趙明誠と蔵書を失い、残余をまとめたのが金石録である。詞集に「漱玉詞」。

＊森田憲司「文昌帝君の成立―地方神から科挙の神へ」（梅原郁編『中国近世の都市と文化』京都大学人文科学研究所、1984）

＊宋代宗教社会のひとつの現象に巡礼がある。巡礼そのものは重要な課題であるにもかかわらず研究が少ない。また杭州全体の景観に関する研究も乏しい。参考文献に、吉田真弓、石川重雄がある。

相国寺　北斉の創建、北宋に拡張、当時の都では最大の仏教寺院で市が開かれ多くのひとを集めた。現存の建物は清代に再建されたもの。開封市。

繁塔　977年創建。もとは９層だったが河の氾濫で基壇が埋没し３層を残す。壁には精巧な仏像彫刻の磚がはめ込まれている。高さ32m。開封市。

宋代になると人の移動が激しくなる。さまざまな理由で人びとが移動を開始する。そうしたなかで、巡礼もまたそのひとつの現象として注目に値する。というより、すでにあったものが一層盛んになったというべきか。多くの寺観ができると、人びとは聖地の巡礼をするようになる。あちこちに信仰の場もある。宗教施設はこの巡礼に対処しなくてはいけない。そこで、水を施したり宿泊させたりする施設ができてくるのである。

巡礼については、日本より欧米の研究に面白いものがある。キリスト教にとって巡礼が重要な宗教事例だからかもしれない。だが、日本でも伊勢参り*のように、巡礼がさかんなのだから、もうすこし、この角度からの追求がされてもいいのではないか。

杭州図には宗教施設に付随する救済施設が描いてある。水の供給所や宗教施設など実に多様だ。旅人が一番困るのは、水と宿と食料である。もちろん、排泄の問題もあるが、一番大事なのは水と食料である。ちなみに、中世日本のように公衆便所のない中国では垂れ流しだったのだろうか。この点、水や食料には、善意による手当てがある。四国の巡礼とて同じである。それが描きこまれているのだ。地図が大変な情報源というのはここにある。

ふたたび都市図にかえろう。地図から読み取ることができるものに地名がある。地名は他のものからも読み取れるが、地形その他とあわせて読み取ることができるのは、なんといっても地図である。それだけでない。杭州治下の県城のひとつ

伊勢参り　江戸時代に起こった伊勢神宮への集団参拝。おかげまいり。

を示そう。地図に出てくる地名を見ていただきたい。長寿などという非常に人工的な地名が並んでいる。これはいったいどうしたことか。

県の歴史も古い。それは紀元前の戦国時代の統治制度に始まり、決してにわかにつくられた行政域ではない。にもかかわらず、臨安の富陽県の地図のような人工的な名前がついているのには興味を惹かれる。人工的地名は近現代にも多い。市町村合併や行政域の変化によって新地名が出現することは、今日でも少なくない。また、周辺の人気のある土地によりそって名前を変えて利益を受けようとすることも少なくない。また、住宅地として開墾したりしたために、新地名がつくことも少なくない。それらは、多く時代に影響される。平和と安全、明るさ。そうしたものを意識するためか、緑ヶ丘とか光陽台などという地名は、近年多いようにおもう。今日と同じように、宋代に新開地として開墾され、人びとが住み着いたがゆえにでてきた地名なのだろうか。

　宋代になると、俗称が地名として登場することはかねてより指摘がある。それは全国的傾向であった。地名そのものは行政によりつけられたりするものと、元来からあるものとに大別されよう。そして、都市のなかにはそれらをこえて、庶民が俗称で呼ぶ例も出てくる。政府などがつけたおめでたくも呼びにくい地名は、美しくもあるがもったいぶった名前でもある。だから、しだいに呼ばれなくなる。人びとは自分たちの呼びやすい名前で呼ぶようになるのだ。

　もっとも、だからといって、それまでの地名が消滅するのではない。地図など

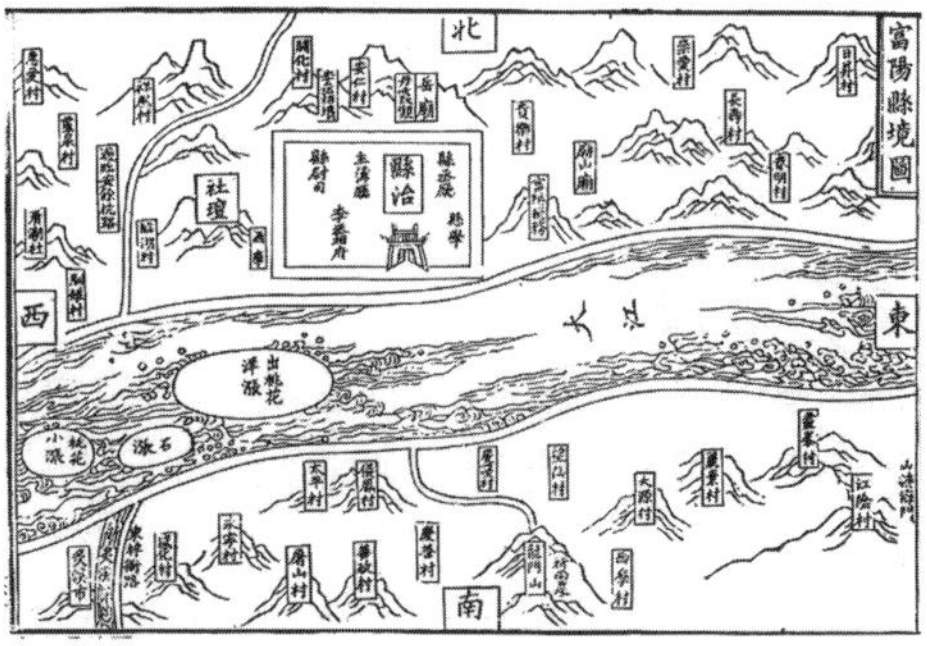

富陽県境図　図中に、日昇村・長寿村・善政村など、文字通り善政を示す不自然な地名がある。

を検討すると、古い地名をみつけることができる。また、一般に大きな地名は変化するが、小さな地名は変化しにくいともいう。また、橋などに古い地名が冠せられて残ることも少なくないのである。ただ、その一方で、変化が押し寄せることもあるから、地名検証は地域の変化を検証する典型にもなる。

それだけではない。こうした地名は当時の人びとの生活状況もあらわす。著名な人が住んでいたからその名前で。あるいは、科挙に一番で合格していた人が住んでいたから、状元坊。また、商売やその城門の行く先にちなむものもある。日本ではどうだろう。鍛冶屋がいたから鍛冶町。魚の市場があったから雑魚街。例は枚挙に暇がない。そして、これは宋代も同じである。しかも、地名は残る一方で移動もしていくから、これも注意が必要だ。一般に大きな地名は変化しやすく、小さな地名は割りにくいという。宋代都市でも城内の変化にしたがって、しだいに小さな区画がうまれてきて、そこに庶民的な名前がついていくのである。

このように、地図はいろいろなことを語る。だが、地図作成本来の意味をしらなくては、読み取ることができない。これらの地図にはなにが、なぜ書き込まれたのか考えなくてはならないのだ。

たとえば、観光都市の地図が、観光目的につくられるのはいうまでもない。古都を案内する地図は現在の街にのこる昔を書き込み、その地図をつかって昔を歩くように作られている。城や昔の道。懐かしい街角。こうしたものを描きこんで、中世や江戸の街へと人をいざなうのだ。そして、旅人は、その地図に導かれてし

科挙試験の合格発表　3年に一度の試験に多くのひとが応募した。このなかから宰相や文人が多く出るのだ。本図は宋人の絵を模したものとされる。北京故宮博物院蔵

らずしらずのうちに、地図の世界へと迷い込む。＊つまり、地図のなかには、目的のために意図的に絞って作り上げられ、現実をゆがめるものがあるのだ。だから、地図を利用するには、その意図を知る必要がある。

宋代の都市図だけでなく、現在残っている中国の都市図の大多数は、当時の公的なものとしてつくられている。大きな石版に彫られたもの、断崖に彫られたもの。あるいは地方研究の最適な資料である、通志や地方志などに記載されたものが都市図として残っているのである。よって、これらは官僚たちと関連しつつ作成されたとみるべきである。＊だからこそ、地図のなかに描かれているものに公的なものが多いのである。当時の公的なものとは、官庁、寺観のほかに、橋や関連施設、倉庫などがあげられる。これらは今日的な意味においても公共施設であるが、当時においても公的施設であった。面白いものに、社会救済施設がある。

中国では天子の恩寵と哀れみとして、社会救済事業が行なわれていた。天帝の子である天子は民をいつくしまなくてはならないのである。施薬院や公共病院、保護施設などがあって、貧しさや飢餓にあえぐものに対処した。施設に収容し、お金をあたえ、保護をしたのだ。これらは社会救済施設であって、今日的な福祉施設ではない。だが、恒常的な建物と施設をもっていた。それが、地図に描き込まれている。

地図にかきこまれた施設の概要は簡単である。その詳細もわかっている。建物の概要についても、かなりくわしくわかっている。＊これらによりつつ述べると、

＊江戸川乱歩『押絵と旅する男』（横溝正史ら監修『新青年傑作選2』立風書房、1974）

＊一般に地方志は個人的な著作だが、官僚制国家のなかで官衙に保存された地図や税目などの史料が掲載されていることが多い。また、赴任官僚や官庁などの記録も充実している。その意味では、これはある種の公的なものとみなすべきである。だからこそ、中国のこの種の史料は画一的で、個性が乏しいものになっている。

＊梅原郁「宋代の救済制度―都市の社会史によせて」（中村賢二郎編『都市の社会史』（ミネルヴァ書房、1983）、伊原弘「宋代都市における社会救済事業―公共墓地出土の磚文を事例に」（長谷部史彦編著『中世環地中海圏都市の救貧』慶応義塾大学出版会、2004）

城内にある救済施設は、居養院などだった。

　これに対して、公共墓地すなわち漏沢園は城外に設けられた。樹なども植えられている。墓地は一メートルかける二メートルほどの大きさで甕棺にいれた遺体を千字文などで配列した区画に埋葬したのである。ただ、埋葬するのではなくきちんとした墓地を作り、運営しているところに宋代の社会救済の意味がある。しかも、それは地方末端の県城にまで置かれていた。ここに宋代の救済行政の手厚さと、社会問題の深刻さがみられる。北宋末は、内的には安定していたが、不安と疲弊がしのびよっていたことを示すからである。

　救済施設はおおむね城内にあったが、墓地は城外におかれていた。大体は都市に隣接してあったようである。この墓地を描きこんでいるのが『宋平江図』である。『宋平江図』の左に漏沢園という図がある。それが、公共墓地である。都市には行き倒れや貧民も多い。災害のときには大量の難民が出て、都市に押しかける。そして力尽きて倒れるものもいる。これらは地方政府が力を貸して埋葬したのである。被埋葬者はそれだけでない。子どもの埋葬事例もあるし、力がないので夫を埋葬するといったものもある。また、公共の医療施設や収容所で他界したもの、さらには異郷からの旅人も埋葬されている。

　宋代の漏沢園はいくつか発掘事例がある。滑県や陝州の事例である。これらの都市の被埋葬者を検索してみると、面白いことに気がつく。犯罪者・兵士・軍人などの埋葬者が異常に多いことである。その理由のひとつの当時の社会があげら

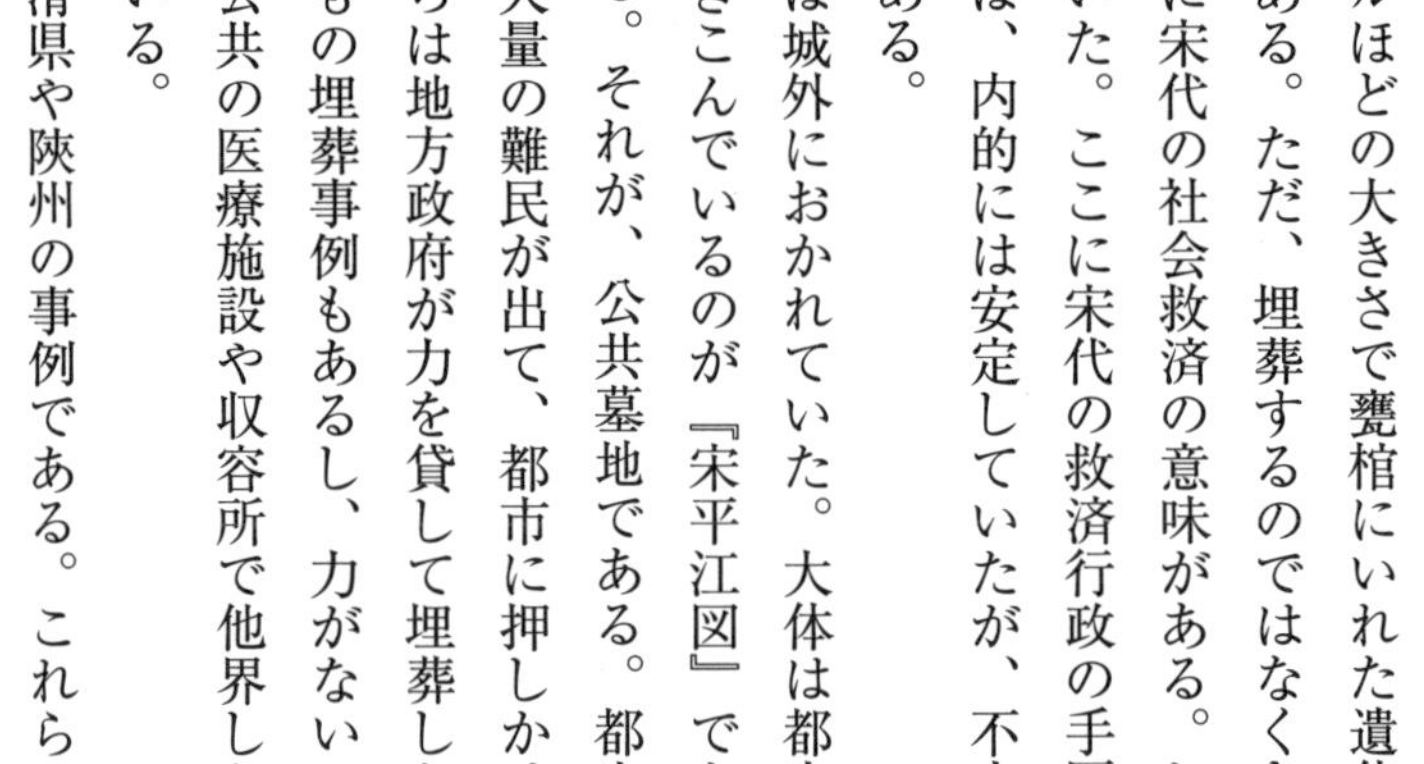

漏沢園　『宋平江図』より

陝州の漏沢園墓葬分布状況

『北宋陝州漏沢園』（文物出版社　1999年）より

手形は事務がきちんと行われたことを示す刻印である。

陝州の漏沢園で発見された碑文。わずか数行だが被埋葬者の埋葬場所、埋葬理由、名前、年齢などが記されている。

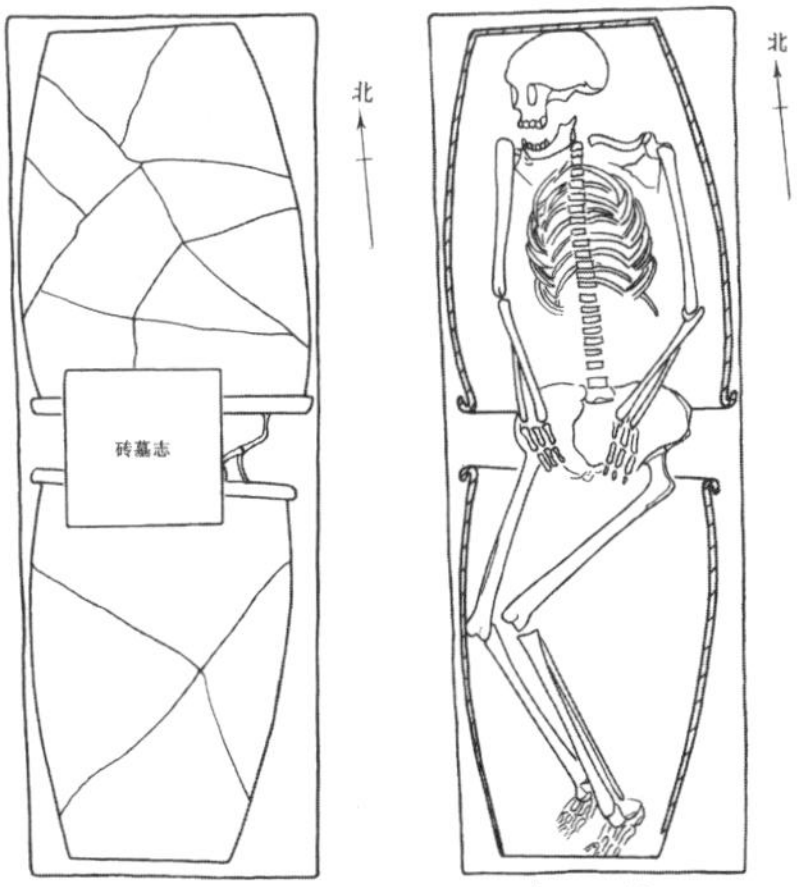

埋葬の形を示す平面図

れる。災害があると大量の難民が発生する。これらの難民には救済事業が行なわれた。食べ物の支給その他はよく行なわれたが、もうひとつの対策がかれらを兵士や作業員に当てることである。

ところで、いままで挙げた都市を見ると、いくつかの共通点がある。これらの都市がいずれも黄河にそった都市で、戦略的にも交通上も重要な都市であることだ。よって、周辺に大量の兵士や作業要員があつめられていた。兵士といっても軍事だけが仕事でない。工事をし防備に当たる。宋代の兵士は募兵制だから定年がない。だから、兵をやめることがない。老いても兵でいるものも少なくない。しかも、家族のいないものもいる。まさにそれが問題であった。だからこそ、漏沢園が意味をもったのである。

それは、そこに埋葬されたものの大半が兵士・軍人であったことが、このことを示す。飢饉などの混乱のなかで兵となったものたちがたどり着いた先が、ここに記されているのである。

このように宋代の都市図も当時の観点に似合った施設や建物を書き込んでいると考えるべきである。今日的な意味で知りたいことがぬけているのは事実である。だが、それらにこだわる必要はない。それは今日の都市図とて同じだからだ。余分なものがないだけに、当時の都市の概念を明確に提示していると考えられるからである。

四酒務在平橋南初郡有酒務四合而爲一
故名曰四酒務
激賞西庫在景德寺東
激賞南庫在盤門裏
望雲館在閶門裏
右三所並紹定二年郡守李壽朋刱
清風樓在樂橋南
黄鶴樓西樓之西
跨街樓西樓之西
花月樓飲馬橋東北
麗景樓樂橋東南
花月麗景皆淳熙十二年郡守丘崈建雄
盛甲於諸樓
坊市
按長慶集云六十坊者書經所籍如之後頗隨
事而有刱有易
樂橋東南
孝義坊（東嶾橋巷）　通闤坊（金母橋西）

繡錦坊（大市）　儒教坊（飲馬橋南）
旌義坊（蔡匯頭）　孝友坊（南園東巷）
玉淵坊（南星橋）　儒學坊（烏鵲橋南）
衮繡坊（烏鵲橋北）　狀元坊（晴庫巷黄魁所居）
吳會坊（府東）　晉寍坊（濠股口）
和令坊（楊郡王府前）　繡衣坊（南倉橋北）
孔聖坊（南倉橋南）　積善坊（府治西）
阜通坊（夏侯橋西）
樂橋東北
干將坊（東市門）　建善坊（干將巷）
眞慶坊（天慶觀巷）　遷善坊（草橋）
布德坊（顧家橋）　豸冠坊（仁王寺前）
富仁坊（魚行橋東）　聞德坊（周太尉橋東）
崇義坊（譚興寺橋南）　乘鯉坊（張馬步橋南）
閭丘坊（張馬步橋北）　大雲坊（天慶觀西）
碧鳳坊（天慶觀前）　慶源坊（大郎橋東）
天宮坊（迎春巷）　迎春坊（百口橋）
樂橋西南

武狀元坊（樂橋南紙廊巷林魁所居）　吳歈坊（西魁橋巷）
平權坊（陶衡橋南）　館娃坊（果子行）
和豐坊（米行）　麗澤坊（吉利橋北）
通波坊（吉利橋南）　孫君坊（孫老橋）
賓興坊（貢院南）　好禮坊（富郎中巷）
義和坊（杉瀆橋東）　靈芝坊（侍其巷）
晝錦坊（南營西）　載耜坊（開元寺東）
坤維坊（瑞光寺東）　同仁坊（金獅巷）
南宮坊（南園巷）
樂橋西北
西市坊（鐵瓶巷）　太平坊（太平橋）
嘉魚坊（魚行橋西）　流化坊（吳縣東）
武狀元坊（雍熙寺東周魁所居）　文正范公之坊（范家園）
壽寧坊（張馬步橋北）　德慶坊（禪興寺橋西）
甘節坊（承天寺東）　樂圃坊（三太尉橋北）
立義坊（北寺西）　清嘉坊（朱明寺橋北）
仁風坊（十九勝巷）　至德坊（泰伯廟前）
吳趨坊（皐橋西）

補注 右六十五坊紹定二年春郡守李壽朋
並新作之壯觀視昔有加
儒學坊林文節公與諸弟所居希父槩
先在國史儒學傳希徙居吳與弟旦嘉
祐二年同第進士次舉弟邵類文同登
第吳人榮之故以名坊。衮繡坊以叅
知政事元絳所居得名。狀元坊淳熙
八年黄由魁天下郡守韓彥質以表其
閭十一年衛涇魁天下涇居崑山之石
浦亦立狀元坊。豸冠坊直龍圖閣范
師道貫之所居貫之出入臺諫有聲故
以名坊。大雲坊林虙所居虙自號大
雲翁。武狀元坊二淳熙十一年林嵥
爲廷魁郡守謝師稷以表其閭在樂橋
之南慶元二年周虎爲廷魁亦以名坊
在雍熙寺之東。靈芝坊初名難老坊
蔣堂謝事所居李之儀作范正平遺録
云胡文恭公宿爲諸生時嘗受學於蔣

范成大『呉郡志』巻六坊市の条 蘇州市内の地名を紹介したこの頁は、まず地名と位置を記し、後にその由来を記す。地名は雅やかなものがある一方で実利的なものも見えて都市の変化を示す。

三百六十行図。108.6×55.6cm。閶門付近を描く。三百六十行とは多くの行、すなわちギルドをいう。商店が細かく描写されて興味深い。1734年制作。王舎城美術寶物館蔵。

宋代には多くの地図と絵図がのこされている。それらの手法はさまざまだが、いずれも都市の解読に役立つことがわかってきた。地図という圧縮された図は、さまざまな情報をつめこんだ情報源である。ただし、注意しておかなければならないのは、それぞれが目的に従い、記号化され圧縮されている点である。よって、それらを解読するには一定の作法が必要である。この点を考えつつ、地図と絵図を解読しつつ都市を考えてここにいたった。

とはいえ、述べたように、解読には相当の修練が必要である。だが、手続きさえ心得ていれば、たやすくその地図や絵が描かれた時代に入り込むことができる。ただ、読み込むためには、仕掛けられたわなを読み解く必要がある。それが記号論なのだ。ここでは、いくつもの都市図と絵図を掲げて、その形態と記号を読みつつ、宋代都市のなかへ入っていく。

都市を読むためには、都市がパノラマであるということを、わきまえておかなくてはならない。パノラマとは広がる景観である。しかし、都市の場合は、それに人工的という言葉が加わる。あらゆるものをみせ、あらゆるものを凝縮させてみせるのが都市だからである。したがって、都市を縮地の場というのではない。もちろん、この手法が用いられていないとはいわない。実際、複雑にいりくむ街路は、路程を縮める。また、景観からいってもパノラマ的な景観が登場する。城内には商店がならび、高い建物が建つ。家並みも続く。また、歓楽街もあれば裏寂れた家々がつづく場所もある。色彩もまた自然界にないものであふれている。

軍事パレード　鹿鳴之什図巻（部分）馬和之画　宋　北京故宮博物院蔵

あらゆるものを詰め込んだものが都市なのだ。

解読をめざした宋代は都市の発達した時代であった。いくつもの巨大な都市が発達していた。これらは華北でも見られたが、とくに江南地方が顕著であった。長江下流域の江南一帯では、数十キロごとに人口が数万、ときには数十万という都市が展開した。十二世紀前後の時代にあって、これは異常な状況である。

大人口の都市がこれほど集中するのは、江南ならではである。おそらくは、世界的にみても同時代の他の地域に、これほどの大人口の都市の集中はなかったであろう。宋代はそれほど隣接して大都市が展開した時代であった。しかもこれは以後も続く江南の都市の繁栄と集中の時代のさきがけであった。

宋代都市の特徴、というより、中国都市の特徴は、人口が多く、集中しているだけでない。これらの都市が傘下に小都市を抱えていることであった。小さな集落が展開し、そのうえに行政的に中位の県城が展開した。そのうえにさらに行政的に上位の州城が展開したのである。

これらを結んだのは陸路や水路であった。いまのような交通手段が始まる以前は、水利は安全で有効な交通路だった。人びとはこの水路を利用して都市のなかに入っていったのだ。陸路をたどっていくと密集する人家や城壁が見えてくる。

宋代は庶民の力が伸長した時代であった。その活発な様子は、絵図や地図に描かれている。商売に精を出すもの。必死に荷揚げをするもの。船を引くもの。当時の都市には多様な仕事があったが、それらは絵図に克明に描かれている。ここに絵画の重要性がある。解析には慎重であらねばならないが、現にその行為をみることができるところに絵画の利点がある。今後は、こうしたものの積極的利用をさらに考えていく必要があろう。

徳川の象徴である二条城 「洛中洛外図」より　紙本金地着色　江戸時代初期　大阪市立美術館蔵　近世日本の都市。特に都は大繁栄をしていた。日本の都市の多くは内部に城をもっただけで、周囲に城壁をもたない。この点、京都では秀吉がお土居（囲い）を作ったので有名である。

Ⅱ　都市のなかへ

そして、これから私たちは、いよいよ私のパノラマ国へはいって行くのだ。だが、私の作ったパノラマは、普通のパノラマ館のように壁にえがいた絵ではない。自然をゆがめる丘陵の曲線と、注意深い曲線の按配と、草木岩石の配置とによって、たくみに人工の跡をかくして、思うがままに自然の距離を伸縮したのだ。

『パノラマ島奇談』（江戸川乱歩）*

1・パノラマの都市へ

都市は意図的につくられ、飾られている。権力や権威の象徴でもある都市は城壁や城門、川や山、柵にもよって仕切り、農村などと違う世界をつくりだしていた。なかも同じである。都市は大小の建物や道、高低のある人工物によって自然界と異なる不可思議な世界をつくりだしていた。その都市へ、朝早くからひとがあつまる。宋代都市の朝である。

ここは江南の水生都市・蘇州の水門である。都市をつつみ、たちこめていた靄がはれだしていく。ざわめきもきこえだす。薄靄のなかに、城門がみえている。そのまわりをさかんに小船がいきかう。まわりには市場もある。水門のまわりには船がもやってある。早くから集まって開門をまっているのだ。そのまえには、高々とそびえる壮大な城壁がみえている。もう少ししたら、水門が開き入城ができる。いつにかわらぬ朝の風景である。陸門の側でもにたような光景が展開して

江戸川乱歩　えどがわらんぽ［1894-1965］小説家。三重県生まれ。筆名はアメリカの文学者エドガー＝アラン＝ポーをもじったもの。日本の探偵小説の基礎をつくった。「パノラマ島奇譚」「陰獣」「人間椅子」「黄金仮面」など。

水路の入りくむ江南一帯はまた船の行きかう場でもある。水路に隣接する家々の間を船が行き交う。杭州。

いる。城門の側で荷をもった人びとが開門をまっているのだ。
おなじような景色は城門内部でもみられる。こちらは朝早くから城外へでかけるひとたちだ。近隣への商用、所用。長旅に出かけるもの。鹿島立ちを願って、朝一番で出かけようとするもの。都市へ出入りをするには、二つの方法があった。水門と陸門である。都市の内外を城門で分かつ中国都市の門ではいつもこのような景色が見られた。

明確な都市の囲壁をもたぬ日本と異なり、どこでも陸門はよく利用され、開門から閉門までにぎわっていた。都市で必要なさまざまなものが運び込まれている。人びとだけでなく、ときには城内で消費される食肉さえも。北宋の都開封では、豚をおって城門から入っていったと記録している。この豚たちは食卓にあがるのである。

都市に入るのに城門をくぐる。これは、日本人には未知の行為である。もちろん、日本の都市でも郊外とのあいだに結界がある。川があり、橋があり、仕切りもある。だが、高い城壁や門扉はない。都市に入るのに城門をくぐるというのは、日本の都市には全くない行為なのだ。

門のなかでよく利用されたのは水陸のどれであろう。陸門もよく利用されている。ひとは陸の生きものだからである。だが、水門も大きな意味をもっていた。古代以来、水と船は重要な交通手段だった。船は大量の品物を安全に運ぶことができた。そしてなによりも水や河川・沼は、人びとの生命の糧だったのだ。水の

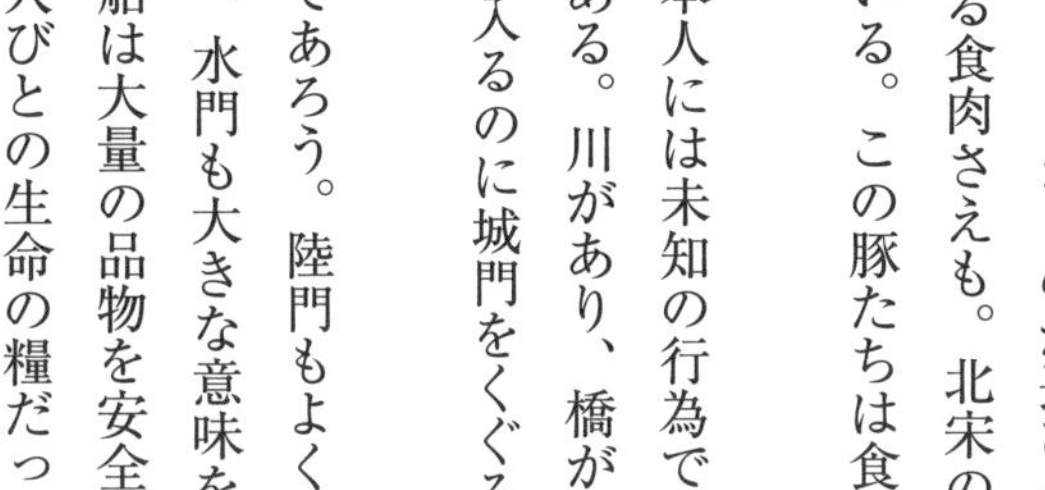

胥門 「姑蘇万年橋」より

流れるところは食料を供給し、ひとをも守った。

都市もまた水に守られる。多くの都市は周囲に濠をめぐらしている。水が流れていれば渡る方法が必要になる。つまり、そこには橋がある。西欧ではハネ橋が多いが、中国や日本は通常の橋や舟橋であった。陸門の側には水門がある。実は水門もよく交通に利用されていた。ここから都市に入るのだ。

当時の主要な交通路は水路だった。これはどこでも同じだ。江戸も水路のなかにあり、皆が日常的に船を利用していたのは有名である。いまでもかつての水路を辿って東京の中心部に入ることができる。船の速度は遅いが、安全で大量にものを送るのにいい手段である。値段も高くない。だから長距離の旅も例外なく水路を利用した。宋以後の絵には多くの河船が登場する。運河をゆったりといく船。しかも旅費は安い。

この点、陸路は輸送費が高い。それだけでない。当時の道は一部を除いて舗装は不十分だった。宋代江南では街路の整備が進むが、幹線路はまだまだだった。しかも交通機関も十分でない。乗り合い馬車で旅するなど、夢のまた夢だった。奮発して車に乗っても道が悪くてゆれるので、落ち着いておられない。馬を借りる方法もあったが、* 庶民は歩くしか方法がない。だから、安価な水運は主要な交通手段だった。* もっともこれとてあぶない。船の漕ぎ手が突然おいはぎになるのは『水滸伝』で読むとおりである。

主要な交通手段だから、城内への出入りにも頻繁に使われていた。後世の小説

盤門 蘇州

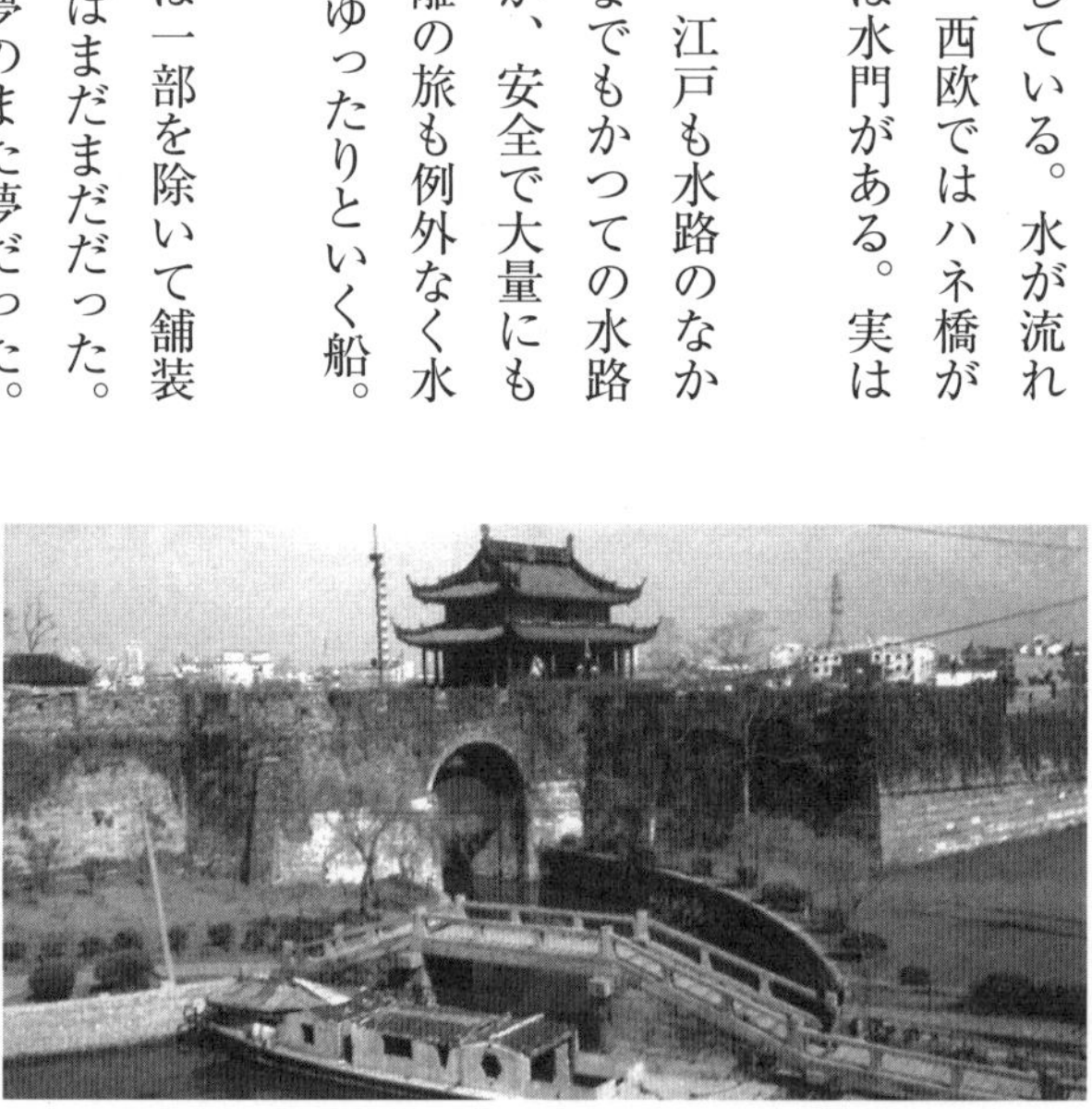

*馬を借りて途中で乗り捨て、復路はまた別の人が乗って帰るというやりかたは、唐代の街道沿いでも行なわれていた。

*清木場東『唐代財政史研究（運輸編）』（九州大学出版会、1996）

堰を越える船　大工事に卓越した才能を示した中国人の知恵は大運河にもいかされた。各地の水位の差を堰や閘によって乗り切ったのだ。図は大運河の堰を越える船とあるが、実際は寧波近傍のものである。『THE CHINESE EMPIER』（香港 1991年）より。

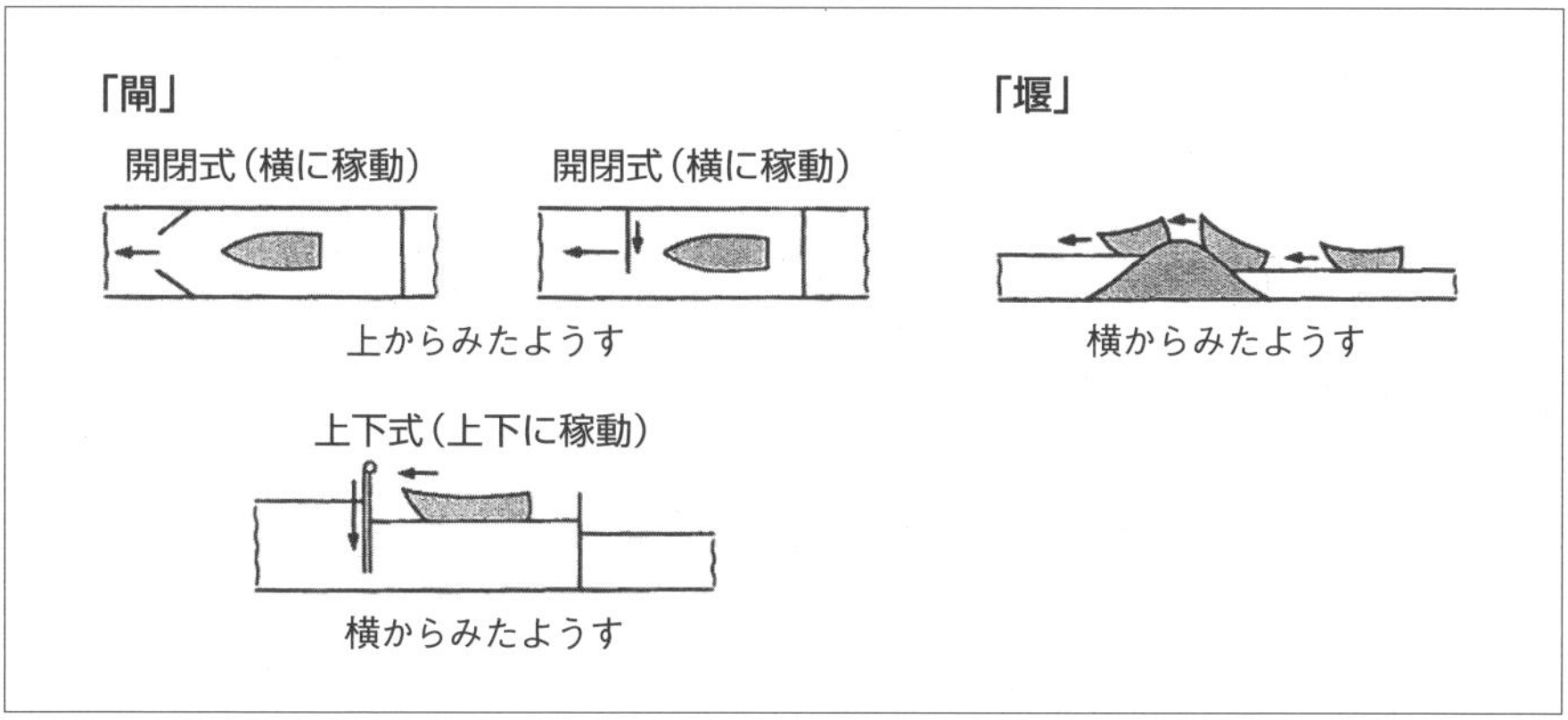

水門にはいくつかの形態がある。堰や閘の違いを示した。伊原弘『宋と中央ユーラシア』より

だが、かの王安石*が退任して故郷にかえるときに、船を使って水路をたどりつつ帰郷する設定をしている。*のちのマルコ・ポーロも同じである。今日のハイウェイにも匹敵する意味をもった大運河を利用している。都市はこの水路の集結点だった。

ところで、水路、とくに大きな運河は大都市をかすめるが、直接なかに入らない。この点も今日のハイウェイとにている。大運河はあくまでも物流の道なのだ。この水路から都市に入るのである。

水路の接点にある都市へ近郊から入っていくにも、小船で水門まで来て開門をまつのが、もっとも便利だったと思われる。南宋の文人で蘇州の近くの石湖にすんでいた范成大も、蘇州へでかけるときは船ででかけている。そして、かれもまた城門の側で靄の晴れるのをまった。

これは、わたくしの経験でもある。かつて、蘇州に旅をしたときに、朝早く近くの大運河にでかけてみた。たちこめる靄の中からいくつもの船団がつぎつぎとあらわれ、また、靄のなかに消えていく情景に感嘆したものである。その記憶ゆえか、水門のそばにたちこめるのは「靄」という思い込みをすてきれない。

このような景観は、中国全土で見られた。華北の都市でも水路は重要な交通手段だったからである。だが、江南の都市では一層目立った景観だった。江南は水性豊かな地域だからである。しかも、とりわけて密集した水郷的聚落がひろがっている。古語にも「南船北馬*」という。だから輸送手段としての船が使われたの

王安石　おうあんせき〔1021－1086〕北宋の政治家。神宗のとき宰相となり、新法を実行したが、保守派の反対により辞職。文人・学者としてもすぐれ、唐宋八大家の一人。

＊『警世通言』4話。平凡社の中国古典文学大系25巻『宋・元・明通俗小説選』（1970）に「拗相公　半山堂に恨みを飲むこと」として訳出されている。拗相公は王安石がひねくれた性格だったとして侮蔑した言葉である。王安石嫌いの中国人がもちいてきた。半山堂は金陵の山の途中にあった王安石の寓居からきている。

南船北馬　中国では、南は川や湖が多いので船を用い、北は平原や山が多いので馬に乗るということ。

である。

　城門の景観について述べておきたい。城壁のまわりには壕があり、橋がある。川を利用したり、壕を掘ったりして都市を守ったのだ。橋は水路をわたるためにかけられるものだが、つねに恒常的な橋をつかっているとは限らない。船をならべてその上に板をおき、橋にすることも行なわれていた。俗に船橋ともいう架橋法である。この架橋方法は我国でも広く行なわれていた。有名な「あめの浮き橋」というのがある。平安末期にもあった。千葉に逃れた頼朝が再び武蔵の国に攻め上るとき、船橋を利用したのはよく知られている。そして、千葉県には船橋という地名が残る。

　船橋は江戸時代にもかけられていた。木曽川の三つの橋も船橋だったし、江戸時代に渡来した象をわたすために、馬入川すなわち相模川にもかけられている。船橋は明治にものこっていた。東北まで旅行して詳細な記録を残したイザベラ・バードも日記にしっかりとしたおおきな船橋がのこっていたことを記録している。* 場所は阿賀野川である。十二隻の平底船をつないでいるとある。富山県の浮橋はとくに有名だが、随所にあったのだ。

　中国でも浮橋は多い。宋代の都城でも城門のそばに浮き橋を描いたものがのっている。* 近代の都市図や絵図にもある。

　ところで、橋は結界*である。河や川も結界だが、その上にかかる橋こそは結界である。橋は大地を引き裂く河川を渡るためのものである。だから未知の世界、

浮橋　山西省古絳州汾河

*イザベラ・バード『日本奥地紀行』(平凡社東洋文庫、1973)

*橋については、興味深い研究が多い。日本での入門書として上田篤『橋と日本人』(岩波新書、1984)をあげておこう。幾種類もの橋が分類されていて楽しい。

結界　区域を分けるもの。もとは仏教用語で教団内の僧が戒律を犯さないように一定の区域を限ることから。

対岸への架け橋なのだ。橋を渡れば都市の中に入る。都市の中には自然的景観がまったくない。庭園すらも、自然を模した人造のものだ。大小の建物、意図的に石や植物、川を組み合わせた庭園。あらゆるものがこめられ、広がっていく。都市はパノラマの世界である。浮橋を渡って都市のなかへ入っていくと、農村とまったく異なる世界がひろがる。橋は二つの世界をへだてる装置だが、浮き橋は一層その思いをつよくした。

本書でとりあげている江南の古都で大都市の建康府の南にかかる橋も、最初は浮き橋だった。この建康府の歴史は古いが、有名になるのは三国時代の呉からである。大河長江のかたわらに位置し、江南との連絡の便宜もあったから呉が都をおくのである。このころの建康は一種の総合都市だったと思われる。しかし、中心は台城である。そこから南にまっすぐと雨花台へ向かって道がのびる。そこに浮き橋がかかっていたのである。

建康はこのように古い歴史を持つ都市である。* しかも江南の要衝である。だから、六朝時代を通じて王朝の首都として、大いに栄えたのである。それゆえに帝王が都する風格をそなえた都市とされていた。六朝時代も数十万の人口を擁していたし産業もあった。とくに梁武帝時代の繁栄と仏寺の集中は有名で、「南朝四百八十寺、多少の楼台烟雨のうち」* とは、その繁栄をうたったものである。隋唐以後、大運河からはずれていたこともあって、ややかげりがみえるが、それでも江南屈指の繁栄を誇る。これは南宋でも変わらない。ここには都市の記録と旅行

＊南京は名前が金陵、秣陵、建鄴、建康、江寧府、南京と何度も変わり、しかも、何度か出てくる。試験に好都合な一方で、受験生泣かせの都市である。

江南春　杜牧（晩唐）
千里鶯啼緑映紅　水村山郭酒旗風
南朝四百八十寺　多少楼台烟雨中
千里の鶯啼きて緑紅に映じ
水村山郭　酒旗の風
南朝四百八十寺
多少の楼台　烟雨の中

八字橋　南宋宝祐4年（1256）建造。宋代には多くの橋が作られた。この橋は江南の紹興の柯橋である。陸游も見たであろう。

鎖留めに用いられた蒲津関鉄牛［山西省］

発掘時の鉄牛

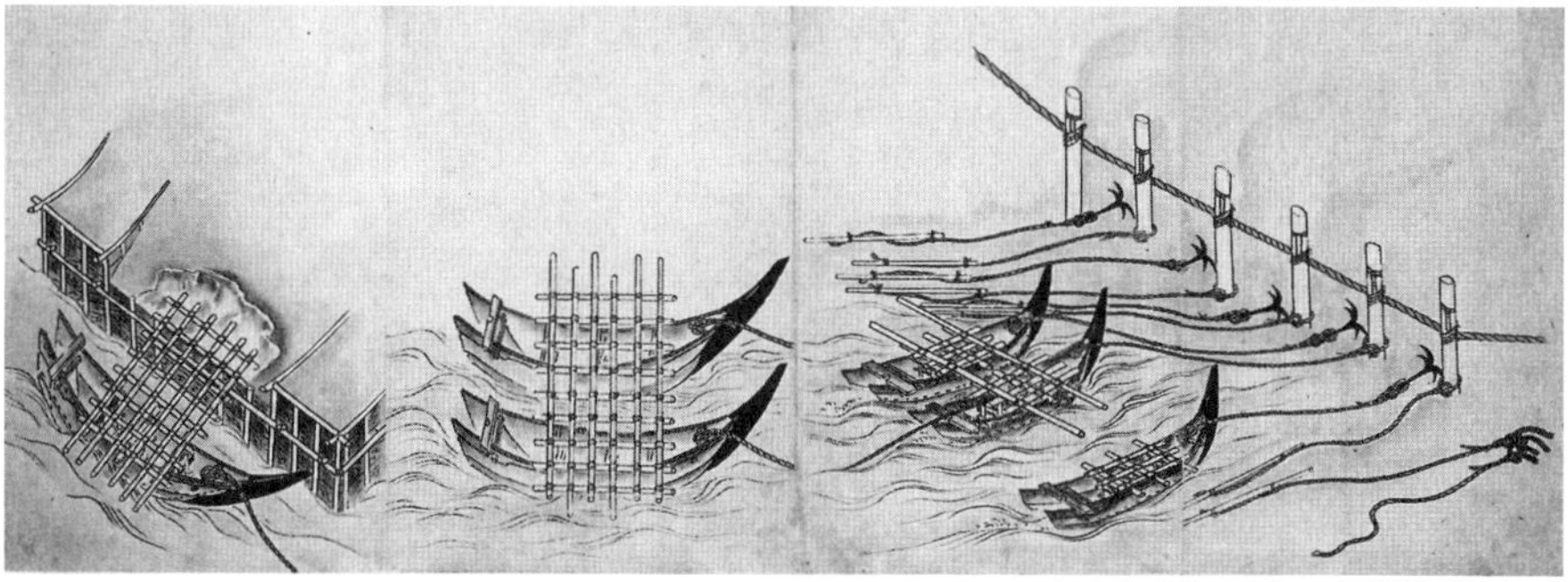

馬入川船橋之図　江戸時代。東海道の現相模川の渡しにかかっていた。通常は船で渡っていた。将軍の上洛や朝鮮通信使が来朝した際に船を集めて仮設の橋を設けたのである。宝暦14年（1764）に架けられた際は船68艘を並べた。長さは102間（約183m）に及んだという。この図からは架橋の工程と仕組みがわかる。

者の記録ものこっている。それゆえに都市のなかに入っていくことがたやすい。そのひとつが建康への旅であった。

陸游の入った南宋時代の建康は大きな都市だった。陸游*の知人もいる。南宋屈指の詩人として大量の文と詩を残したひとだけに有名人である。陸游はずっと文をつづっている。かれの文をまとめたものが『渭南文集』である。かれは日記も残している。四川に任官することになり、故郷の紹興を旅立って、まず都に向かい、ついでゆるゆると四川に向かう。そして建康府にたちよるその旅程を克明に記録したのである。*おそらくはその備忘録といった意味もあったのではないか。日記は中国の日記史上、最初に完全な姿でつづられ残ったといわれているが、それはこうした記録の重要性もあってのことではあるまいか。

旅は水路によった。船をつかって故郷を出たかれは、今日ものこる柯橋で郷里のものたちと別れの宴をはる。そして、都の杭州を目指す。この水路は宋代に日本からわたったひとたちもよく利用している。平安末期から鎌倉にかけて日本から入宋したものは、大体江南に入った。まずは、南宋の都の杭州である。僧侶たちはそこから台州にあった寺、とくに天台山*をめざす。となればこの運河を使う。参拝後に杭州に帰るときも同じである。そうなると、どうしてもこの水路をとおるのだ。

この水路には後世の絵があって、運河を行く船が描かれている（七九頁）。すでにのせたが、いままさに堤防を越えようとする躍動感あふれる絵である。越え

陸游　りくゆう［1125–1210］南宋の詩人。越州山陰（浙江省紹興県）の人。字(あざな)は務観、号は放翁。北方の金に対する激しい抗戦論を唱えながら、自然や田園生活をこまやかな愛情をもってうたった。「剣南詩稿」「放翁詞」「渭南文集」など。

陸游塑像

＊岩城秀夫訳。陸游『入蜀記』（東洋文庫所収、1986）

天台山　浙江省東部。海抜1136メートル。道教の霊山とされてきたが、575年、智顗《ちぎ》が入山して天台宗を開き根本道場としてから、仏教の中心地となる。

ようとしているのは堰である。江南の河川にある水位の差を調節するには水門を設ける必要がある。水門を設けない場合は、運河の中に土手を作り、水位の変化に対応する。これが堰である。そして、この際は、船をひいて土手をこえさせる。古くから続いているこの風景は、運河のひとつの風物詩でもある。

かつて、この一帯の水路をとおったことがある。陸游の故郷にもちかい紹興と杭州の間の柯橋である。運河の周りにはのどかな農村の風景が広がっている。その水路が街中にはいり、聚落のあいだをとおっていく。水路のすぐ近くまで建物が張り出し民間が密集しているなかを、大小の船がさかんにいきかう。そのなかで野菜や衣類をあらう光景がみられる。岸辺には洗濯物も翻っていた。水路のなかを泳ぐ人もいた。生活の場なのだ。いまもあの景色が見られるだろうか。この光景は宋代も同様で、大都市に近づくと物売りの舟が近づいてくると陸游は記している。

陸游がまず都の臨安すなわち今日の杭州を目指したのは四川への道程の途中だからでもあるが都だけに知人にもあえるからである。杭州は当時の帝都だというだけでなく、江南の都市のよいところを凝縮した大都市でもあった。東に銭塘江がながれ、西には西湖がある風光明媚の地であった。当時の絵地図をみると、この景観のなかに城壁でつつまれた都市杭州がある。住宅地は城外にも広がり、市場も広がっていた。人びとは杭州城内だけでなく、周辺にも住んでいたのである。

こうしたところにはさまざまな人びとが住んでいた。城内外東部には低湿地帯

紹興の沈園は文人学士が集ったという宋代の園林。園内の壁には陸游の最初の妻への思いをうたった詞が残る。

が広がるここにはめぐまれぬ人びとが住んでいた。この一帯は低湿地帯だけでない。銭塘江の側だから危険と隣り合わせなのだ。住み着くのはその日暮らしのひとばかりであった。裕福な人びとがすんでいたのは西側である。

杭州城域の西にある湖が、名高い西湖である。西湖のまわりは風光明媚なうえに、寺観も多い。周囲には寺観や政府高官などの別邸が多い。西湖の風景は昔から有名で、その美しさは語り伝えられ、いくつもの名画が描かれた。その景観は我国にも伝えられている。* この行楽地を陸游も楽しみ、西湖に船をうかべている。

2・陸游の旅

陸游は都でつかのまの休息をしたのち、旅立っていく。旅の過程で陸游はいくつもの都市をみるが、もっとも楽しんだのは杭州であった。南宋の建国とともに都となり、南下した皇族や政府高官、さらには難民が杭州に流れ込んだ都市である。流れ込んだのは難民だけでない。軍隊も集結し、人口がふえてにぎやかになっていった。南宋そのものといった都市だったろう。

歴史もふるい。隋の煬帝が南北をつらぬく大運河の南の基点としてから、ずっと都市としてあり続けた。しかも、唐代にも風光明媚でしられていた都市である。その豊かさは人口に膾炙している。とはいっても、華北の都市にくらべると、なお十分ではない。

一般の教科書や歴史書には、大運河の南の基点として栄えたと書いてある。* そ

＊大室幹夫『西湖案内―中国庭園論序説』（岩波書店、1985）。その他、西湖に関する記述は多い。

＊歴史書や教科書には、杭州は大運河の起点として繁栄したといった記述がみられる。都などの繁栄する一帯に向かう交通路の基点には、このような記述が多い。そうだろうか。このような交通路にはふたつの例がある。ひとつは繁栄している一帯を結ぶ交通路である。いまひとつは、繁栄地へ向かい、物資をはこぶためにもうけられる交通路である。杭州と華北を結んだ大運河は後例である。杭州はあくまでも起点で、そこから北に向かう途中で多くの都市や産地から、物資を補給しつつその役目を増大させていくのである。杭州も長いあいだ江南の物資を集積し都に運び出す起点都市に過ぎなかった。このことは、今日の東京に向かういくつもの交通線を考えればわかる。そろそろ、思い込みによる規定は考え直さなくてはならない。

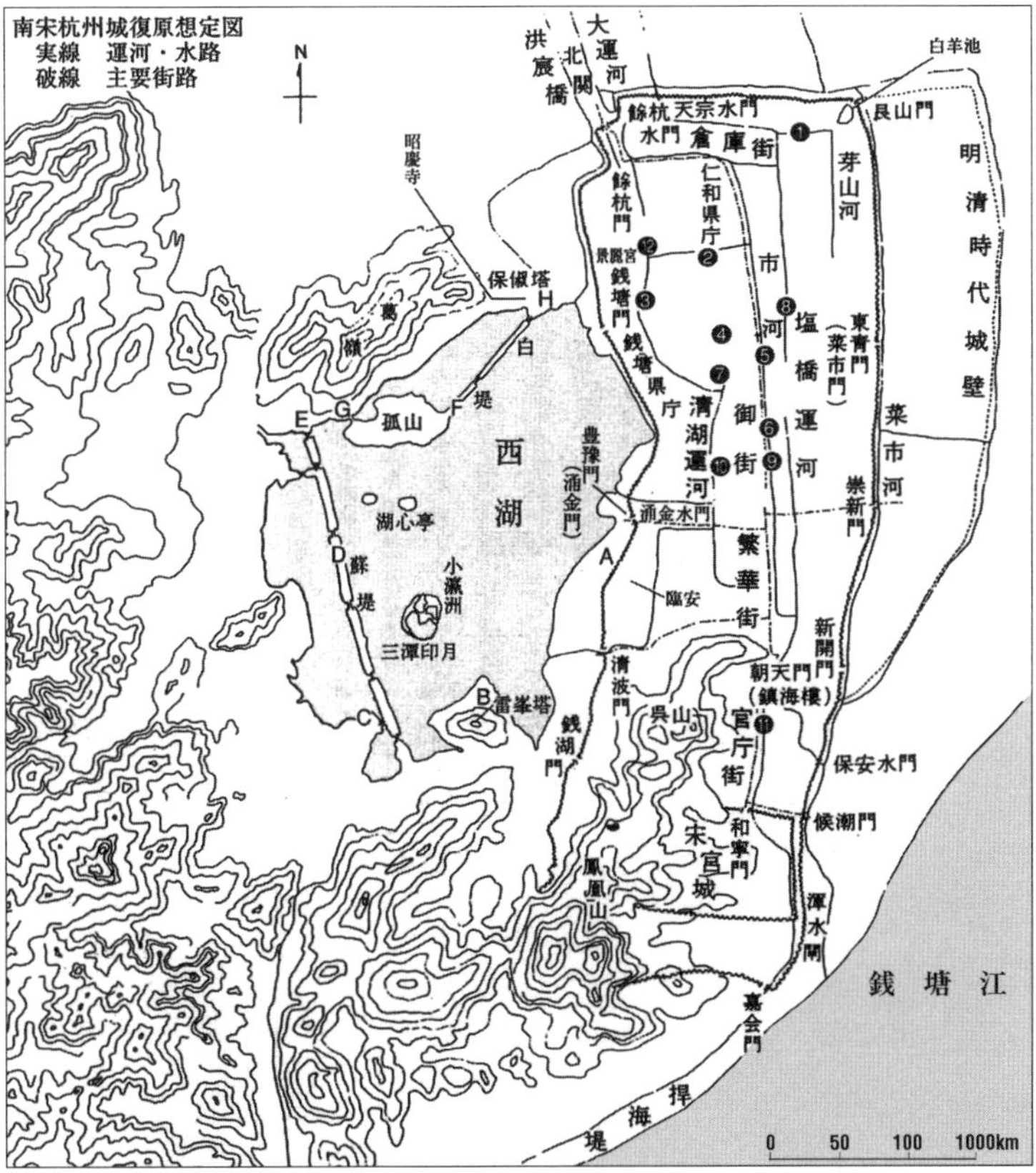

❶通済橋（梅家橋）
❷貢院橋
❸車橋
❹衆安橋
❺新安橋
❻棚橋
❼石灰橋
❽油臟局橋（新橋）
❾炭橋
❿井亭橋
⓫州橋
⓬新荘橋
A 柳浪聞鶯
B 雷峰夕照
C 花港観魚
D 蘇堤春暁
E 曲院風荷
F 平湖秋月
G 蘇小墓
H 断橋残雪
I 天竺寺

南宋杭州城域復原想定図　吉田真弓「短編百話小説のなかの杭州城と西湖—文学のなかの風景」（『アジア遊学』31号　2001年）所収図

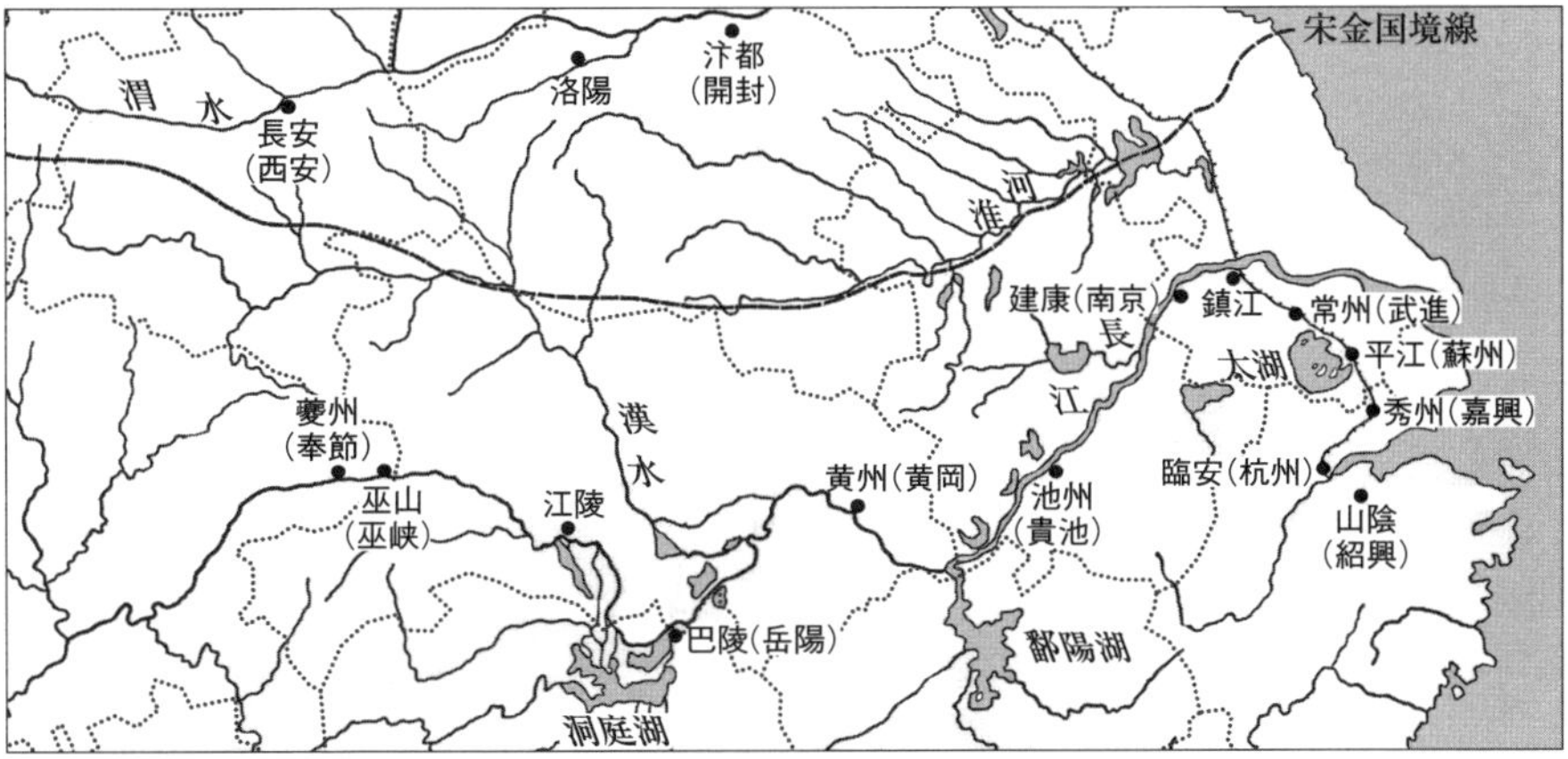

陸游入蜀記関係図　江南から四川へ。今日でも長大な旅を陸游はしたのである。

れは短絡的で、南宋以前はそれほど繁栄していたわけではない。宋政府が南宋の都とさだめるまでは大都市であっても、周辺には葦などが生えている江南の一都市に過ぎなかった。大体、大運河の終点だったから繁栄していたという考えがちがっている。高速道路や新幹線の終点が大都市だろうか。あくまでも始点にすぎないのだ。杭州も同じだった。それが、一挙に人口が流入し膨れ上がっていき、同時に整備されたのである。

都市は高々と城壁をめぐらし、城門をとざす。城門の開閉は時間が決まっている。夜間は閉ざされているのだ。よって都市に早く入るには、城門で待たなくてはいけない。蘇州郊外にいた范成大と同様、久しぶりに杭州に入った陸游も開門を待っている。

この都市への旅である。江南を旅する陸游は、いくつもの都市を見ている。同じような記述はマルコ・ポーロの『東方見聞録』のなかにも書いてある。大運河沿いに旅するマルコの前に、いくつもの都市が現れては遠ざかっていく。大運河の周辺は都市や聚落が密集している。その意味では、かねてから主張しているように、江南は同時期の世界のどこにもない都市の集中地なのだ。大運河とそこにつながる水路はこれらを有機的に結び付けている。だから、大運河は一種のハイウエーである。物流の中心として、経済地帯を通貫しているのである。

休息を楽しんだ杭州を出た陸游は、水路をたどりながら江南を通貫する大運河を北上する。大運河沿いには秀州や蘇州・常州といった大都市が点在している。

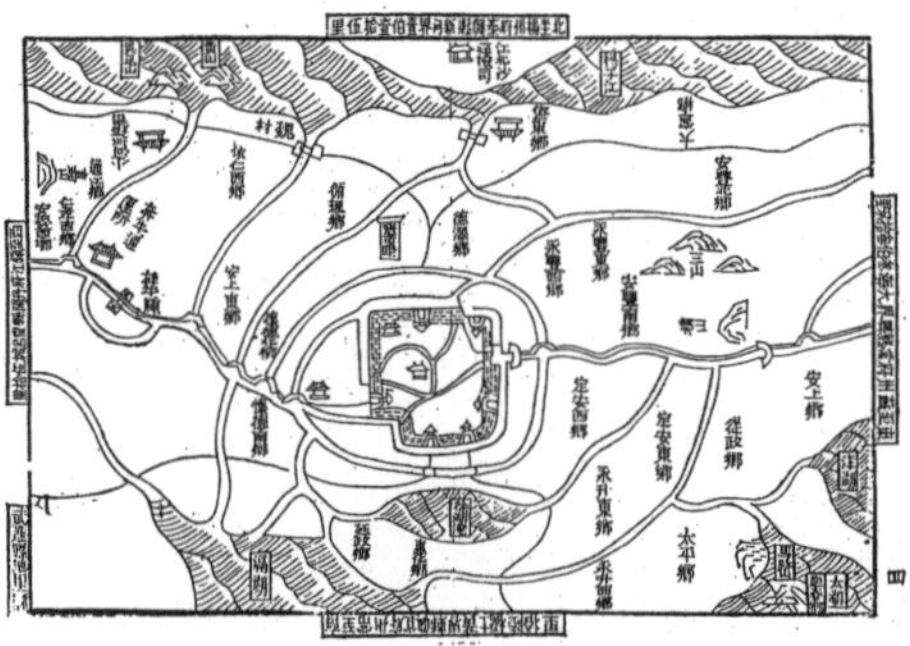

常州図　咸淳『毗陵志』所収。一見粗雑な地図だが、復元想定図（91頁）とあわせて読んでいくと要をえた地図であることがわかる。

かれはこれらの都市のいくつかによりつつ、長江をめざす。これらは、いずれもが古い歴史を持つ都市で、江南の重要な拠点であった。このように、この一帯には都市が広がっていたのである。

　中国というと農業という印象がつよいが、都市の国でもあった。中国人は有史以来多くの都市をつくり続けてきたのである。こうした都市は政治や信仰の場として発展したが、商業や産業の拠点としても発展してきた。そして、にぎわっていた。とくに、宋代蘇州のにぎやかさは特筆に値する。特産の絹は、このころよりしだいに名前をあげていく。多くの物資が行きかっていたので、江南の中心として繁栄していたのである。海外からもこの富裕な一帯に交易に来るものがあり、他の江南の都市も国際的な交易都市となっていた。蘇州や常州には、当時の都杭州と同じく、海外交易をつかさどる官庁の市舶司などがおかれていた。

　この時代の秀州や常州といった江南の都市の景観についてかたる史料は多くないが、全体的な状態は蘇州などと変わりがない。*まわりに城壁をめぐらし、なかは官衙*を中心とした構造になっている。大運河から水路を引き込み、水をいかした都市の設定がなされている。水路では小船が行きかい、商売をしていた。ちょっとしたものを運んで城内に商売に出かけるものもいたろうし、都市で必要とされる品々を運び込むものもいた。また、船がとおりかかると、群がって日用品や食べ物を売りつけるものもいた。

　街道のこうした光景は唐代にすでに見られた。陸路には街道沿いに店が並び、

三百六十行図（部分）

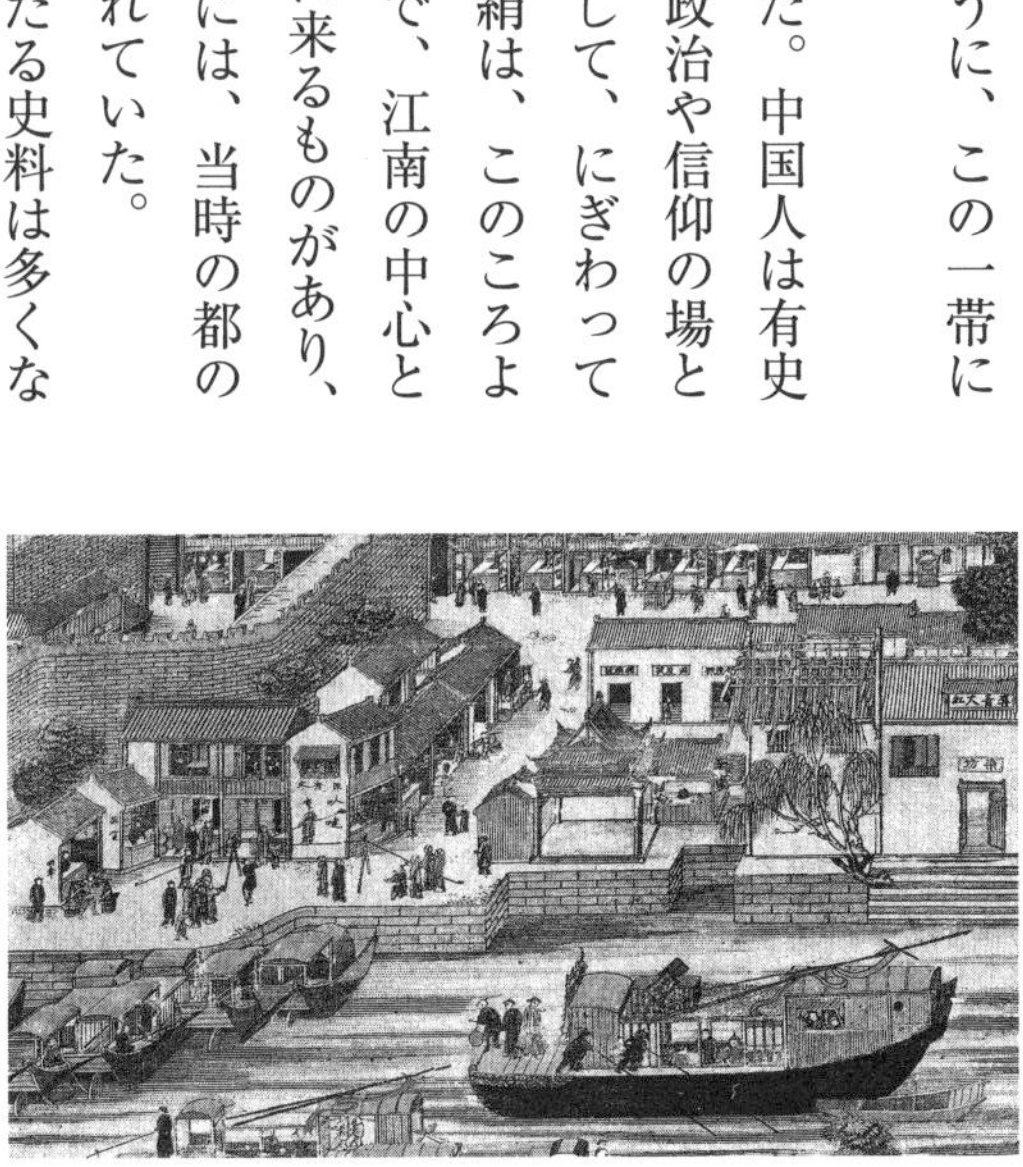

＊堅牢な建物と護岸が目立つ。都市の整備は大きく進んだ。

官衙　役所。官庁。

宿泊施設もならんでいた。水路も同じであった。唐代の旅人円仁*は、黄河をわたるときに小船が群がってきて、食料や日用品を売りつけようとするのを記録している。*宋代の旅人陸游の船にも小船がむらがってきた。小魚などを売りつけたようである。これらはとても安いと記されている。

この道と道程をみてみよう。故郷から都の臨安を経る道は江南デルタの穀倉地帯をぬける道である。点在する都市をぬけると長江である。たどり着くと大河長江が広がる。

長江を遡上する陸游はさまざまなものを目にしている。要衝の鎮江では軍人たちをみている。長江には多くの船が浮かんでいたが、筏もいた。いくつも筏が上流からおりてきている。筏は江南に上流から材木を組んで運ぶもので、目的地に着けば解体する。かなり大きなものがあったようで、上には家や社もあったという。ゆっくりと時間をかけて長江を下ってきたのだろう。当時の長江には、まだ河海豚がたくさんいたようで、群れも見ている。

長江から建康府に入っていくには、水路を通らねばならない。建康府は長江に面していたのではない。土砂その他の堆積によって、しだいに内陸化していた。これは、揚州も同じだった。唐代に長江に近い港としての好位置を占めていた揚州も土砂の堆積による内陸化によって港町としての好位置を失う。*その周囲は田園風景が広がっていったのだろう。

北宋から南宋にかけて江南にさかえた都市のなかで建康府は独自な立場を持

円仁［794-864］平安初期の天台宗の僧。慈覚大師。下野の人。唐で密教を学び多くの経書を請来。854年第三代天台座主となり、日本天台宗の教義を大成させた。著「入唐求法巡礼行記」など。

*円仁『入唐求法巡礼行記』は、中公文庫や平凡社の東洋文庫に訳出されている。非常に面白い旅行記でなので、一読されたい。なお、本旅行記の研究者として有名なのがエドウィン・ライシャワー氏である。氏の詳細な研究は邦訳されている。『円仁―唐代中国への旅』（原書房、1984）である。

*愛宕元『唐代地域社会史研究』（同朋舎、1997）

常州城の変遷図　『江蘇城市歴史地理』所収。時代を追った常州の拡大がわかる。しかし、常州がもっとも大きかったのは宋代までで、以後は縮小されていく。現在の常州の地図でも、かつての変遷がおさえられる。

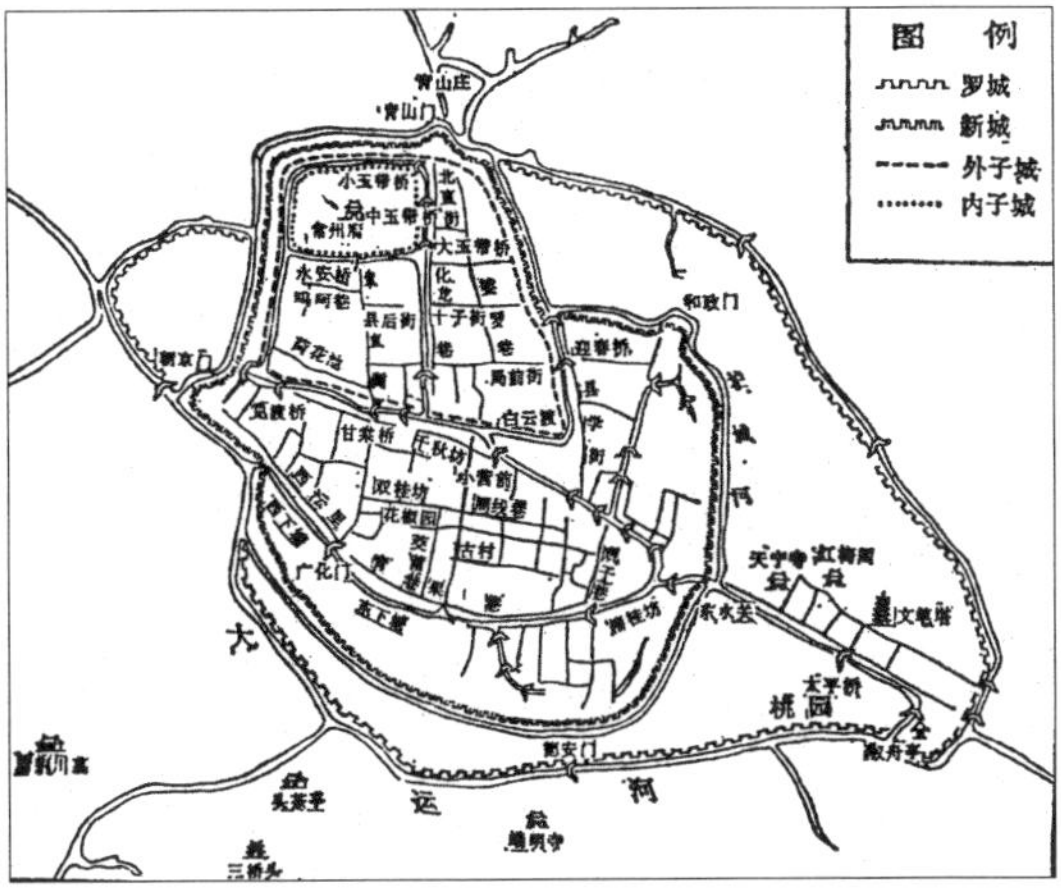

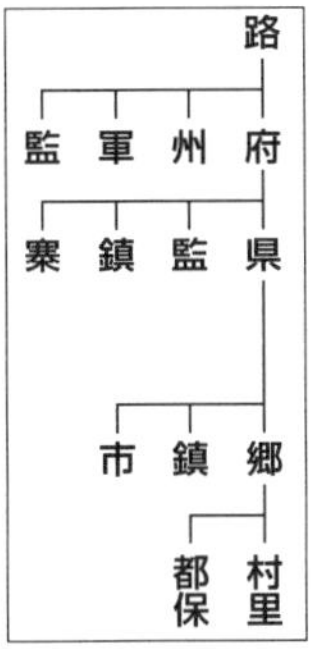

中国の地方行政制度　路は区画にすぎず、行政上の処点を有しないが、府・州・軍・県・鎮などには人が集まり、都市的景観をもった。

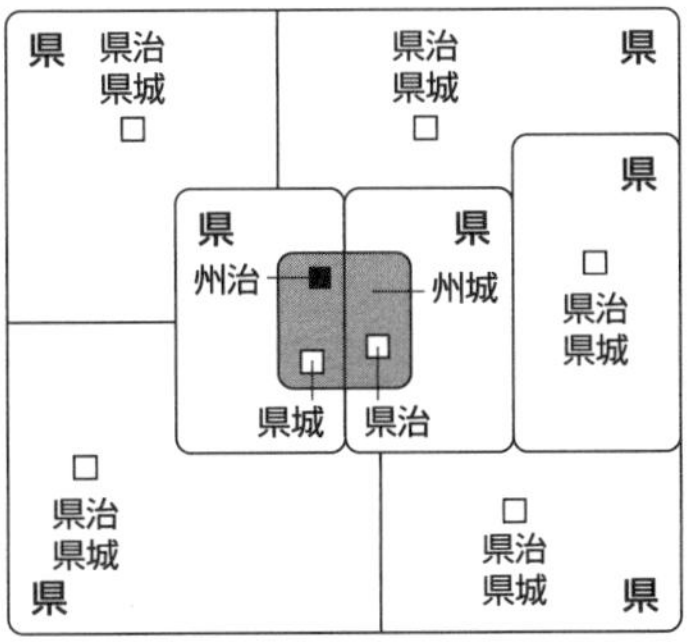

一州城二県制の図　州県別を図で示すとこのようになる。各県は県城を有するが、一州城二県制の場合は州城の中に二県の治所が置かれることが多い。

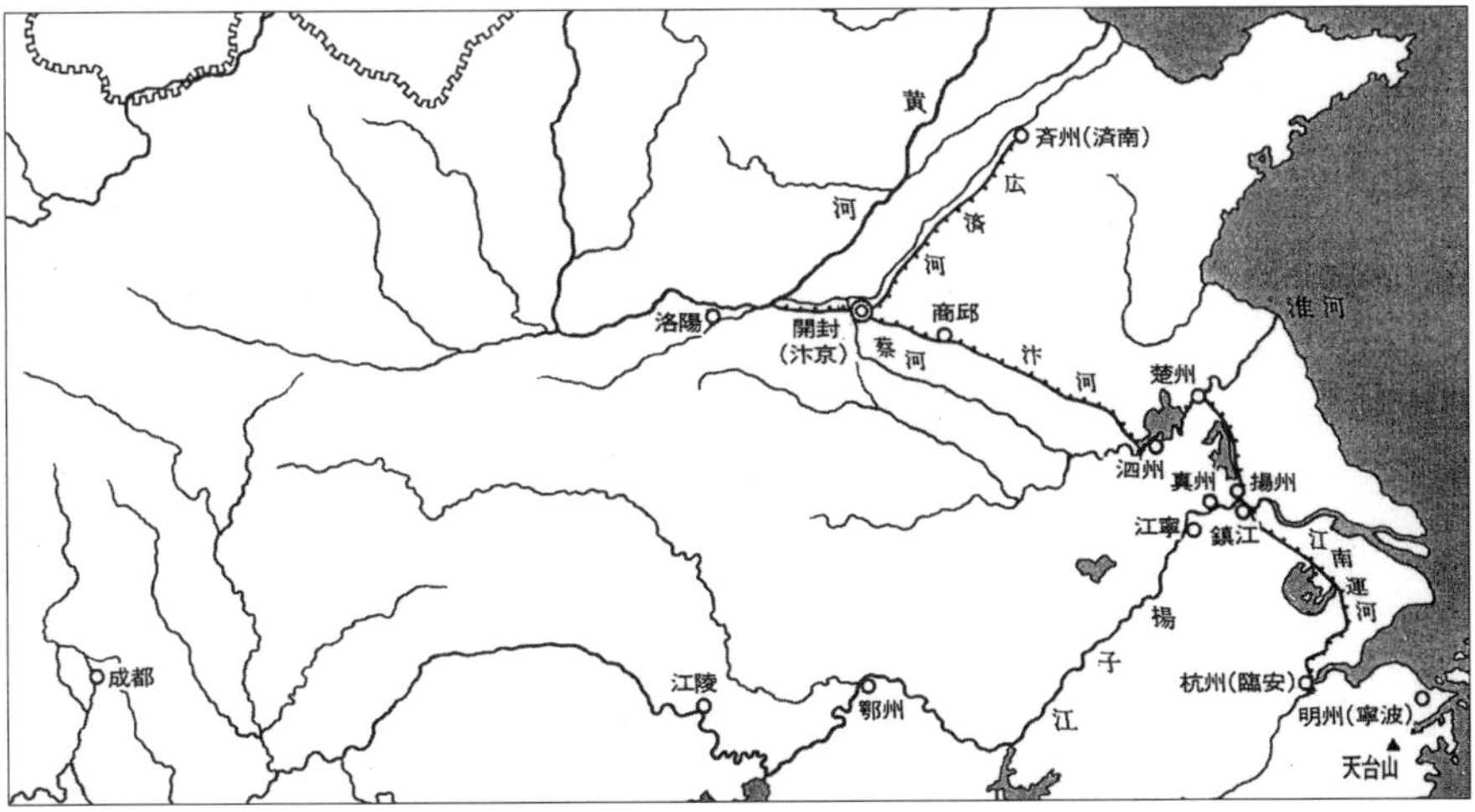

宋代運河図　北と南を結ぶ水路の歴史は古い。いくつもの水路が結ばれ動き出すのは隋代であった。青山定雄『唐宋時代の交通と地誌地図の研究』(吉川弘文館　1963年）より

つ。宋代の経済や物流は大運河を中心とした交通システムを機軸に発達しだしていたが、建康府はそうした道路・経済網とはややはずれた位置にあったからである。だが、古い歴史を持つこと、かつて王城の地であったことから重視され、北宋時代でも一定の繁栄をみていた。

　南宋になっても、その意味は変わらなかった。というより、かつては王城の地だっただけに、行宮*がおかれ陪都*としての位置を保っていた。北宋時代の洛陽のような立場だったのである。しかも、淮水のちかくまで金が迫ってくることもあるこの時代のことである。江南の拠点としての重要性は高くなっていた。金軍が南下すればただちに南宋の懐にはいりこむ情勢だったので、鎮江とともに江南の守りとしての位置を課せられて重要な場所でもあったのだ。会稽すなわち現在の紹興から都杭州をへて四川まで旅した陸游は、この途中でずいぶんと軍人を見ているが、それもこの一帯が南宋の防御ラインでもあったからである。

　一般に宋の軍は百万といわれている。これは北宋の軍隊で、南宋になると人口も半減するし、北宋と違って将軍たちが私兵を備えるようになる。よって、わかりにくい。しかも、かれらは首都の防衛があるから、江南に偏る。だから、首都その他には軍人が多かったはずだ。陸游もそのことを書いている。常州であった兵は陛下のお供をして南にやってきた。いまは年もとって生活も立ち行かぬと泣いている。

　こうして旅する陸游は、あちこちで地元の名士にあっている。常州では有力者

行宮　行在所(あんざいしょ)。天皇が外出したときの仮の御所。

陪都　国都に準ずる扱いを受けた都市。明代の国都北京に対する金陵(今の南京)などの類。

＊もっともかれらが土地をきちんと認識していたか疑問がある。范成大は住んでいた太湖とはるか離れた洞庭湖を混同していた可能性がある。三浦国雄『中国人のトポス』(平凡社、1988)

＊中村治兵衛「唐代における一都市(州)二県制」(唐代史研究会編『中国都市の歴史的研究』刀水書房、1988)参照。くわしくは図参照。

＊中国都市は城外と城内の行政区別が明確でない上に、城内も分割統治されていることが多い。とくに州城はその傾向がつよい。地方

の歓迎を受けている。ここ建康府も同じだ。それぞれに印象や関心を書いているが、ここ建康府でも同様だった。それは、建康府が古都だからである。しかも陪都なのだ。

　同様の記録を残しているのが冒頭で述べた范成大である。かれは蘇州のそばの石湖にいた。よってみずからを范石湖と称した。*かれののこした蘇州の記録が『呉郡志』である。足繁く蘇州へ船で通っている。そして、城門の前で開門をまっていたのは述べたとおり。その門は蘇州でももっともにぎやかだった西北の閶門である。ちなみに蘇州も、他の都市と同様に城内を分割統治していた。*城内は東西に行政域が分かれていたのである。西の部分は呉県の管轄下で古くからの商業地区だった。とくににぎやかだった一帯である。*

　後世の記録は語る。呉県は商人を中心とした一帯は、万事に派手で浮薄な街であった。これは人情にも影響し、人びとも派手好きだと。これに対して、東の長洲県一帯は農業県を基礎にしているので、地味で控えめである。万事に地道な人が多い、と。*閶門の時代を超えた繁栄は、このことを見事に示している。このような閶門の繁栄は絵になっている。

　城門の様子をみてみよう。閶門は蘇州を支える大運河のひとつにある門として古代以来の名前を残す。天国の門といった意味をもつこの閶門一帯は商業地区だったから、その繁栄は昔からだった。唐代にもずいぶん栄えていた記録がある。城門のそばに社があり、祭りが行なわれている。多分、宋代でも同じだったろう。

行政ではトップにくる府城や州城は複数以上の県を統括する。そしてその県の行政域が接触する箇所に州城が設置される。よって、城内に複数以上の県の行政官庁と、州城の行政官庁を置く。分割統治は中国都市の伝統にしたがったものだが、これは不便である。州城の記録は州全体をのべ、県城の記録は県全体をのべるからである。したがって、州城や県城自体の記録がはっきりしない。数値が都市内部の人口を示すのか、それとも州城に鎮座する州の官庁が支配する州の人口なのかわからぬからである。たとえば、蘇州である。蘇州は城内をふたつにわけ、西は呉県、東は長洲県がおさめていた。そして、この両県の性格は異なった。西は商業を中心に栄えたが、東は農業を中心に栄えたのである。そして、それは城内にも反映した。

＊内山知也『明代文人論』（木耳社、1986）

范成大の詩に、祭りに備えて働く蘇州城外の農民の姿をうたったものがある。このような繁栄は明代でも続く。[*]清代の『姑蘇繁華図』[*]や版画など多くの絵が描くとおりである。この絵をみると、郊外から蘇州城まで、周囲には家々がたちならび、にぎわっていた。

これは清代の絵である。だが、宋代とて決して変わりがない。宋代の蘇州も、やはり閶門周辺の繁栄が特筆するべきものだった。そして、それは受け継がれた。だからこそ、このように多くの絵が描かれたのである。蘇州は中国史上もっともながく繁栄を続けた都市のひとつである。だから、その殷賑さは特筆すべきものだったが、城門の賑わいは程度の差があってもどこの都市でも見られたであろう。決して宋代を代表する都市でない汀州でも城門からずっと繁華街が続いていたという記録がある。[*]

陸游は南宋を代表する詩人であった著名人である。だから、各地で人が待ち受けている。ときには陳情を受け、ときには知識人たちの集まりによばれる。都市の官僚や知識人だけでない。近郊にすまう有力者たちまでもあつまって、宴会を開く。みな、都の情報を知りたいのだ。鎮江では夏が近づくというのに、氷柱をたてての宴会まであった。ちっとも涼しくなかったと陸游は書いているが、豪勢なものである。一体、どこから氷を運んできたのだろうか。[*]

宴会場や盛り場は都市のなかにいくつもあった。開封の料亭街は有名だが、地方都市にもあった。[*]いまから八〇〇年近く前のことである。立派な飾りをつけた

*伊原弘『蘇州』（講談社現代新書、1993）

*『姑蘇繁華図』→p.160

*『永楽大典地方史彙刊』

*氷についての記録は我国でも興味深い事例がある。氷室などはその例だが、李朝でも同様だった。須川秀徳『李朝商業史研究―十八・十九世紀における公権力と商業』（東京大学出版会、1994）によると、李朝下でもおおきな利権であった。

*開封や杭州の料亭街については入矢義高・梅原郁訳注『東京夢華録―宋代の都市と生活』（平凡社東洋文庫、1996）、梅原郁訳注『夢粱録―南宋臨安繁昌記』1～3（平凡社東洋文庫、2000―2001）参照。両都の解読書に伊原弘『中国開封の生活と歳時―描かれた中国都市』（山川出版社、1991）、栗本一男訳、J・ジェルネ著『中国近世の百万都市』（平凡社、1990）がある。

料亭街は、眼を奪う建物で、都市の立体感をいやおうもなく見せつけたであろう。こうした目を奪うような建物のなかで、官僚たちは食事を楽しんだ。同時にこれは、公費を援用してのことが多かった。官僚たちは俸給が少ないと嘆いている。にもかかわらず、豪遊をする。官僚が官僚を招待することもすくなくなかった。*陸游をかこんで集まった人びとも、どれだけ自分の懐からお金を出していたことか。

それにしても、当時の都市の建物はすばらしい。開封の建物など眼を奪うばかりだったが、建康府も同じだ。人びとは高層な建物を見上げながら行きかったという。当時の都市はすでに立体的になっていた。宮殿や寺観、料亭などさまざまな建物があり、都市を飾った。この高層、広壮な建物によって、都市の中にはパノラマや万華鏡にもにた景観がひろがっていた。すべての都市は自然界にない色と線であふれ、縮地の構造になっている。都市にたどり着く道、都市の景観。すべてが、農村に生きるものに圧倒感を与えただろう。人はさまざまなものを作ってきたが、都市こそはその最大のものなのだ。これは建康府とて例外でない。これは周辺にも及んだ。

もっとも、都市の周辺は地域や時代によって異なる。元代の中国を旅した人にマルコ・ポーロがいる。かれの記述をよむと、江南の大運河沿いに密集した都市群がひろがっていたことが記録されている。都市と都市のあいだは切れ目なく、人家が続いていると記録している、まるで現代の関東や関西のようである。切れ

*小倉正昭「宋代の官官接待―中国近世に於ける儒教政治の一つの挫折」（『鈴鹿国際大学紀要CAMPANA』5、1998）

南京古石頭城遺址　南京に現存する古石頭城遺址。三国時代の遺跡である。

目なく都市的景観がつづいているなかを大運河が走る。だが、宋代は必ずしもそうとはいえないようである。

船とともに建康府に入る水路に入った陸游は、やがて、府城の見える水路へ入っていく。水路のまわりには農村の景観が広がっている。これらの農村景観は、荘園の景観のようだ。宋代当時の江南は大土地所有者がはばを聞かせていた。あちこちに地主たちの所有する土地が点在していた。建康府周辺でも有力者の土地集積がめだったのだ。*

府城がちかづいてくる。水路の周囲の荘園はのどかな農村風景をつくりあげている。城壁が見えてくる。城門はそびえたつ。その様子を陸游は、城壁が見え、建物が見え出すが、以前と様子が異なると書いている。都市にしろ、聚落にしろ、毎年すこしずつでも様子が変わっていく。建物がたったり、なくなったり。これは宋代とて同じである。南宋の都臨安も北宋の滅亡によって多くの人びとが押し寄せて、あっというまに過密化した。建康府も同じだ。北宋の滅亡によって難民がおしよせている。水路をたどりつつ城内の水路に入っていくと古代の伝承を秘めて有名な秦淮河につながる。

建康府はおおきな城壁と望楼を備えている都市である。城門も水門と陸門のいずれも、それぞれ立派なものを備えている。陸游はこのときは船で入っている。すべての都市がそうだと限らないが、おおきな都市、すなわち州城はたかだかと張り巡らされた城壁をもっている。しかも、城壁は時代をおうとともに完成に向

*江南の都市では有力者の所有する土地が点在していた。たとえば常州である。ここでは、都市の発達は他の地域に較べるとやや問題があり、常州は南宋時代に退潮してく。伊原弘「中国宋代の都市とエリート―常州の発展とその限界」(『史潮』新28号、1990)参照。

佳県を流れる黄河

悠久の流れをみせる黄河。その名前が歴史に登場するのは唐代ごろであった。環境破壊による大量の土砂の流入が水を濁らせていったのである。しかし、華北の大河は中国文明、そして都市をはぐくんだ。

関中平野。後ろに太白山

黄河に流れ込む渭水が横たわる関中平野にはいくつもの中国の帝都・王都が興亡した。

もっとも有名なのが始皇帝の都・咸陽と、それを受け継いだ漢長安城である。長安の名は唐に受け継がれ、その一部はいまの西安に受け継がれている。

渭水

咸陽第一号遺址の復原図。陶復「秦咸陽宮第一号遺址復原問題」より

アジア古代都市

漢の長安城は少し離れているが、そこから古代都市を飾った磚や水道管が発見されている。アジアの古代都市もまた、オリエントや古代イタリアの都市と変わらぬ整備をされていたことが、ここからわかる。

都市の生命は壮麗さと堅固さ、そして安定した水の供廃である。ここに示したのはその装置である。

太陽紋磚。磚は一種のレンガ。室内の床に敷きつめた紋様磚。長44cm　幅32.5cm　厚4cm
咸陽市秦1号宮殿址出土　咸陽市博物館蔵

陶製の水道管。長72cm　底幅46cm　高47cm
壁高32.5cm　厚7.7-8.2cm　秦始皇陵園出土
陝西省博物館蔵

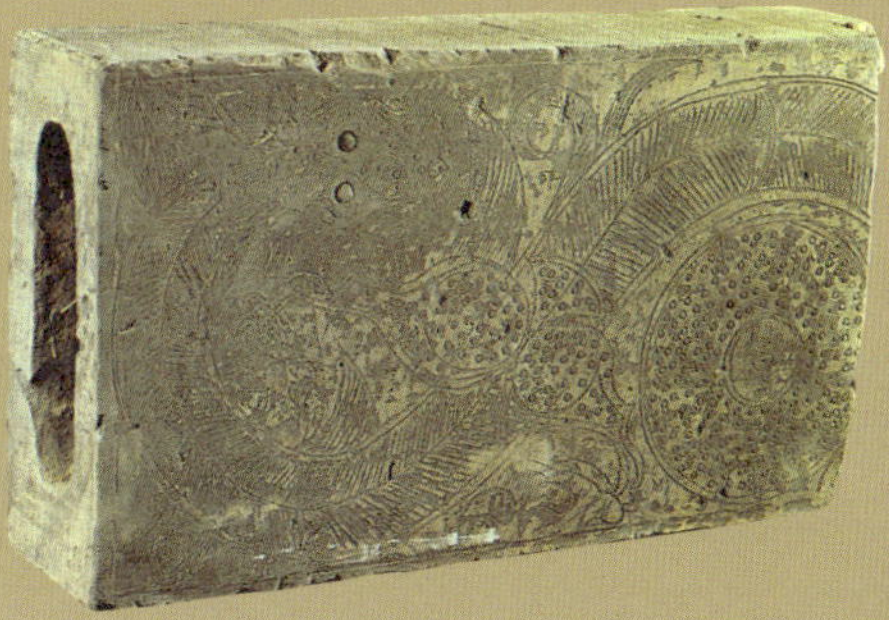

龍紋空心磚。秦漢時代の建築部材。墓の構造材。長70cm　幅39cm　厚17cm　咸陽市秦1号宮殿址出土　咸陽市博物館蔵

現在の西安は古の長安でない。その一部にすぎない。自然環境もまた大きく変化している。しかし、もやに浮かぶ西安はどこかなつかしい。

鉄塔

一〇四九年創建。高さ五五・八八メートル、八角十三層。開封にある今日に残る数少ない北宋時代の遺跡。外壁の褐色の瑠璃レンガが鉄のような色であることからこの名がついた。細かな装飾が見事である。現在の開封に宋代の遺物は多くないが、その代表的なものである。鉄塔公園内。

外壁部分

張択端が宋代開封の繁栄を描いたとされるのが『清明上河図』だが、その中心をなすひとつがこの楼門である。楼上には太鼓がおかれているところから、時をつげる鼓楼の説もあるし、城門とみる説もある。楼門の下には駱駝がいる。また、あてがなさそうに門楼によりかかっているひともいる。繁栄する開封にしのびよる影を示す一コマである。

清明上河図　楼門

張択端『清明上河図』

画巻の終わりに近い部分である。右手の酒楼、左手の香料を扱う店に挟まれたこの一帯は多くの人びとが行きかっている。僧侶・官僚・運送業者・職人・芸人などなど。当時の華北の都市の住民構成をうかがわせるよい絵である。

劉家上色沉檀
王員外家

徽宗　瑞鶴図巻　51.0×138.2cm　遼寧省博物館蔵

宋代士大夫官僚は絵を描き詩作をし料理も楽しんだ。その彼らが熱中したのが書である。書は宋代学芸の最高のもので、個性ある書が多く生まれた。

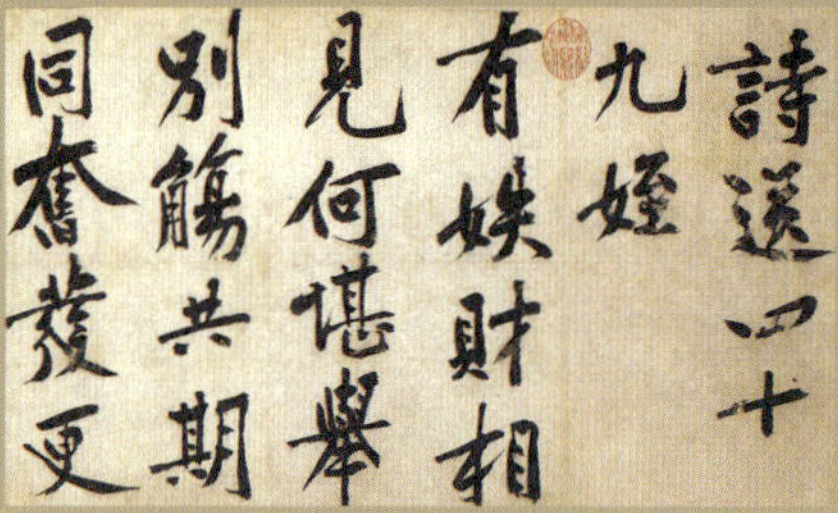

黄庭堅「詩送四十九姪帖」より

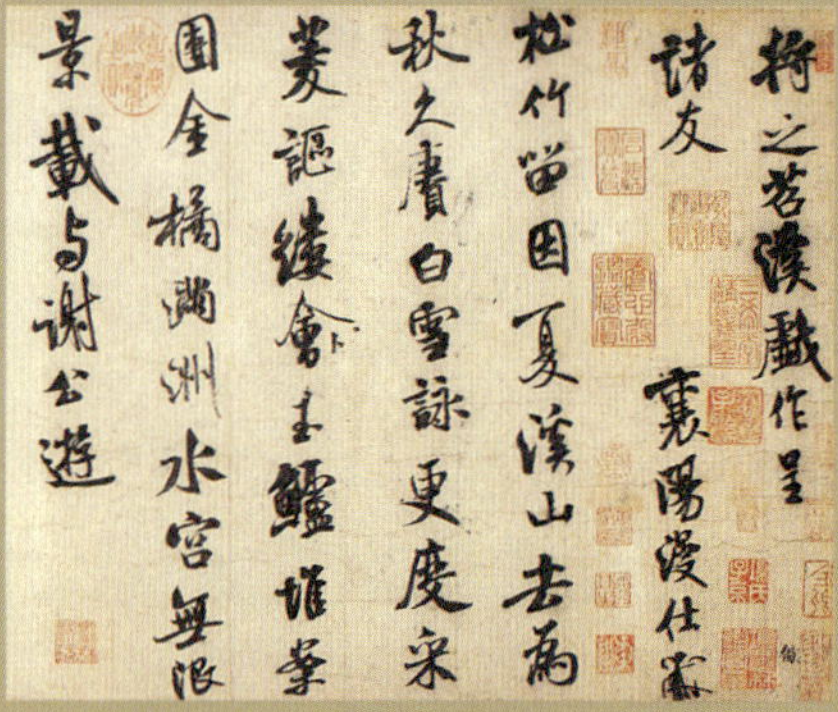

米芾「苕渓詩」より

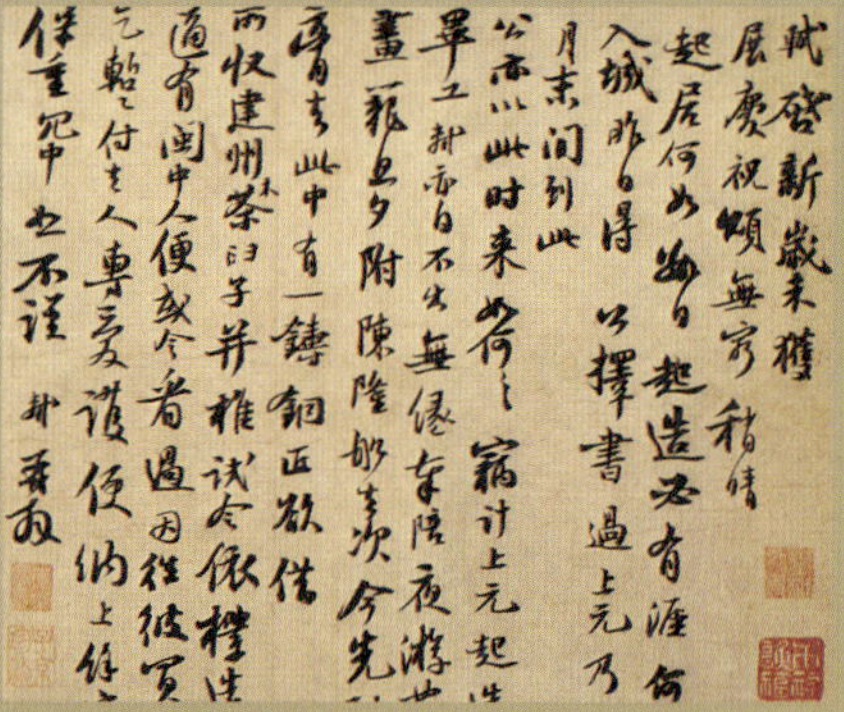

蘇軾「新歳展慶帖」より

北宋の終わりを統治した徽宗は豊かな才能に恵まれていた。絵・詩・書をよくしたが、そのいずれも当代随一であった。宋代は科挙試験が整えられた時代であるが、それによって学芸が発展したのである。豊かな才能をもった文人官僚が輩出したなかで、その頂点にたったのが皇帝だったのだ。その徽宗の『瑞鶴図』は、宮殿の上を舞う鶴を描く。しかしこのめでたい鶴もやがて宮殿の上を飛び去っていく。そして、それとともに王朝は崩壊していくのである。字体は細身の痩金体である。

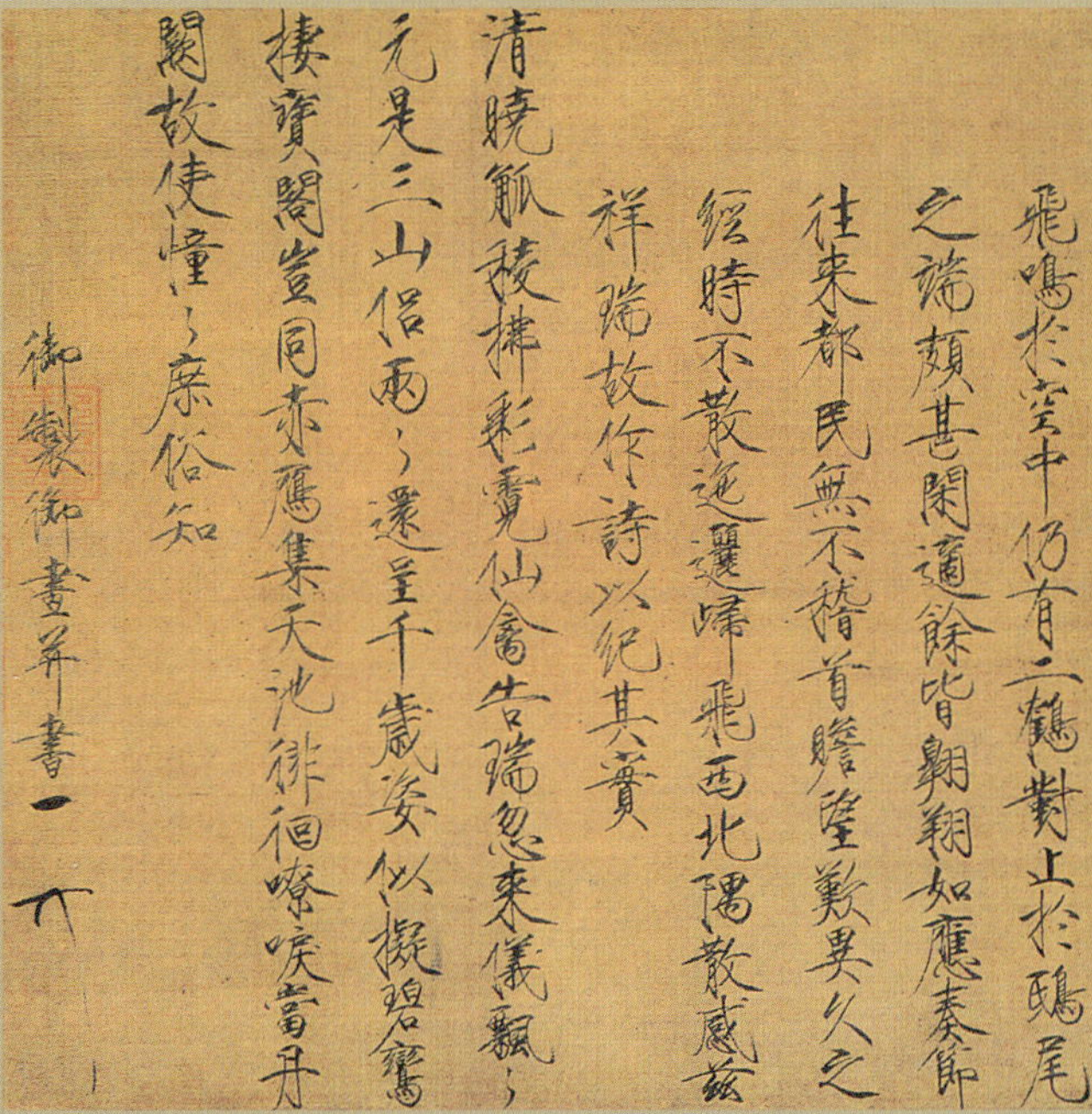

徽宗　瑞鶴図巻

皇城の趾にたつ龍亭。旧宮城一帯。

平江図　宋代蘇州の地図

平江府は蘇州の宋代の名前である。現存する碑刻地図として貴重である。多くの建築物と地名、城壁・府・軍・寺院・橋梁などが図示されていて宋代都市の様子がわかる。一二二九年刻石。図碑の高二七七センチ、幅一四二センチ。

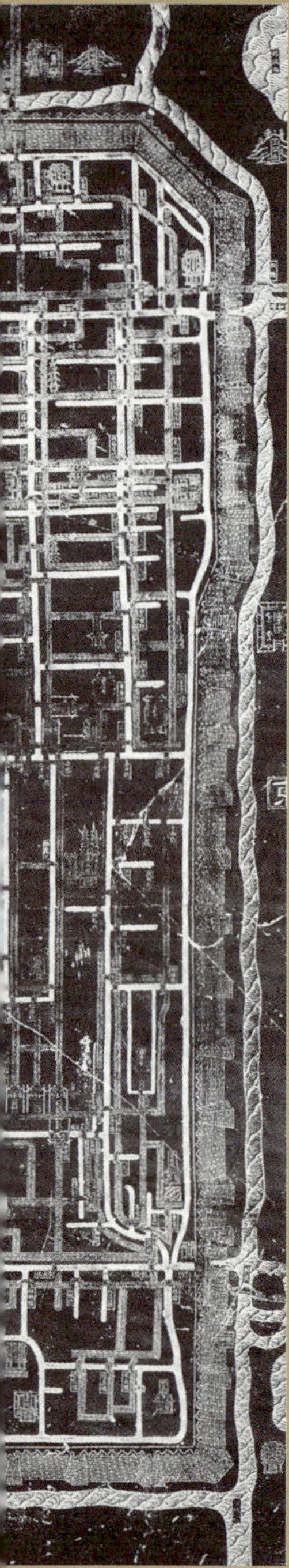

蘇州

南西の蘇州盤門

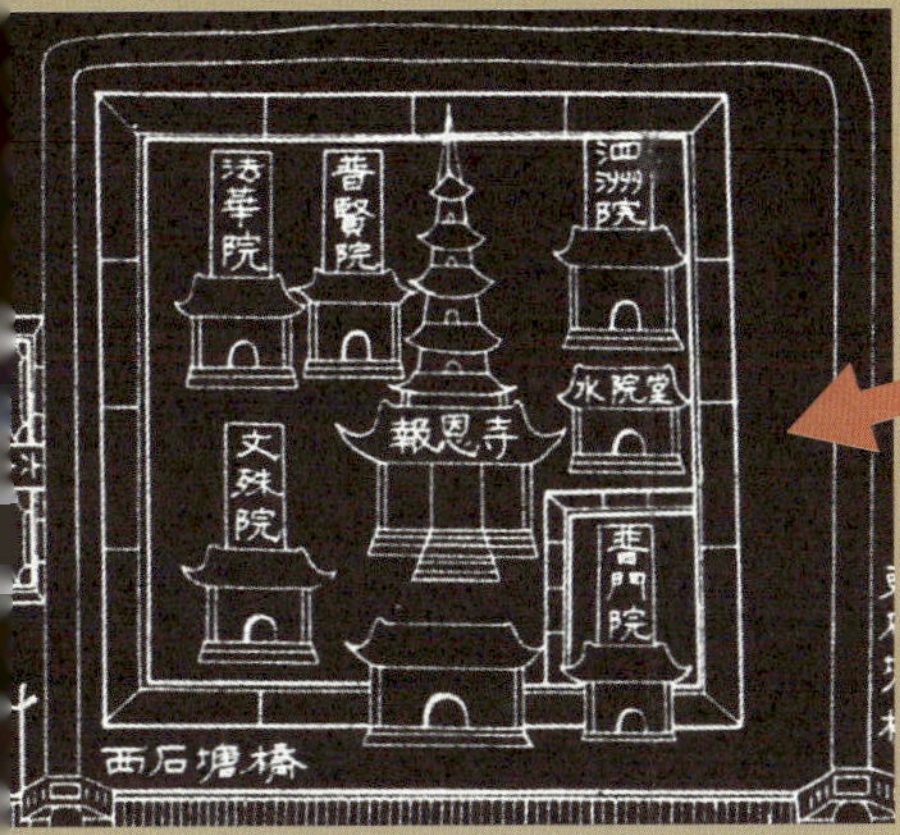

古刹報恩寺はかって日本人も学んだ。

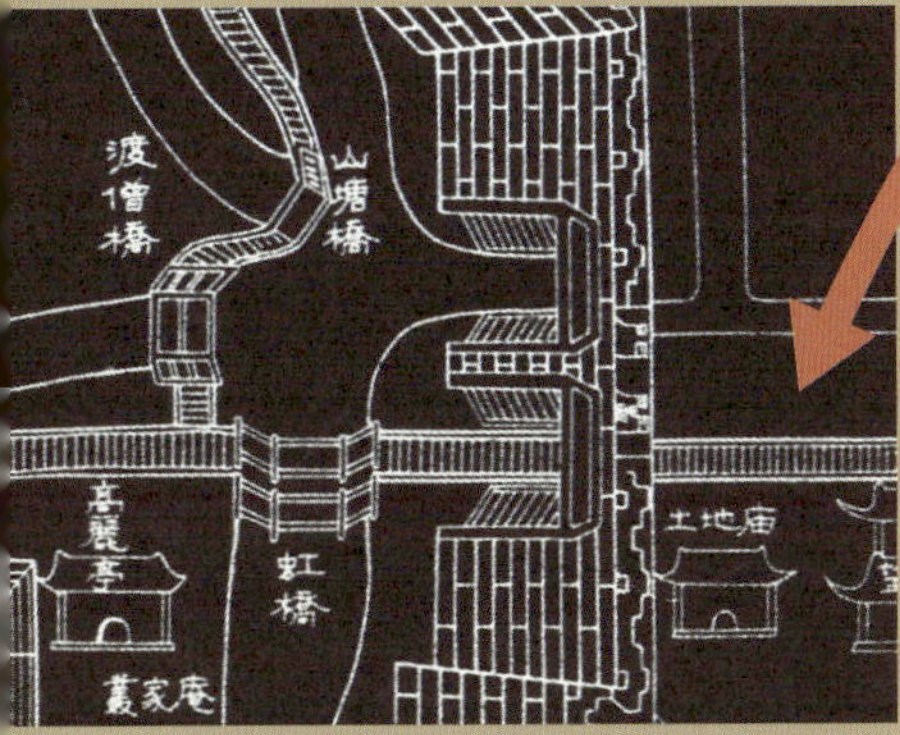

西部の閶門近くに寒山寺があるが、ここでは描かれていない。

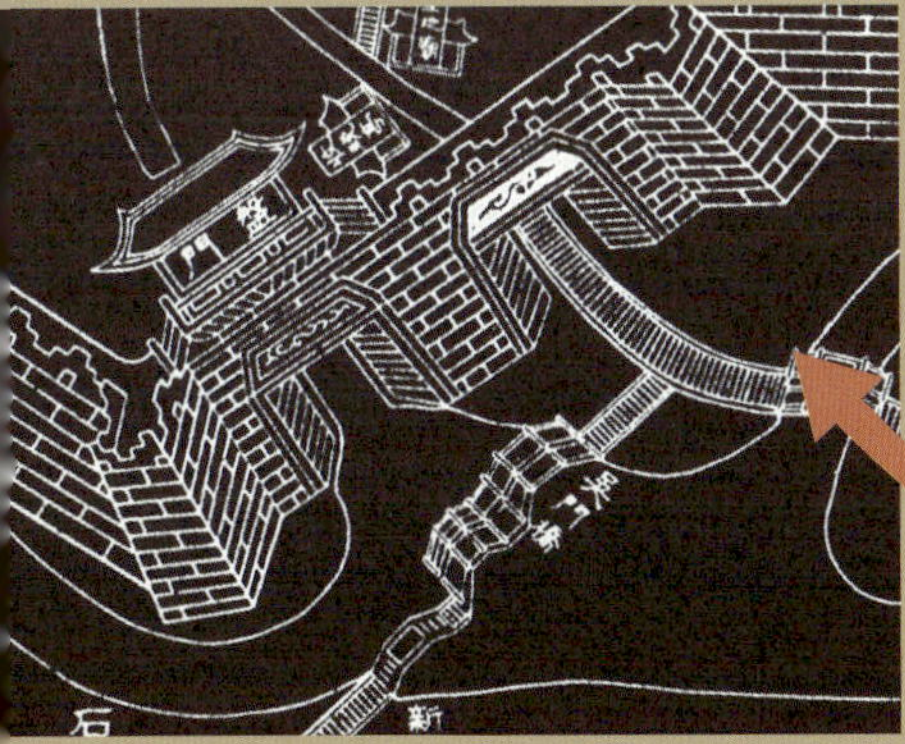

盤門。西南の門で多くの人びとがここから入城した。入宋僧・常尋もここから入った。

鬼子母本生故事 天宮楼閣　岩山寺　山西省繁峙県

宋代の寺廟や墓からいくつかの壁画が発見されている。そこからは仏話にかりて、当時の都市や建築、地主や市井の人びとの生活を描いた絵が見出される。ここにあげたのはいずれも華北の発見のものである。繁峙岩山寺の壁画は当時の優れた建築技術を示す。河曲岱廟の壁画は地主たちの裕福な宴会を描く。白沙宋墓の壁画は生前の地主夫婦の生活を描く。夫婦でお茶を楽しんだ日々。楽団の演奏を楽しんだ日々。実際にこの生活を楽しんだかどうかはわからないが、かれらの理想の生活をうかがわせる。

白沙宋墓　河南省禹州市　第二号墓墓室西南壁

第一号墓前室東壁

河曲岱廟　山西省河曲県

鎮「小都市」江南の水生都市

江南の開発の進展により都市が一層成長した。宋から明・清と、人口の増加と経済の活発化が都市整備をも進展させたのである。江南特有の水郷地帯にはりめぐらされた水路を利用した大小の都市が出現した。それはあたかも水生植物が根をはり大輪の花を咲かせるに似る。そして、それとともに一層都市の整備が進んでいった。都市の大小となく船が密集し荷が集積され、賑わいがみられたのである。

このころ、江南に多くの橋がつくられた。今にまで見事な橋が残るが、見ての通りアーチの技術は十分でない。拱宸橋　杭州

宝帯橋　蘇州

明代蘇州の西北の閶門。閶門とは天国の門を意味する。古代以来栄えていたが、近世になっても繁栄はとまらなかった。門の近傍には多くの店や倉庫が集中し、運送の船ももやった。どこでもみられる景観だが、蘇州はとくににぎわっていた。
『姑蘇閶門図』108.6×55.9cm
王舎城美術寶物館蔵

清代蘇州の胥門にある万年橋。城壁と運河の間に商店がはりついている。多くは不法建築であろう。しかしそこにも荷揚げがある。もはや制するものなどいないのだ。
徐揚画『姑蘇繁華図』
39×1241cm 遼寧省博物館蔵

蒲津関鉄牛（桜井澄夫撮影）

蒲津関鉄牛

唐代に河東（山西省）から長安へ至る黄河の要衝の蒲津関に巨大な浮橋がかけられた。河中にある巨大な中洲を利用しつつ船をならべ、鉄の鎖でつないだのである。東西の河岸に鎮河水と大地の安寧を祈ってつくられた鎖留めがこの鉄牛である。唐の全盛期の力のみなぎった鉄牛である。

江戸時代相模川の浮橋

相模川の浮橋。日本でも古くから浮橋がつくられていた。江戸時代にもいくつもの浮橋がつくられたが、この相模川の橋もその一つ。船をならべ板をその上にならべて綱でつないだ。綱は木の柱に結びつけられ、橋を固定したのである。

馬入川船橋之図　年未詳　平塚市博物館蔵

かい、磚という煉瓦で固められ人びとを威圧した。*

水門をくぐり、船をもやったのは城内の秦淮河である。名うての歓楽街がひろがる。当時の建康府は江南の都市群のなかで一籌をゆするとはいえ、それなりの賑わいがあった。陪都だったし、華北の金の脅威に対する防御上の拠点としてそれなりの構えを持っていた。五代十国の時代に南方の強国南唐の国都として重きをなしていた都市構えを受け継いでいるのである。

ここでも、城内にいくつかの重要な水路があった。秦淮河はこれらとつながっていた。また、沼があった。養魚池や放生池である。とくに城内の東部にある養魚地は目立つ。養魚地とは文字通り魚を育てる池である。これらは、重要な食品として取り引きされた。今日でも中国でこうした池や沼をみかけるが、宋代でも同じだ。こうした沼で魚を飼い食料にした。寺には放生池もある。仏法の生類を憐れむ説にしたがって、生き物を放して功徳を願うのである。南宋時代の杭州では西湖を養魚池にみたてて、盛大な放養をしている。

これは今日でも行なわれているし日本でもある。寺の池に亀が放してあったり、お盆などに供養することがある。また漁業などが盛りを過ぎたとき、供養を行なう様子が放映されることもある。

人もまた生き物である。他の命あるものを食べて生きる。だから、食べ物を粗末にしてはいけないのだ。そしてそれゆえにその仕事に携わる人たちは生き物をはなって供養し、殺生を詫び、罪の軽減を祈るのである。

*愛宕元『中国の城郭都市』（中公新書、1991）

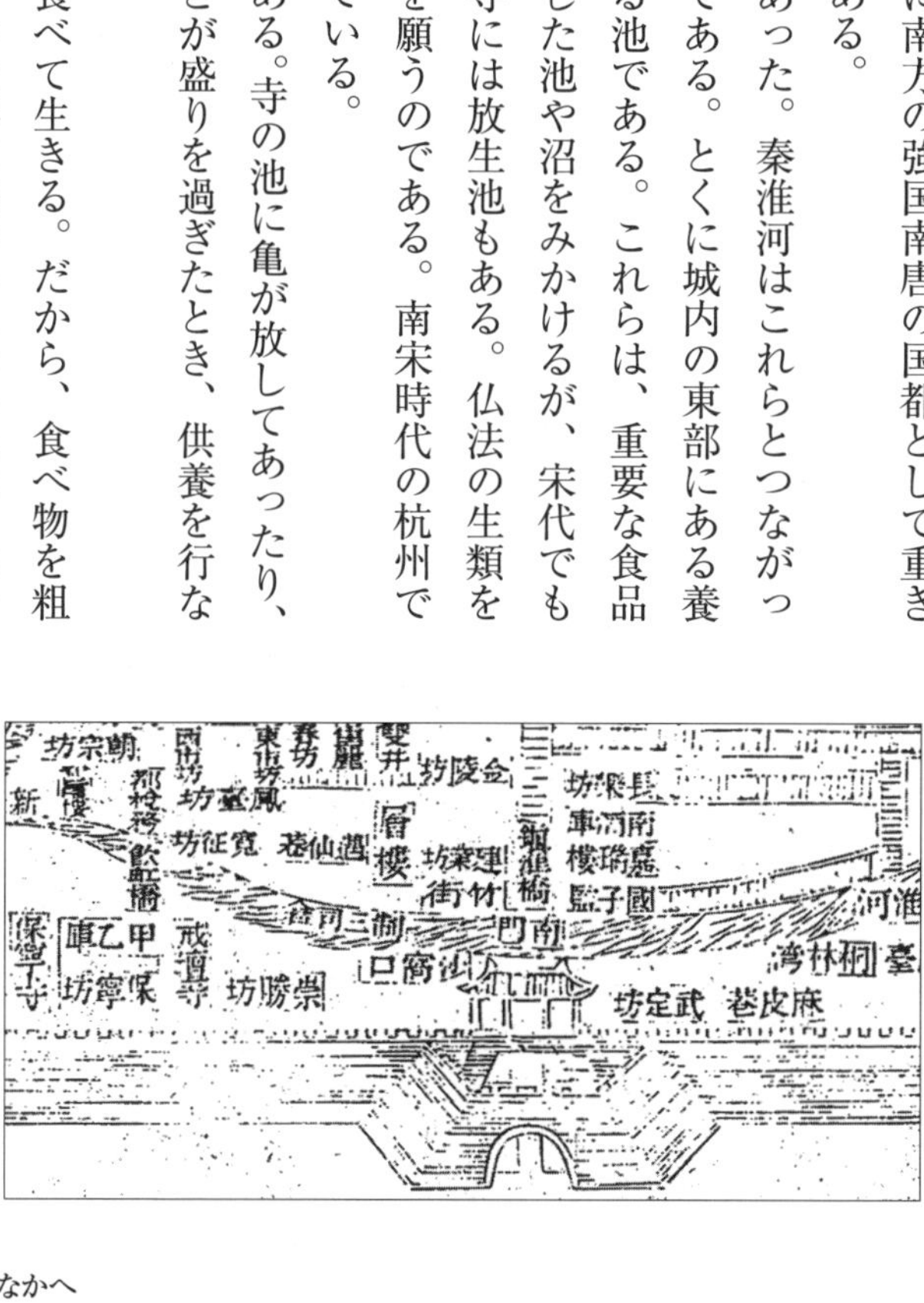

建康繁華地図（部分）宋代にも繁栄していた建康府南部である。『景定建康志』より

城内へ生活物資などを運びこむのに、ここでもこれらの水路によった。陸路を使わぬわけではないが、道の舗装や旅費の高さを思うとやはり水路である。水路こそは当時の主要な交通路で運搬路なのだ。もっとも、その水路の一部を有力者が占拠して畑にしたりもしていたようだ。あちこちに、運送業者の横暴や貧民の水路侵占の記録がめだつ。建康府も同じだ。そのために水路が逼塞し、雨の多いときなど運河の氾濫を招いたことが記されている。

都市の生活環境の悪さと、そこに住みつき苦しむ人もたくさんいた。* 一方で、都市整備もはじまっていた。とくに、南宋時代になると道路の舗装や護岸工事が始まっていたようだ。が、城内の水路すべてが護岸工事をしているというところまではきていなかった。だからそうしたところに住み着いている人もいたのである。まだまだ都市の整備が十分という状態ではなかったのだ。だから、建康府だけでなく、台州のような都市でも城内の水路の氾濫が語られている。

多くの船がもやる一帯は、倉庫や関連商品をあつかう店や休憩施設が集中していた。この繁華街は、地名や地図、絵などに残る。南宋代蘇州の地図『宋平江図』に書き込まれたような料亭街は『景定建康志』の宋代の南京の地図にものこっているのだ。このように、交通上の要衝に繁華街が出現するのは、いまも昔もかわらない。旅人や働く人を目当てに娯楽施設が出現したのである。

その一帯の施設を見てみよう。まず、船着場の施設である。当時、すでに、船着場があり、かれらのための施設があった。これらは記録や文学のなかの叙述か

*南宋の臨安をモデルにした白蛇伝には、城の水門のそばに住んだことが描かれている。

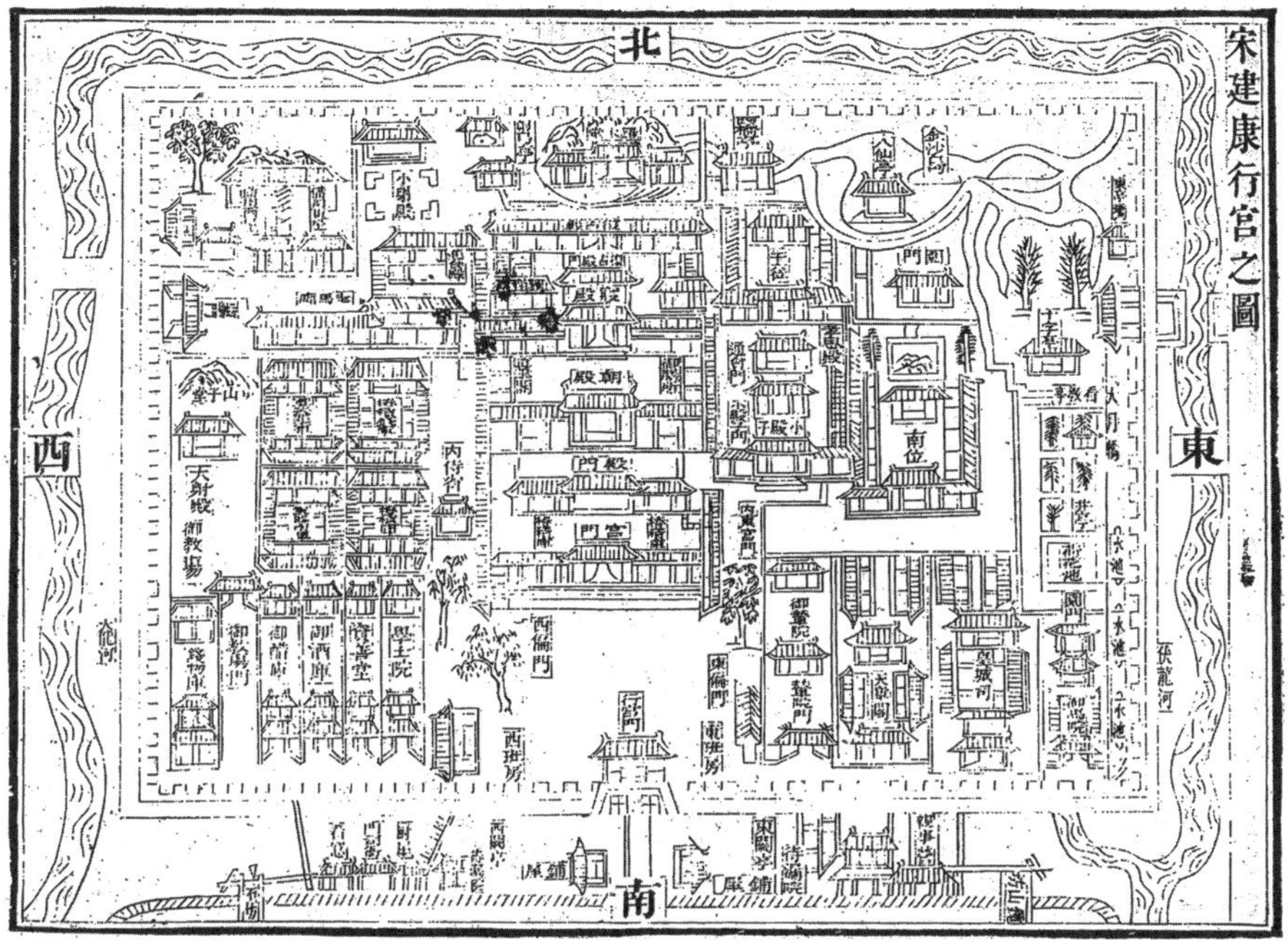

宋建康行宮之図

南京の紫金山には明の孝陵、天文台など名所旧跡が多く集まる。

ら想像できる。

船着場には徴税官や関連の役人もいた。また多くの船がもやるあいだを行きかって、食べ物や魚などをうるものもいた。港町。といってもここでは河川の港町、したがって内陸部の港町だが、沿海岸の港町と同様ににぎわっていたのである。

このような港町の施設はどうなっていたのか気になるところである。述べたように大方のところは未整備だった。では、船をつける岸辺はどうなっていたのか。また、護岸工事はどうなっていたのか。これらは場所による違いがあったのか。気になるところだが、不明の点が多い。地図などを見れば街中は舗装され、石造りの橋もある。当時の街路舗装の記録もあって、都市内部の整備が急速に進んでいることがわかる。だが、港湾施設や関連の公的施設の整備となると、これはまた別問題である。

こうした施設の充実と整備は北宋時代には、なお十分でなかったと思われる。それは、そのような記録が乏しいからである。また、場所による違いもあったと思われる。陸路の舗装などの記録は江南や四川省のものであって、華北の事例ではないからである。いつの時代も同じことだが、経済の発展地では整備が進み、他の地域では十分でなかったということである。

城門の側や船着場に発展するのが歓楽街である。倉庫街や商店も集中する。秦淮河も同じだった。ましてや、建康府の主要な運河として、古代以来の伝説を秘めた河である。城外から入ってきた船は、かならずここにもやる。だから、繁華街でもあった。六朝のときも、唐のときも、建康府の繁華街として名前をとどめ、繁栄を誇った。あたりに管弦がひびき、倡女が客を迎えるこの一帯に、多くの旅人が足を止めたのである。

都市には繁華街があり、そこには食堂がある。もちろん料亭街もある。宋代も現代も同じである。街中には屋台もあれば、一般向けの食堂もある。だが、一方で身分の高い人や裕福なものが食事を楽しむ料理屋もあった。今日で言う料亭街である。群を抜いて高い高級料亭だと銀百両という目の飛び出るような代金をとったようだが、店構えもすばらしい。高層で広壮な建物。美しく着飾った女性たちがまつ料亭は開封にいくつもあったが、皇族や政府高官のものであった。一般の人たちはにおいもかぐことができなかったであろう。そして、これらの高級料亭は一箇所に集中していた。開封では、これらは街路に面していたが、江南では水路に面していた。同じ例が蘇州である。

『宋平江図』によれば、蘇州の料亭街は水路にそって並んでたっている。ここは南の城門の盤門から近い。北に向かう水路にそのまま入って直進し、左手に倉庫や科挙の司法試験場などをのぞみながら右折してたどりつく場である。直進する水路を北上していけば、北の閶門にたどり着く。だが、右折したこの水路をたどっていくと、城内に深く入り込む。その曲がってすぐのところに並ぶのが料亭街である。手前には学校や倉庫群がある。水路の奥には官庁街がある。さらに入っていけば、城内中心部の盛り場。まことに料亭街をもうけるに都合のいい場所

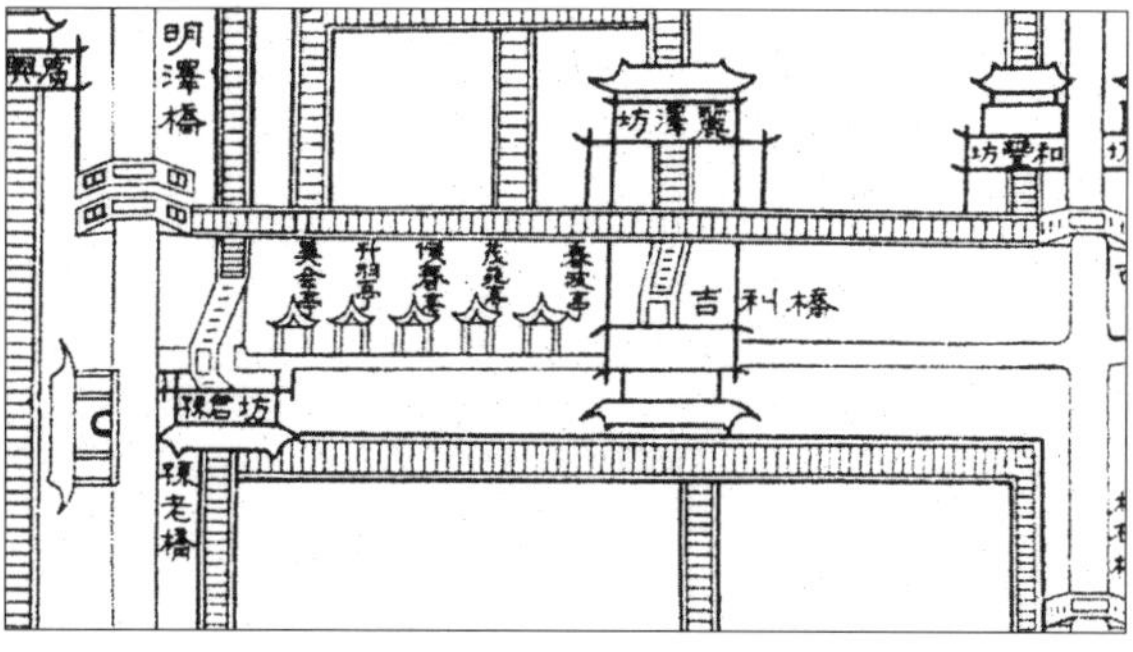

料亭街　『宋平江図』より

である。この立地のよさをねらってか、土地の独占を図るものもいたようである。さらにまた、他所から来てすみついているものもいた。

これは他の都市でも似たようなものである。都市の構造は違っても、立地のいいところに料亭などが集中するのは自明のことだからである。かくして、建康府もにかよったような繁華街があって、かつ水を利用した配置であったことはいうまでもない。

料亭では一体どんな料理が出たのだろう。当時すでに高級料理などさまざまな種類があった。* 大事なことはこうした様々な料理が一般の人々にも出されたことだ。一体に、食べ物とは少ないもの、遠距離から運ばれるもの、時期を限るものなどをよしとする。そしてその価値を上げるのが調理法だ。高級料理・珍味などといっても、食通などといっても所詮は、こうした希少性が食べ物の地位を押し上げ、そこに通人などという人種を生み出したに過ぎないのだ。とはいえ、食べ物は社会のあり方や生産力を反映したものでもある。だから、料理を通して、時代の転換をみる考えもある。

当時の都市紀行文のなかには、料理についてこまかく記録したものがある。高級料理、街中の料理屋、さらに廉価な食べ物など実にたくさんの食べ物を書いている。記述もこまかく、市井で好まれた料理を記録した箇所もある。このような状況を反映して、料理書そのものの出版も行なわれるようになってきていた。料理書を読むと、コショウなどの香辛料の利用があったのが目立つ。

＊篠田統氏は『中国食物史』（柴田書店、1974）のなかで中国の料理史を論じられた。宋代の章で興味深いのは南宋の紹興二十一（1151）年に高宗皇帝が軍閥の一人張俊邸で受けた接待料理である。二百余皿あったという。周密の『武林旧事』にのるこの話は、幸田露伴も『蝸牛連語』で紹介している。

北宋宮中の女性　山西省太原の晋祠の聖母殿に展示してある北宋初期の女性像。40体余りある。いずれも当時の身分の高い女性の華やかな服装を今日に伝えている。一国の文化の水準を知るには女性を見るにしかずという。その華やかな衣装は宋の香り高い文化とセンスを今日に伝えている。

晋祠「魚沼飛梁」　北宋建造、中国最古の十字橋といわれる。古代人は方形の水たまりを「沼」といい、魚がたくさんいるところからこの名がついたという。東西の長さ19.6m。山西省太原市。

宴会料理もさかんになってきていた。お互いが招待し料理を食すのである。また、ときには皇帝を招待して宴会をするものも出てきていた。述べたように南宋の高宗皇帝を招待して宴会を開いた武将の席は豪勢だった。実際おおがかりで、皇帝に供された料理品目も残っている。

　このような場での料理はどうやってしたのだろうか。壮大な宮廷料理の場ではないが、家庭での料理の様子を描いた絵も多少だが残っている。

　山西省に河曲という場所がある。河曲。名前のとおり、黄河が曲がっている場所で、宋代にあっては辺境だった。というより、現代にあっても辺境というべき場所である。しかし、ここでも中国的生活が営まれていた。河曲にのこる宋墓から出てきた壁画はたくまずして往時の生活を描く。

　描かれているのは、宋代地主の調理場と食材である。鳥や魚が調理台におかれ、小麦粉を使って饅頭をつくる様子も描かれている。魚は鮒のようだ。鳥は鶏のようだが、いささかやせて小さい。鯉よりも小さく見えるほどである。そう思うのは、最近のむやみに太らせた鳥を見るからだろうか。マルコ・ポーロは元代江南の人びとが肉も魚も同じ食卓に乗せると、その贅沢振りに驚いたが、ここでも同じなようだ。

　本書が貴重なのは、昔とほとんどかわらぬ今日の農村の調理のようすと食材加工のようすを比較している点である。描かれた麺の料理方法も同じである。魚の調理方法も、今日と変わらぬ。魚は腹を下にしてさばけというが、その様子がこ

今日に伝わる画中の世界　山西省

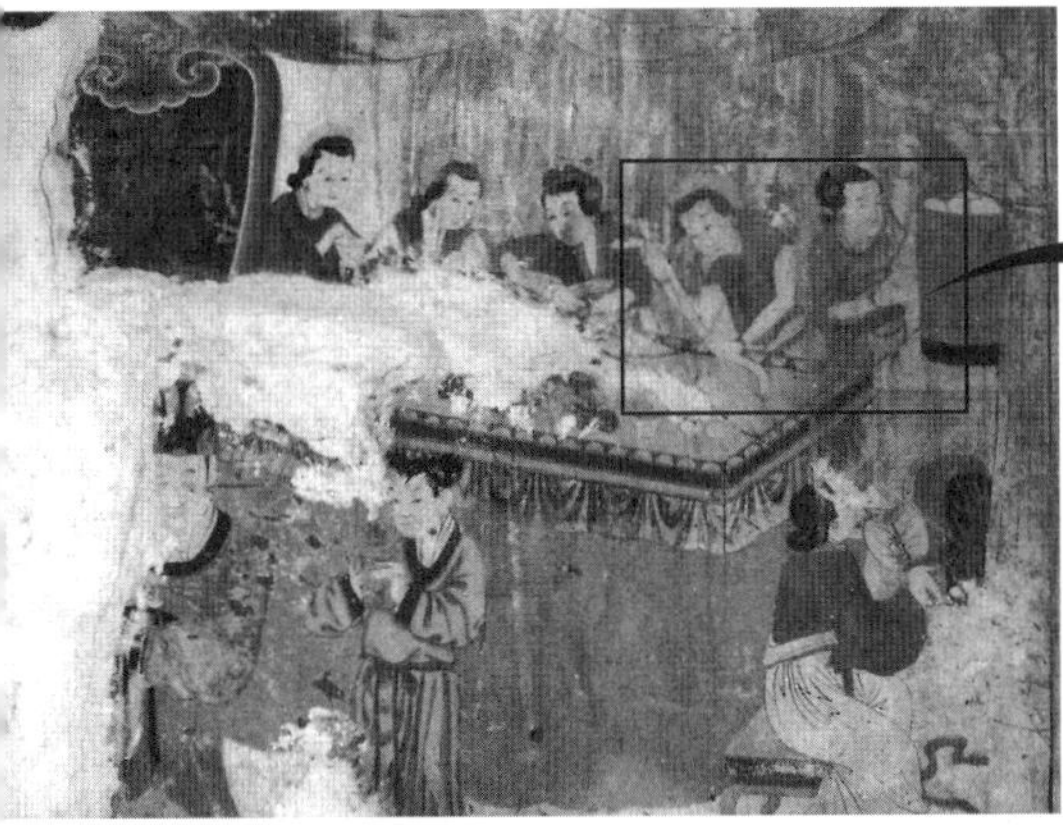

河曲宋代墓壁画

河曲宋代墓壁画（部分）

一つは山西省の黄河の曲点の宋墓より発見された絵である。今一つは河南省の絵。ともに当時の地方の裕福な生活を生き生きと描く。『山西民俗』（山西人民出版社1991年）ほかより。

河曲宋代墓壁画

白沙宋墓　第一号墓前室西壁壁画

第一号墓後室西南壁壁画

の絵からもうかがえる。包丁も今日の調理人がつかう中国包丁とかわりがない。料理器具も完成の域に達していたのである。

家庭内で食事をする様子は、「白沙宋墓」の壁画からうかがえた。夫婦が机をはさんで向かいあい、椅子に腰掛けていた。古代中国もアジアの他の国と同様に床に座っていたが、やがて椅子に腰掛けるようになる。この習慣は、宋代になると、当時の庶民にも普及していく。その様子がみられるのだ。机の上には茶器と茶碗がのっている。下にはリボンを結んだ猫がいる。当時の家庭にも愛玩動物が飼われていたのである。なお、画面の後ろには楽器を演奏する一団がいる。前頁の絵のなかには、このような楽団を描くものがいくつかある。実際の日常生活でこのような様子がみられたとは思わぬが、生活における音楽の重層性をおもわせて興味深い。とにかく、宋代の絵画には楽団が多く出てくる。これが今日の絵画と異なるところであろう。

さて、人間とは贅沢なものである。食事といっても、ただ食べればいいのではない。ひたすら、おいしいものを探す。そして作ろうとする。宋代にも食通が誕生し、いろいろな食事が楽しまれていたようである。* 念のためにいっておくが、さまざまな料理を庶民が楽しめる時代が到来していたということが大事なのだ。食べればいい。口にいれればいい。そうした時代が過ぎ去りつつあったのである。

人間とは贅沢なものである。口に合わねば食べない。多くの都市に歓楽街は不可欠のものである。というより、歓楽街なくして都市は成立しない。まずければ

白沙宋墓　第一号墓

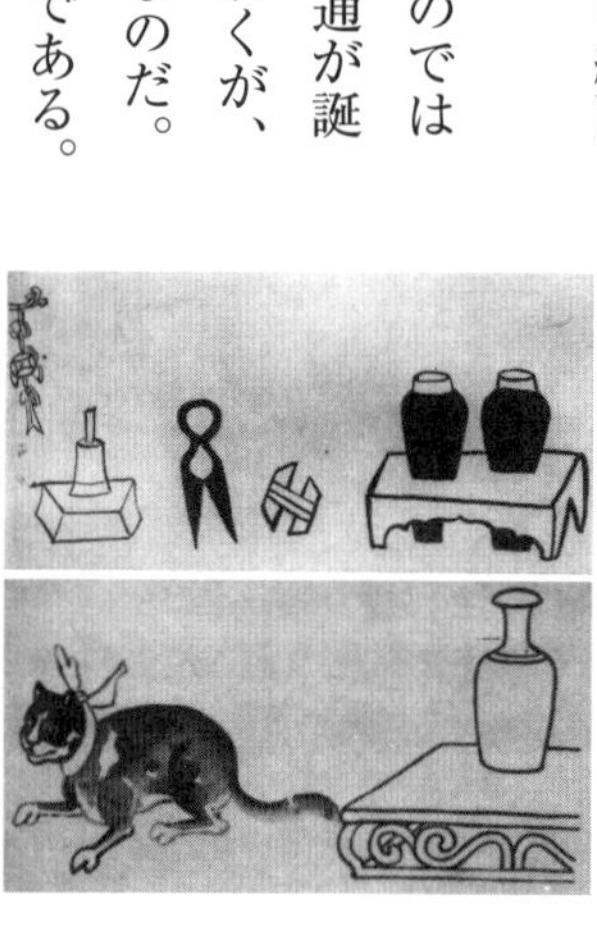

第一号墓過道西壁下部壁画／第一号墓後室西北壁下部壁画

＊宋代には料理書もうまれていた。

食べない。そうした習慣が明確になっていく時代こそ、この時代なのだ。

こうした食は都市で可能である。だから人びとは高級な食を求めて、食材店や料理店に向かう。そしてそこでも、技術によって、格付けがおきる。上位に格付けされた店ができ、集中するとそこには高級料亭街が成立するのである。料亭が集中した場所は、さらに人をよび、料理の格付けをする。

このようにして、都市は繁栄する。だが、いつの時代でも、どこでもそうだが、都市は持続して繁栄し続けるのではない。実は建康府も六朝時代をすぎると、唐代には衰える。大運河のそばになかったからだ。宋代も他の江南の都市には一籌をゆずる。だが、明初はさかえる。太祖洪武帝が建康すなわち金陵に都したからである。だが、やがて衰えていく。

明初に都がおかれて繁栄した金陵も、第三代永楽帝が都を北京に移したことによって、一時の繁栄がみられなくなるのだ。だが、盛衰がありながらも一定の繁栄を保っていた。そして、この繁栄は明をへて清代になっても続いていた。* ちなみに、元の孔斎は著書の『至正直記』のなかで江浙で住むのは金陵が一番とのべている。元代でも繁栄していたのだろう。

陸游は家族連れだったから羽をのばすわけにはいかなかったのだろう。そうした記述はない。ここにしばらく滞在し著名人にあい、名所旧跡を尋ねる日をすごすのである。船をもやったのは秦淮河である。この河が建康府の歴史に大きな意味をもつのはのべたとおりである。

＊建康府や蘇州はいつの時代でも名うての繁栄する都市だった。明代の様子をつづった記録がある。岩城秀夫訳『板橋雑記・蘇州画舫録』（平凡社東洋文庫、1964）参照。

建康に入城した陸游は、知人や有名人の訪問をおこなう。著名人のなかでの最大の人物は、やはり秦檜の息子である。秦檜は南宋初期の宰相である。捕虜となっていた金から送還されたのちは、両国の和平と安定に努めた。そしてそれゆえに、将軍たちを粛清していく。とくに岳飛の粛清は、かれの名を後世まで悪評に貶めた。こうして南宋初期に一大権力者として皇帝すら遠慮するほどの絶大な力を振るった秦檜の息子は、ここ建康府に豪邸を構えていた。だがすでにかれの代には振るわなくなっていた。抗金の戦いを通じて民族的英雄に成長していく岳飛などを弾圧し和平に持ち込んだことなどが、もう評価を下げていたのである。広大な屋敷に住むものもなく、屋敷は荒れているとのべている。著名人とて権力を持続するのは簡単でない。一定の付き合いがあるものの、秦檜の息子の生活も厳しいようだ。*

有力者が細心の注意にもかかわらず落ちぶれていく様子は、宋代の記録に乏しくない。記録をよむと、官僚たちの生活を守ろうとする意欲はただならない。都にいる一族が俸給を一括して使った話。銭をけちけちと使った話。毎日家計簿をつけ、収支があわないと心配で寝られなかった官僚の話。一日の生活費用をはかって無駄を省いた話。旅立ちのときは、旅費その他を計算して無駄をさけようとした話。などなど枚挙に暇がない。* これらは無名の官僚たちの話でない。結構著名な官僚たちの逸話である。ここに、高級官僚と思われた人びとの真実の姿がみえる。

*権勢をきわめた有力者の豪邸が売られていく話は『夢渓筆談』にも見える。梅原郁訳注『夢渓筆談』(平凡社東洋文庫1〜2、1978-1979)参照。

*岡本不二明「筆記小説からみた宋代士人の金銭感覚と経済状態」(『アジア遊学』「宋銭の世界」、勉誠出版、2000)。このほか衣川氏は宋代官僚の俸給を計算している。衣川強「宋代の俸給について―文臣官僚を中心として」(『東方学報』〈京都〉41、1970)、「官僚と俸給―宋代の俸給について続考」(『東方学報』〈京都〉42、1972)参照。官僚の俸給は一般市民に較べれば多い。だが、家族の数も半端でない。40人や50人というのは普通である。これはかれらの家族意識が異なるところからもきている。従兄弟などは兄弟と同じで、出世したものがいれば、伯父や叔父、伯母や叔母もやってくる。これでは家計が苦しいのもあたりまえである。

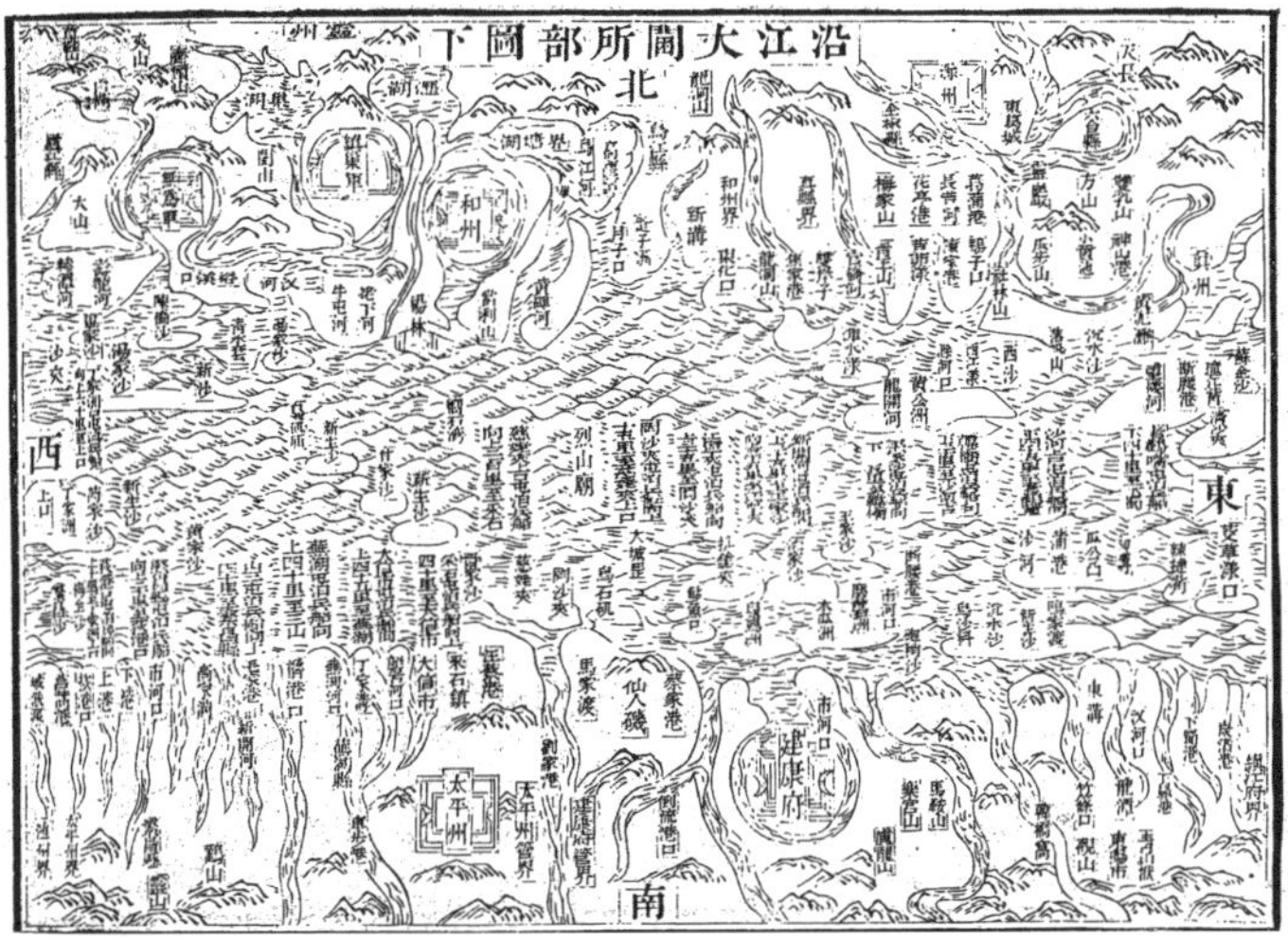

建康府付近辺の長江
『景定建康志』所収。長江一帯と建康の様子が詳細に描かれている。

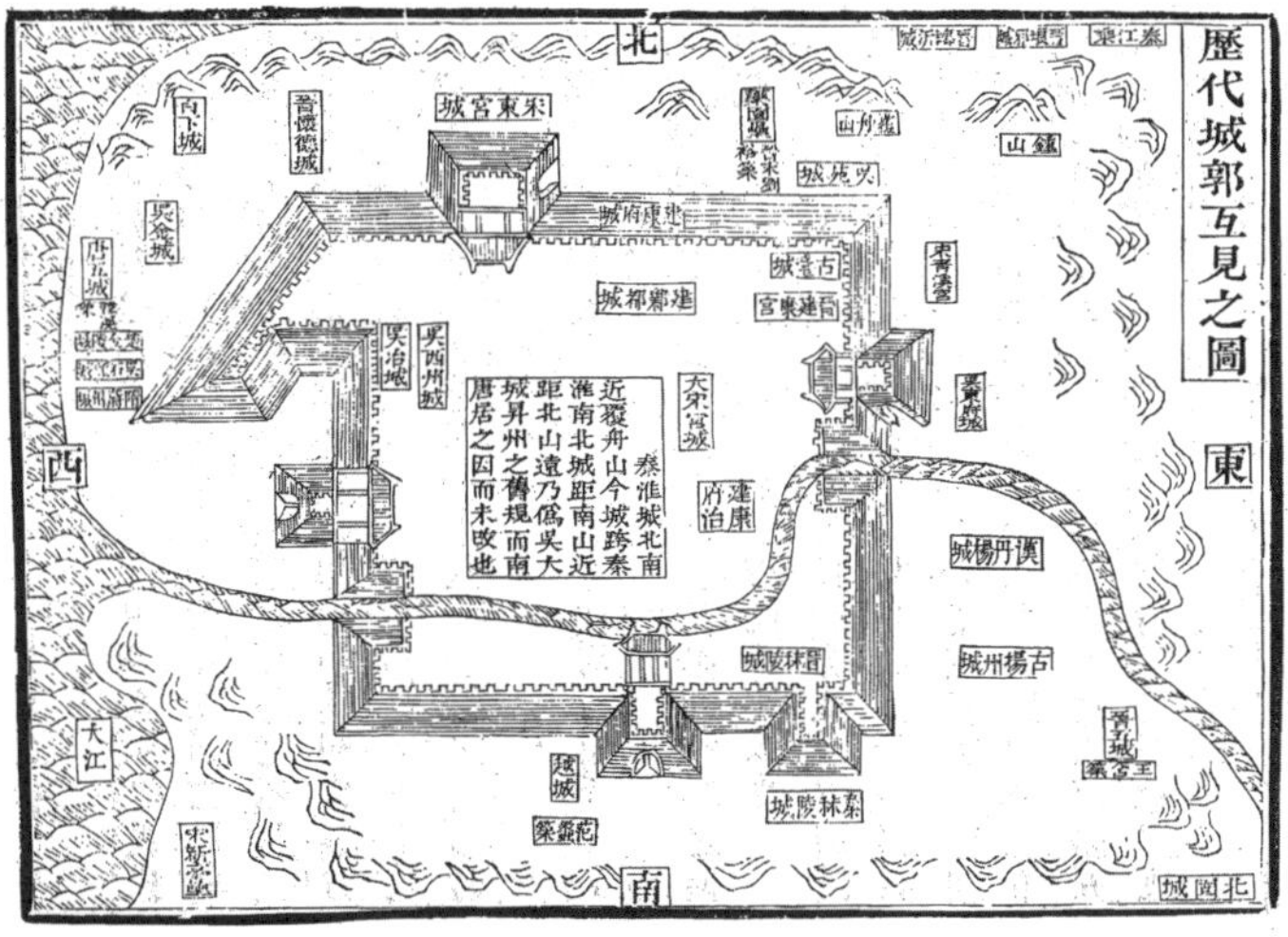

歴代城郭互見之図
『景定建康志』所収。南京の歴代都城図。現南京に多くの都城があったことは宋代でも伝えられていた。

中興四将図巻　南宋初の四大武将を描いたこの絵は、服装その他から南宋中期の画院で描かれたと推測されている。右から劉光世、韓世忠、張浚、岳飛。秦檜の失脚によって名誉回復し描かれたのであろう。

一体に、宋代の士大夫官僚の俸給は安かった。これでは生活が立ち行かないといって、日々の銭勘定にうるさく、生活も質素だった。それは家族が多いからである。官僚のまわりには親兄弟だけでなく、おじおばなどがおしかけてくる。一般に宋代官僚は数十人の家族を抱えていたというから、しわくならざるを得ないのだ。だから、銭勘定以外にも、宋代の士大夫官僚の意外な生活ぶりをうかがわす記事はすくなくない。* たとえ、地主出身といっても官制にしたがい転任して任地に行けば、俸給での生活は厳しい。

なぜこんなことになるのか。中国の場合、家族制の違いもあって、家族の数は異常に多い。伯父、伯母、叔父、叔母、従兄弟、従姉妹までが家族である。彼らは出世したものを頼って集まる。四、五十人にもなる彼らを引き連れての赴任は大変だ。時にはうまみの少ない地への赴任もある。行ってみたらあまりに貧しい赴任地で、生活が立ち行かない。そこへ監察官がいってみたら、官僚たちが逃げ散らかしていたという記録すらある。

観光地となればいまもむかしも寺観や歴史的な場所や記念物である。陸游は古都建康府のこうした場所を楽しんだようだ。おそらくは駕籠をやとい、これにのって散策し、観光を楽しみ、著名人にあったのだろう。建康府でははっきりと書いてないが、鎮江では、偽造された三国の遺跡を見ている。劉備と孫権が曹操打倒をちかって切ったという巌である。

三国鼎立にいたらんとするときに、劉備と孫権は会談をする。酔いにまかせて

＊岡本不二明前頁引用書によれば、官僚たちの金銭感覚は相当のものである。

馬を走らせたふたりは、ともに曹操打倒を誓って岩を剣で切る。のちの『三国志演義』*にも語られるこの有名な岩はこれだと見物人は感激し、なでさすっている。だが、その岩はとうに失われ、いまにのこるのは偽造したものだ。寺の小坊主は笑っている。陸游はそう書き残している。考えてみるといい。同様の話は、いまのわれわれも経験しているではないか。

山西省では明代の廟のなかの関羽の足あとを見た。もう片足のあとは山の向こうといわれた。同じく山西省の『西廂記』*のモデルの普救寺では、男が女のもとへしのぶときにのぼったという木を見た。話は唐代なのに、木は腕よりも細かった。

都市はそうしたものを集約した人工的景観の極致である。城壁、宮殿や寺観などの建物。さまざまな装置。そしてこれらが展開するパノラマ的世界。この景観は大都市ほど強い。建康府は長江流域最大の都市であった。

陸路をたどる陸游はお寺も訪問する。住職などとも話をし、あくなき好奇心のおもむくままに記録をする。こうして建康府での滞在をおえた陸游は、ふたたび成都への旅を続ける。

旅を続ける陸游は、時折おおきな都市を見、人びとの好奇心にかられた経験もする。だが、ここから成都に入るまでは、とりわけてはおおきな都市の記述はすくなくなる。なんといっても、江南の都市の大きさと豊かさにかなわないためであろう。大都市の発達した宋代といえども、やはり他の地域では都市が小さくなる。あとは、四川までの牧歌的な記録がふえていくのである。

『三国志演義』 回数はいろいろあるが、120回本が最長の小説。羅貫中の作といわれる。「三国志」に基づき、三国時代の歴史を虚構を交えて演義したもの。

『西廂記』 元代の戯曲。全21幕。王実甫著。14世紀初めに成立。書生張君瑞と良家の娘崔鶯鶯の恋物語。

3・都市の浮かぶ海

重ねて言おう。宋は都市の時代であった。中国は農村が大きな意味をもっていた。農村は中国台地に広がる海であった。海といっても農作物生産の海であった。宋代になると農業生産技術の発展があり、品種改良も進み豊かな作物を生み出した。都市はその上に輝ける花として華麗に開いていったのだ。中国は古代以来都市文化を開かせてきた文明でもあったが、農村なくして繁栄はなかった。この都市の繁栄は宋代になると一層強く、そして華麗に開いていく。この都市性こそが宋代の特色であった。

この繁栄をきたしたもうひとつの要素が商業の発達であった。巷間、よく知られているように、宋代は北方の強国との対峙を余儀なくされた時代である。国内では君主のつよい権限が確立した時代であったが、外との交渉は困難な時代だったのである。もっとも、では、それが宋の存在を危うくしていたかというと、決してそうではない。中国の王朝は最初は強く興隆するが、一定期間をすぎるとしだいに内向きになるのが通例である。宋をはさむ唐も明も同じである。王朝初期の激しい対外進出は、建国期をすぎるとしだいにおさまっていくのである。この点、宋は異なる軌跡をたどる。宋の北辺には中国に成立した王朝を撥ね返す力をもった勢力、すなわち北漢、遼や西夏が存在していたからである。宋は北漢の力を撥ね返すのが精一杯であった。宋は建国当初から北辺諸国に対して強い行動に

紡車図巻　宋人画　北京故宮博物院蔵

出ていない。

宋の前が混乱の時代の五代であった。そしてその前が繁栄を謳歌した唐であった。このあとを受けた宋という時代は、誤解されているように思う。周辺に遼・金・元という強国が出現した時代であったこと、さらに西にはこの政治的関係をうまく利用した西夏が出現して、政治的利益をと立場をうまく利用したことなどから、宋は主体性のないひ弱な国家と受け取られがちである。軍事的に構成を受けていたがゆえに、文化国家でひ弱な弱体国家と考えるのである。だが、それは間違いである。

宋は確かに軍事力の弱い国家であった。だが、周辺に興亡する国家と対峙しつつ、北宋が一五〇年、南宋も一五〇年という歴史を維持したのである。政治的変動、軍事的圧力をしぶとく切り抜ける力と策略をもっていたのである。それを維持したのが旺盛な経済活動であった。もちろん、軍事的に宋が優位にたつことはなかった。この点、漢や唐、さらには明が一時は劣勢に立ちつつも巻き返していくのとは異なる。

当時、ときとして難しい外交を余儀なくされ、軍事的緊張を強いられていた。だが、総じて平和で安定した時代であったといえる。経済も発展し、支配体制も近千年の中国の伝統支配の形態が完成するなど、輝かしい時代であった。その繁栄を受けて、人口が増し、都市が発展したのである。

もっとも、宋が王朝をまとめて維持するには時間がかかった。迫りくる遼との

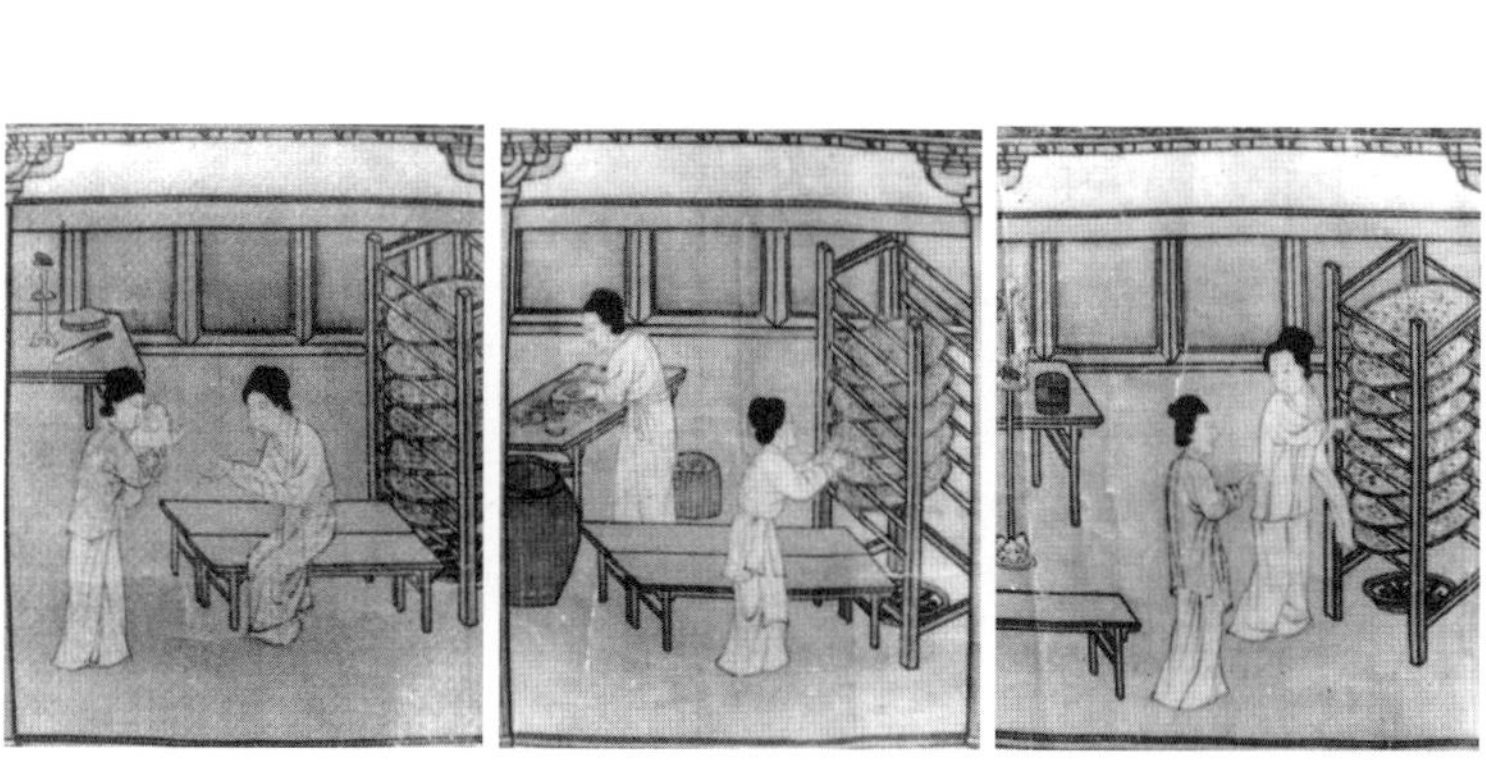

蚕織図 宋 中国農業博物館蔵

交渉をまとめて国家間の立場を固めるにも四〇年かかる。すなわち一〇〇四年の澶淵の盟*がそれである。しかし、これは内部的には好結果を生む。このころより、その領内は急速に整備されてくる。官僚制度やかれらの俸給の制度も整い、交易の要素が整い、落ち着いた社会の到来があった。これは社会の安定と繁栄をきたす。この結果生産力の向上を招き、都市への人口集中も一層顕著になるのである。また、科学技術の発達があり、社会の活動を押し上げた。

都市は帝都や拠点都市ばかりが問題にされがちである。だが、大都市の出現が中小の都市の出現をも招いた。これは近現代でないからである。だから、多くの国家や地域にあっては、卓越した大都市の周辺に小都市が点在する現象をきたす。いわゆる単一支配型の都市構成である。ひとつの国家や特定地域に巨大都市が存在し、他の都市は補足的な小都市にとどまる地域景観である。

なぜ、近現代にこのような景観がうまれるのか。それは、近現代は交通の発達や移動速度の加速化がある。だが、近代的交通手段のない時代にあっては、移動の拡大は中継点の拡大と充実をまねく。よって、いくつもの都市が勃興するのである。

また、補足しあう都市の出現も問題である。関東や中部日本、あるいは関西を見てもわかるとおり、出現した巨大都市が実働都市として動くと、その周辺には住宅地や行楽地としての機能を持った都市群が成立していく。東京の周りには川越や横浜、鎌倉といった都市が点在し、ひとびとをひきつける。宋代もまたこれ

澶淵の盟 1004年、北宋と遼の間に結ばれた講和条約。国境の現状維持、不戦、宋が遼を兄とすること、宋から遼に対して年間絹20万匹・金10万両を送る事などが決められた。

北宋時代の東アジア

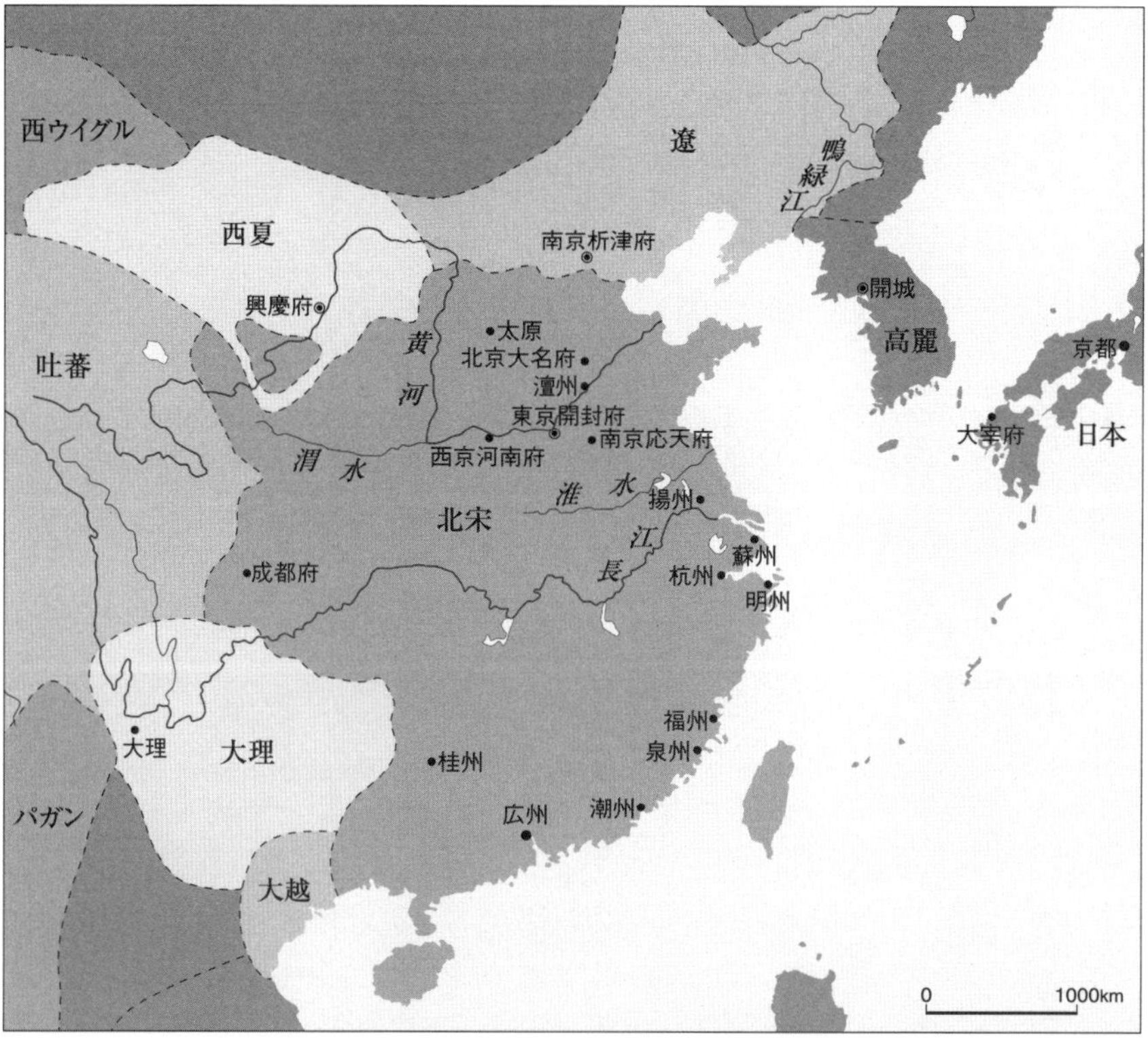

姑蘇閶門図（部分）　必ずしも正確な描き方ではないが、繁栄がよくわかる。

に似通った都市群の景観を出現させた。開封には洛陽があったし、臨安には蘇州や寧波があった。孤立した巨大都市だけが生きてきたのではなく、都市群の成立があったのだ。もっとも、では、その都市群が今日的景観、すなわち、密集する建物群などの人工的景観で構成されていたかというと、決してそうではない。都市と都市のあいだには田園や荒野が広がっていた。だからこそ、都市的景観はひとびとをひきつけたであろう。出現する巨大都市は、十分に脅威に値したはずである。そして、この都市的景観が、宋を旅するひとびとを驚かせたことは、想像に難くない。

都市群は巨大な人口を擁していた。都市は数的には大都市を中心に参加の小都市を含めて一六〇〇前後の都市を有していて、人口数十万、数万という都市もすくなくなかった。これらの数値を背景に宋代社会が出現し花開くのである。

また、その弱いとされる軍事力、宋を特徴付けたとされる文民統制もまた考えようによっては、通説が成り立たなくなる。たしかに、宋は軍事的には遼・金・元といった国家に対抗できなかった。それどころか小国の西夏にですら威嚇されていた。兵も精鋭を欠いたので、大量の兵で補っていた。しかも、かれらは職業兵であったから、費用も重なり弱兵と老兵が多いがゆえに、数も膨大であった。だから弱い。しかし、数はおおい。となると、民衆に相当の圧力になったはずである。

今日の世界でも国際的軍事力でのレベルは低くても国内には相当の圧力になる

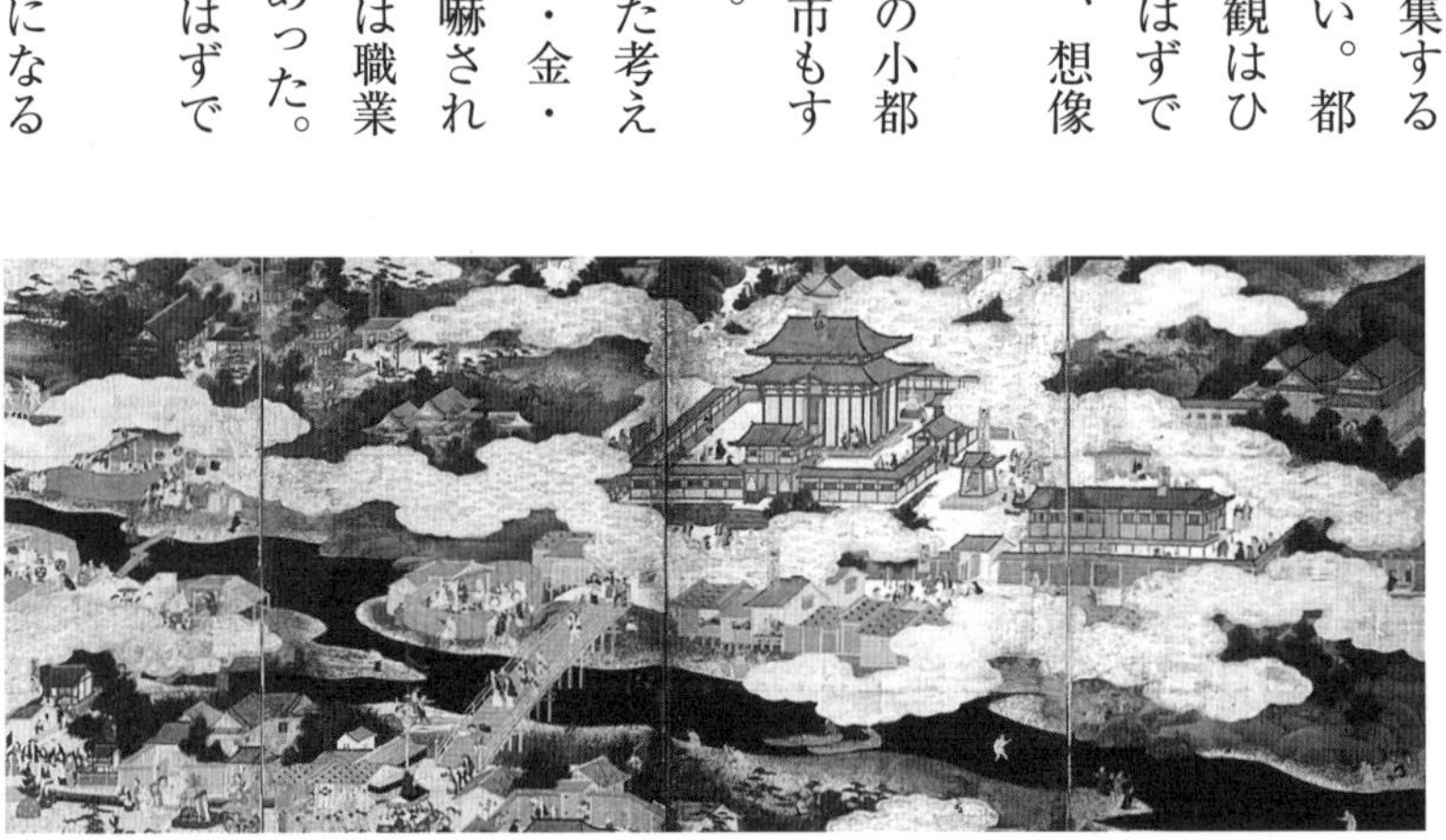

豊臣の象徴である方広寺大仏殿
「洛中洛外図」より　江戸時代
大阪市立美術館蔵

兵力・軍事力をもっている国家は少なくない。たとえ、旧式の武器であっても大きな意味をもつのである。宋代社会にはそうした状況が存在していた。

次が文民統制の問題である。宋の文民統制で高級官僚みずから兵を率いて戦場に出かけるものがいる。日本でいっている文民統制は統帥権である。だが、文臣官僚みずからが軍人や兵を指揮することこそ、真の文民統制といえぬだろうか。文民統制という語に、どうも誤解があるように思う。

このように文人が軍を指揮したためであろうか。宋代には軍事書や兵書が多く出版されている。試験を受けて官僚となり思いもかけず兵を指揮する立場にのぼったものにとって、兵書は必須のものだった。宋を主題にして描かれた縁起物・小説に『水滸伝』があったのだ。この騒乱の書でも、筆頭に立つ指揮官は基本的には文人系である。われわれはこの宋という時代に大いなる誤解をもっていたのではあるまいか。

大陸に展開したこの宋という時代は、時代的には我国の平安から鎌倉時代にかけての時代であった。古代の貴族的時代から武士の時代に変わろうとする時代である。とくに、源頼朝の直前の時代は北に藤原氏がおり、西には平氏がいて宋と交易をしていた時代である。東の海を盛んに船が行きかい、交易の品々を運んでいたのである。近年発見される沈船がそのことをしめす。

もっとも、だからといって両国が国交を結んでいたのではない。入宋の僧侶も多くない。また、国の形態が似ていたというのではない。宋の時代の中国は試験

『忠義水滸伝画本』より　葛飾北斎画

『新編水滸画伝』より　葛飾北斎画

によって官僚を採用して統治をしようとしていた時代であった。そしてその上には権力を握る皇帝が君臨していた。そのもとに整然とした制度が作り上げられ、そのもとに社会や経済、そしてなによりも都市の発展があったのである。以下、考えてみよう。

まず、制度的には、支配のために諸制度が発展し、統治システムの基本的完成があった。整ったのは統治制度や行政制度だけでない。官僚になることをのぞむもののために学校や塾が経営され、出版業もさかんになった。移動するもののための交通制度の整備と発展もあった。これは当然、道路の整備や河川の整備にもつながる。そして情報伝達も一層進むのである。まだまだ完全とはいえないが、華北や江南などは政治経済の中心地であったから、当時の世界水準からみれば群を抜く整備であった。このようななかで人口もふえた。

都市のなかの街路には舗装されるものもでだしていた。都市の舗装は一般に江南で進んだが、四川の成都などでも行なわれていた。その様子はのちにマルコ・ポーロが紹介したように行き届いたものであった。舗装は官民で行なっていた。蘇州の例のように住民が共同出資で舗装した例もある。江南には、都市と都市のあいだを舗装する例も出てきている。整備されたのは街路だけでない。水路の整備も進んだ。都市と都市をむすぶ運河だけでない。都市内部の河川の整備も進んだ。護岸工事の普及にはなお時間がかかるが、それでもぼつぼつとそうした事例が見え出す。もちろん車や船の発達もあった。宋代社会は手段の面で格段の発達

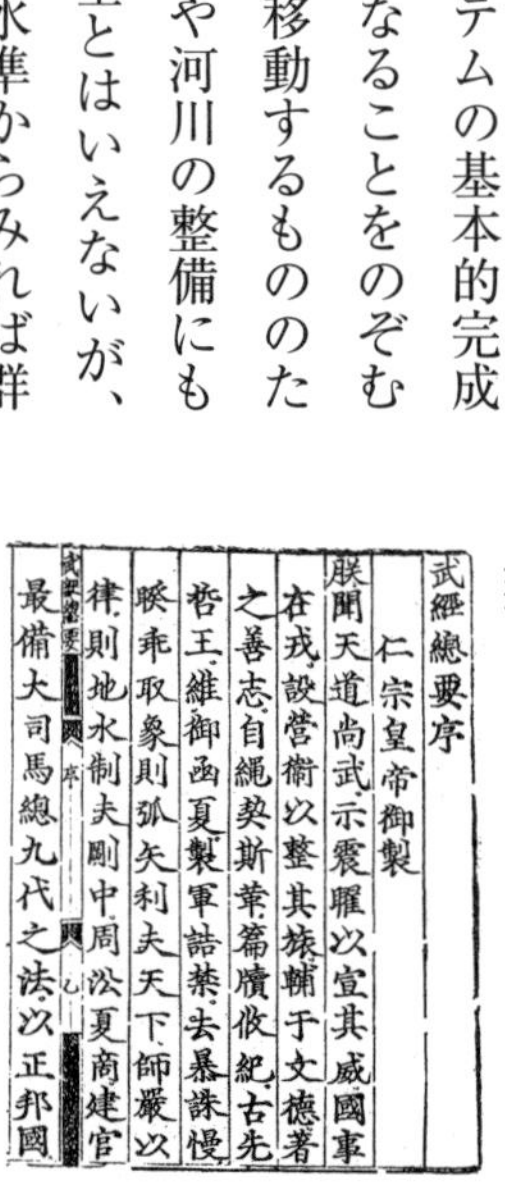
武經總要序
仁宗皇帝御製
朕聞天道尚武示震曜以宣其威國事在戎設營衛以整其旅輔于文德著之善志自繩契斯革籥牘攸紀古先哲王維御函夏製軍詰禁去暴誅慢睽乖取象則弧矢利夫天下師嚴以律則地水制夫剛中周公夏商建官最備大司馬總九代之法以正邦國

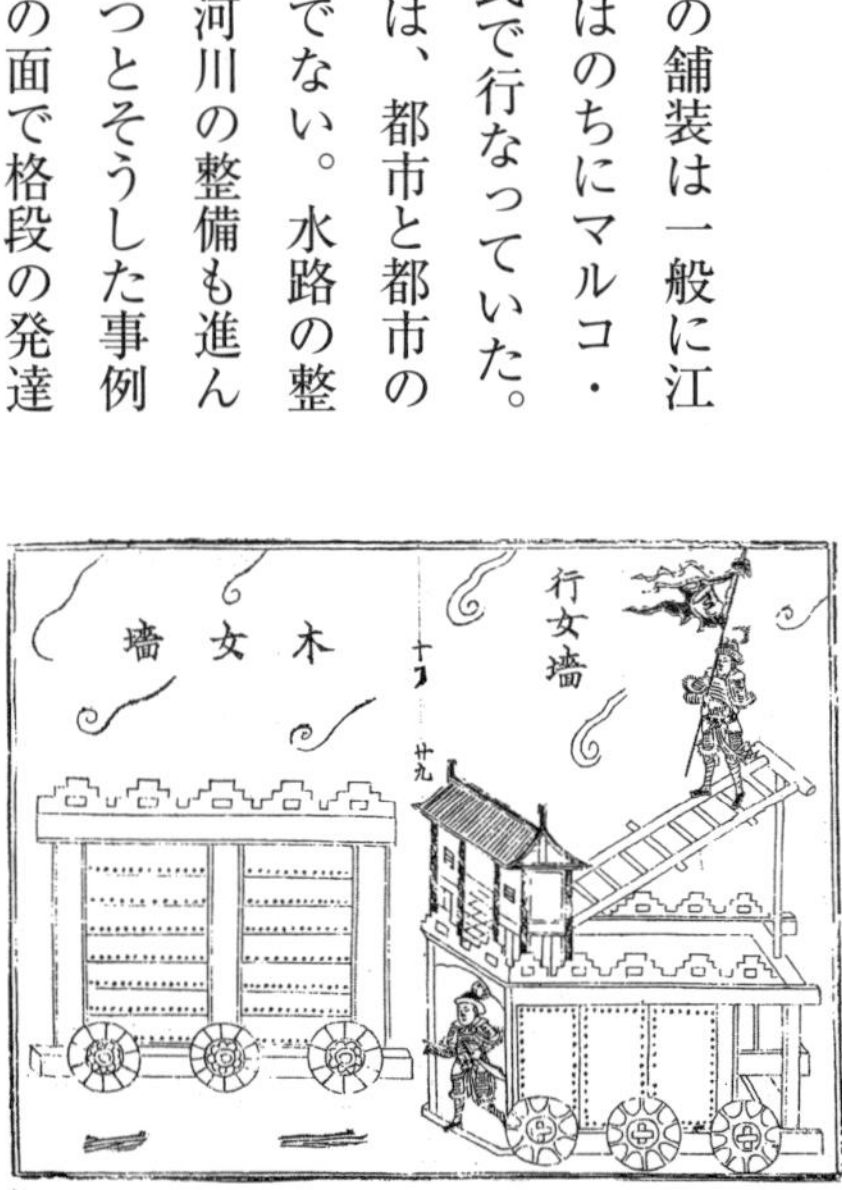

『**武経総要**』　宋の仁宗の勅命を受けて曽公亮や丁度たちが編纂した兵書

宋代攻守城器械（復原模型）

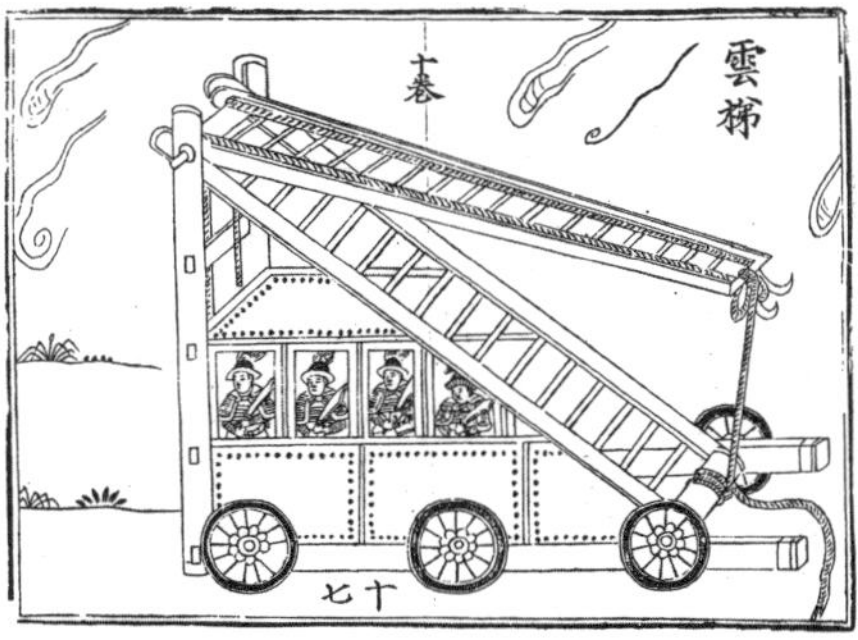

があり、これが人口の増加も招いたのだ。

　中国の人口は秦・漢帝国以来、おおむね最大で六千万人程度であったが、宋になると一億を突破したと考えられている。この膨大な人口を維持するための諸産業の発展があった。とくに生産業の発達は著しかった。とりわけ農業は農機具の改良もあったし、耕作法の改善もあった。土地の区分のしかたにも改良が進んだ。中国人は植物の品種改良をよくするが、それ以外にも新種の作物の開発もあった。その好例が米である。北宋初期には越南より占城米を導入したのである。

　このほか、前代より引き続いて麦の生産が盛んであった。唐の中ごろより碾磑*という大型の碾き臼ができて有力者の投資対象になっていたが、一層大規模な粉曳き業が発達していったことは示したとおりである。農業生産はこれだけでない。その他の雑穀生産もあったし、柑橘類などの果物生産も盛んであった。

　とくに大事なのは綿の生産が広がっていきだすことである。後世、綿は日本にも伝わる。時期が戦国末期であったことから、火縄銃の火縄としても珍重される。有名な『おあむ物語』*を読むと、当時は侍の娘ですら麻の着たきりすずめである。暖かい綿の普及は、宋代社会が画期的社会に入っていたことを示す。もちろん、絹の生産もさかんだ。桑や蚕の種を植え付けた紙などの取引も始まっていた。単なる商取引だけでなく投機的生産や取引も行なわれていたのである。

　こう書いてくると、当時の農村は明るく見えるかもしれない。たしかに、明るい兆しが見える。宋代はそれ以前の唐代に比較すると規制緩和の進んだ時代であ

碾磑　→p.191

『おあむ物語』江戸前期の見聞記。一冊。石田三成の家臣山田去暦の娘が、関ヶ原の戦いの折の大垣城での体験を、尼になってから子供たちに語ったもの。「おあん」は尼の意。

耕穫図　宋人画　北京故宮博物院蔵

る。隅々までとはいえないが、農村にも貨幣が入り込み、貨幣主体の経済も組み立てられつつあった。昭和三十年代の日本の農村でもまだときに物々交換が見られた。ものを買うとき、米などと交換するのは決して珍しい光景ではなかったのだ。だから、宋代社会を完全な貨幣経済に組み込まれた社会と考えてはならない。しかし、一方でだからこそ、宋代社会に銭が入り込んでいくことこそ大事なのだ。この影響は日本にも入っている。日本在住の宋の商人が母国の寺に寄進している。相互の交流と貨幣の流通を示す事例である。

宋代農村がきわめて強い経済的搾取を受けていたという指摘がある。そうだと思う。だが、それのみでは社会は成り立たない。宋を支える基礎的部分が崩壊し、国家そのものが崩壊してしまうことになる。この点、宋代の農村ではしだいに生活力が向上してきたようである。苦しい話も多いが、全体的に生活様態が改善されてきていることは、諸記録とは別のことも考えなくてはならないのである。

それは今日の社会も同じである。苦しい、厳しいといった数値が示されつつも、一方でそれを覆す数字もでてくる。そして、都市や社会は偽りの繁栄をしているようにとられる、社会がまるで陽炎の社会のようにみられるのだ。この点を宋代にみてみよう。

南宋になると庶民の活動を記した石刻史料が一層ふえてくる。それらを見ていると、庶民が寄付行為をさかんに行っていることが理解できる。たとえば、農村から寺観への寄付金などの記録が結構おおい。これは、南宋の農村社会に明るい

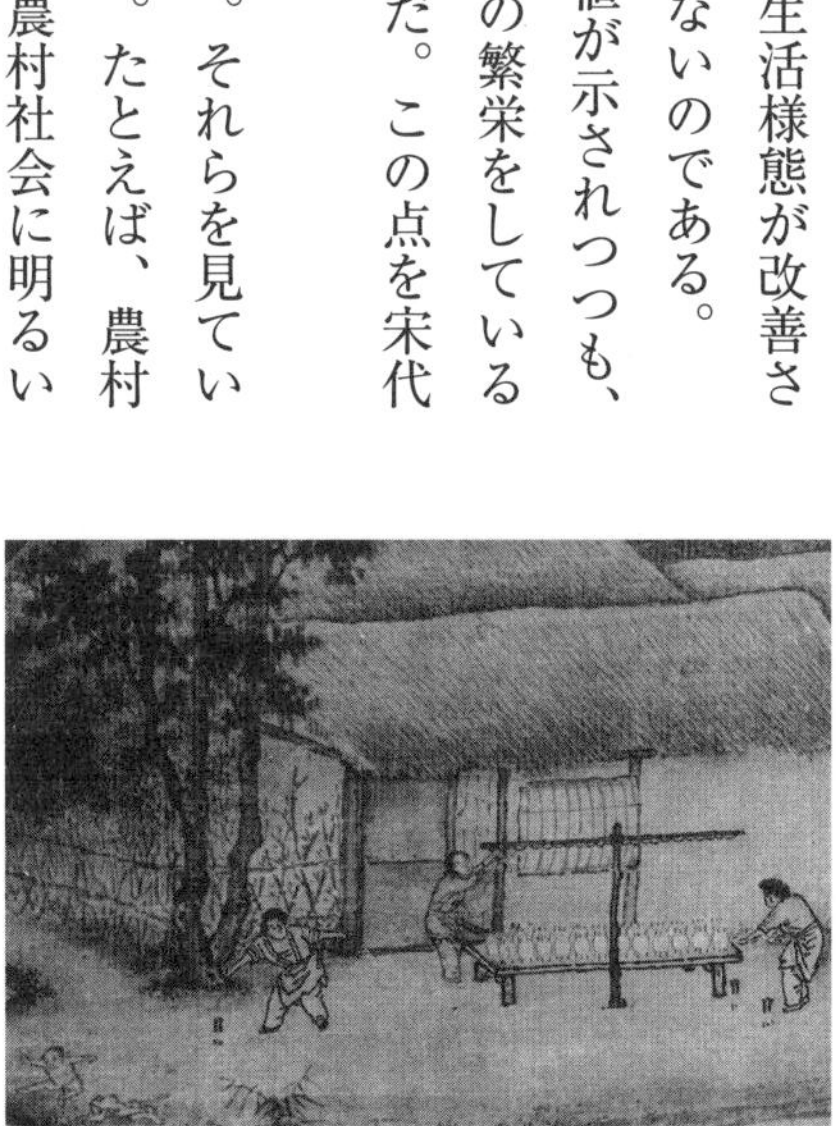

絲綸図巻（部分）　宋人画　北京故宮博物院蔵

兆しがみえていることをしめすとはいえぬだろうか。絵画には集団で農作業に営む様子も描かれている。北宋時代から農村に貨幣経済が浸透しだしていたが、南宋の農村、といっても江南が主体の記録で、それも大都市周辺の事例が多いが、彼らの生活に一層銭が入り込み、生活の向上も見られたことをしめすようにおもわれる。もちろん、そうとばかりはいえない。一方で大土地所有の進展もあり、小作農たちは楽でない暮らしを送っていたのである。明るい兆しのなかで、暗い状態に追い込まれ格差が広がっていることも事実である。だからこそ、現金収入をめざして、商品作物や投機的農業の進展は、一方で金銭欲に駆られ商業的農業を営む方向へ走っていくものもでるのである。こうした行為の登場を社会経済の進展とゆがみによるものとのみ捉えてはならないのである。

このようなことを促すかのように、社会の発達も目覚ましかった。織物や加工品の発達もあったし、鉱業の開発も進んだ。整然とした官僚制度の下に大規模な経済開発も進んだのである。おそらくはかれらはしっかりとした儒教思想のもとにこのことを進めていこうとしたとおもわれる。宋という時代はそういう時代であった。研究者は新儒教などという言葉を使うが、宋代社会は思想的にも大きな変化があり、思想の近代化が新時代にふさわしいものとして、脱皮化が図られていったのである。

このことは重要である。宋代は儒教そのものがまだ統一的でなく、相互に切磋琢磨する雰囲気のなかにあった。後世のような儒教といえば朱子学といった雰囲

近江国の瀬田橋のそばに設けられた灌漑用の水車。「石山寺縁起絵巻」より。鎌倉時代。石山寺蔵。

洪洞広勝寺壁画　魚売り　後漢の創建。唐代に改修したが元の大徳7年（1303）に地震で倒壊し再建された。水神廟の演劇壁画は貴重な資料。

繁峙岩山寺壁画（部分）　山西省

牛耕　鎌倉時代。「松崎天神縁起絵巻」より。防府天満宮蔵。

気はいまだ醸成されていなかったのである。よって、各地に学派があり、ひとびとは論争を行なっていた。このことはまた政治方針と結びつき、ときに政界を揺るがしていた。

もちろん、支配者はこのことに手をこまねいていたのではない。自由な学問の展開と論争の拡大が歓迎されるのは今日的世界である。否。今日でも統一化を図り自由な論争を好まぬ国が少なからず存在する。官僚制度の強化を進めている宋代社会でも、こうしたことを忌避しようとする動きがあってもおかしくない。実際、王朝政府はその規格化を考えた。科挙試験における出題傾向は、そうしたものの移り変わりを示すものでもあるが、全国に整えられた学校もその意図のひとつの表現である。

一方、日本は貴族の支配する時代から武士の時代へと移行しようとしていた。両者のあいだには大きな違いがあったのである。宋の統治下では試験によって官僚を選抜し、確固たる官僚制に組み込み支配を貫徹する方向をめざしていたが、日本では武士政権の成立と地方分権へのあゆみが始まっていく時代であった。

日本の古代史は一面で東アジアの古代史と重なる。だが、このころを境に、東アジアの日本・中国・朝鮮半島の行く末が微妙に変わりだすのである。日本が到達し築き上げていく形態は他の国と異なって、武士の時代の出現が明確になってくるのである。いわゆる欧州型の封建制度の登場である。そして、長い分裂の時代の出現が鮮明になっていくのである。

南宋の古船　1974年出土　泉州海外交通史博物館蔵

もちろん、だからといって宋の文明成果を受け入れなくなっていくのではない。中国宋の新文化は流入し続けた。両国の正式な国交は途絶えたが、商人たちの行き来はさかんであった。また、大陸の新仏教にあこがれる多くの僧侶が留学していた。ただし、絶対的量ではない。しかし、文化が日本に入った。建武の中興の参謀たちが宋学を学んでいたことも知られている。かくのごとく、儒学の導入も図られたのである。だが、それは深刻な衝撃を日本に起こしたのであろうか。制度の行く末の違ってくる日本では受け入れ方が違うように思う。

その意味では、当時はむしろ新仏教の導入がきわだっていたように思える。日本で仏教はここ数百年、ほとんど変化していない。鎌倉期の激しい宗教改革運動とそれを受けた戦国期の宗教運動があるが、以後の仏教界に激震はない。これは西欧も同じである。現在のキリスト教世界が基本的には変化のない落ち着いたものであることはみなが認めるのではないか。もっとも、中国でも元末を一期として、激しい宗教運動は表舞台から消えていくのだが。

このような状況へ変化していく日本であったが、述べたように相互の交流は盛んであった。北の王者藤原氏の宋との交易もさることながら、西を押さえた平氏もまた宋とさかんに交易をしていた。中国の宋王朝は著しく文化の発達した時代であったが、高度に成長を遂げた結果としての文物などが日本に音を立てて流れ込んだ時代であった。とくに、流れ込んだ最大のものが銭であったのである。

当時の日本で通用した銭は宋の銭であった。日本で銭を鋳造することができな

沈没船からは日本との盛んな交易をしめす多くの船載品がみつかった。

九日山石刻　宋代の貿易港であった泉州ではよい風を祈る祭りが行われた。泉州郊外の九日山にはその祈風の碑文が刻まれている。

ったのではないと思う。だが、おそらくは鋳造の費用や経済的効率を考えると輸入したほうがよかったのであろう。これは今日でもみられる経済構造である。日本には些細な日用品までが流れ込んでくる。スーパーマーケットに並んでいるお惣菜までが輸入品である。これと同じである。できないわけではないが、輸入したほうが経済的には効率的だったのだ。ましてや貨幣を今日的にその国の主体性を主張するものと考えることのない時代である。当時の国際的通貨たる宋銭を日本国内でも流通させたほうが効率的だったのであろう。よって、大量の銭が輸入された。

輸入された量がいかに大量だったか。日本各地で発見される銭がときには数万枚などという膨大な量であることがこのことをしめす。もっとも、数万枚、数十万枚としても驚くほどの量でもなければ、驚くほどの経済的価値でもない。もし戦国時代になにかの論功で銭五貫の銭をもらったとしよう。銭一貫は銭千枚である。よって、もらった銭は五千枚である。十人分の賞金でもやっと五万枚である。日本での貨幣価値は宋代より高かったであろう。しかし、銭一枚が一文だとすれば量に驚いても価値には驚けぬのである。よって、大量の銭が輸入された。

宋代の江南の港町では、大量の銭の持ち出しが問題になっている。宋一代で鋳造された銭が何枚で、どれだけ持ち出されたのか、計算が難しいが、仮に五百億枚つくられ一パーセント流出としても五億枚。これを運用するのだから、大変である。一文単位の銭による貨幣の運営がいかなるものか、膨大さだけは想像でき

江天楼閣図　絹本着色　98×55cm　宋人画　南京博物院蔵

懸圃春深図
絹本着色
26×27.8cm
宋人画
上海博物館蔵

るであろう。

宋の海港でひそかに大量の銭を積み込んだ海船が、銭を持ち出そうとした。その船は重さのゆえに沈みそうだったという記録が残る。また、日本船が入港するとその都市の銭が一晩で払底したとも言う。量的には大量の銭が持ち出されているのである。都市に銭が満ちていたこと、満ちていたが一度に積み出す量であったことがわかる。都市への集中振りがわかる。

すでに述べたようにこの都市の文化は東アジア世界から強い憧れをもって眺められた。江南の開港都市にはアジア諸国から彼我の文明の差をものともせずに多くの船が入った。日本からも多くの船が江南の都市に入港したのは述べてきたとおりである。本稿ではそうした都市の状況を眺めてきたが、ここで都市を取り囲む当時の世界を見ておこう。

宋という時代は東アジアでも屹立した時代であった。宋のみが、いち早く近世的雰囲気に入っていた。もちろん、では宋が近世とただちにいいうるかというと難しい面がある。女性には纏足があり、男性も兵隊になると刺青をされるなど、前近代的風習が多く残っていた。農村には土地と一緒に売買される随田佃客というものもあった。広大な大地を自由に行きかうひとびとがいる反面、土地に縛り付けられ移動の自由がないものもいたのである。また、都市がにぎわい、豊かでのびやかな生活を満喫する農村もあったが、深いよどみの中に沈み込んでいる地域もあった。因習と迷信が支配する世界は今日でもあるが、宋代はなおその広が

福建木蘭陂　北宋末に全国で行われた水利工事の一環としてつくられた。

りが深かったのである。

しかも、その歴史的景観が改革されていったとはいいがたい。王朝政府や官僚たちは儒教の論理のもとに鋭意政治を行なった。だが、一方でなお迷信と呪術も強い影響力を持っていたのである。この深く広い混濁のなかに宋代都市が浮かんでいた。しかも、当時の世界は今日的意味で開拓がすすんでいたのではない。一二世紀初頭の宋と金の交替期の江南では、なお鹿が住んでいた。捕食した記録が残る。よって、当時の景観は、屹立する都市を囲んで農村や荒野が広がっていたとみるべきであろう。宋と明の画巻はこの違いを示す。

ひろく東アジア世界まで広がる社会の裾野と段差。そして、都市へ向かう景観の展開。それは宋の国内でも同じである。華北と江南だけでない。同じ地域内でも段差があったと考えるべきである。宋代都市は基本的には行政上の拠点であったが、これらの落差を救い上げて形態も多様になっていく。市場都市、宗教都市、その他が出現してきたが、もっとも繁栄したのは交易都市であった。この交易都市のなかでとくに発展したのが港湾都市である。港湾都市といっても海港都市だけでない。内陸にも河川を利用した港湾都市がおおく出現してくるのである。

これらはいずれも複雑な構造を持っていたと思われる。もちろん、全体的には中国都市らしい共通点がある。都には帝都の、華北には華北の都市らしい特色があった。河川の側の都市には内陸の交易都市らしい構造が、港湾都市には海港都市らしい構造があった。そして、それぞれの都市ふさわしい構造と特色があった。

解塩　山東省解州の塩池。「経史証類本草」より

宋代製鉄用排水模型

周辺に広がる荒野や田園、さらには水路の広がる一帯には、それにふさわしいパノラマを展開していた。そして、日本の都市がこのような賑わいを見せるのはずっとあとである。戦国時代を経て江戸時代にならなければ、こうした賑わいはみられない。それほど、彼我の差は大きかった。

扇屋軒先図　紙本着色　二曲一双　139.2×129.4cm　江戸時代初期　大阪市立美術館蔵　京特産の扇づくりや扇売りの様子。この商いには古くから女性が携わってきた。この洛中洛外図の中からは諸風俗の分化にともない扇屋軒先図も独立した地位を得たことが見受けられる。17世紀中葉の作で、手に傘持つ通りがかりの婦人は懸守りを胸に肩裾模様の着物姿。扇づくりの女性も着飾っている。中国の都市画巻にはこうしたものは少ない。

III　画像のなかの都市

昔の芸術作品には、謎めいた悪戯や、それを解く鍵が隠されていることが珍しくなくてね。バッハだって、そうだ。『音楽の捧げもの』で、彼が作曲したみごとな作品のなかには十のカノンが現れる。しかし、最初から最後まで、カノンのことはなにも書きしるされていないんだよ。

佐宗鈴夫訳・アルトゥーロ・ペレス・レベルテ*『フランドルの呪画《のろいえ》』

1・『清明上河図』の世界

文学と文字記録は都市の情景を適格に描く。絵画も同じである。絵画から都市的景観を見てみよう。それは、宋代都市を描く絵画としてもっとも有名な『清明上河図』からである。*宋代開封の春の一日を活写するこの画巻は中国史上屈指の画家張択端のもので、著名である。ただ、この画巻があまりに見事なために類似の題と構造の絵が多くうまれたため注意が必要なのは述べたとおり。

都市を描くこの画巻から無限の情報を汲み取ることができる。だが、その読み取りは個人でできるものではない。そこで、多くの協力を得て、この読み取りにかかってきた。その成果はすでに上木されている。そこでこれらによりつつ、画巻の世界を紹介していこう。*

『清明上河図』を知らぬ人びとのために解説をしておこう。くわしくは、引用の書籍にあるが、製作者は張択端である。北宋末期に活躍した張択端の詳細な伝記はわからないが、幹林待詔*で界画を得意とした。いわゆる宮廷画家である。か

A・P・レベルテ　1951年スペイン生まれ。国際ジャーナリストを経て作家となる。ほかに『呪のデュマ倶楽部』など。

*清明節とは春先4月6日頃の墓参の日である。この頃になると、行楽をかねて墓参がおこなわれる。

*伊原弘編『アジア遊学』11号「『清明上河図』をよむ」（勉誠出版、1999）、『『清明上河図』をよむ』（勉誠出版、2003）。以後の『清明上河図』解読に関する記述は、よほどの例がない限り、本書によっている。

『清明上河図』に関する論稿は、このほかにも多い。なお、『清明上河図』をよむに際して好一対の史料が、孟元老の『東京夢華録』である。失われた都開封をしのんで執筆された本書は『清明上河図』と同様に多くの模本をうんだ。南宋の首都となった杭州に関する『夢粱録』などはその好例である。この両書の梅原郁氏の邦訳は、平凡社の東洋文庫に所収されている。

れが得意とした画法、界画とは、定規を当てて直線その他をきちんと描く画法で、建築物などを描くのに力を発揮する。張択端は自在にこの技法を使って風景を活写した。その代表作が長さ五二八センチメートル、幅二四・八センチメートルの画巻の『清明上河図』である。* この画巻に橋や建物が精緻に描かれているのは界画の技法を駆使したためである。

それだけではない。この画巻は北宋末期の都市的風俗を描いたとして有名である。場所は北宋の帝都開封もしくはその近傍。時代は我国の源平争乱と重なる。「あそびをせんとや」とうまれける帝王徽宗の時代である。*

日本でも都市が栄えたが、中国の都市はとくに繁栄した。豊かな生産力と海外交易による富が都市の繁栄を将来したが、ことに都の繁栄はすばらしかった。街には繁華街があり、高層建築があり、豊富な食材が集まっていた。ところがこの風景を活写した絵はほとんどない。あったかもしれないが、残っていない。そのなかでこの『清明上河図』こそ、その繁栄を描いたものとされてきたのである。だから尊ばれたのである。しかも卓越した名画でもある。

この画巻は宋代の最高傑作とされるだけでなく、中国絵画史上最高の傑作ともされる。緻密で詳細なこの画巻は、往時の社会風景をみごとに切り取る。そして、当時の文献の記述とも合致する。ゆえに、宋代の社会を研究する意味でもわすれることができない画巻なのだ。視点移動という方法と定規を使って風景を活写したこの画巻は、以後の都市を描く画巻の基本となり規制をしてしまう。それほど

翰林待詔　唐の玄宗皇帝の時設けられた、文学や技芸で仕える官職。宋の徽宗は養成機関を拡充して試験による任用も行なった。

*張択端のもうひとつの作品に『金明池争標図』がある。→p.157

*「遊びをせんやとうまれけむ、悪戯せんとやうまれけん」。この言葉は、かの後白河院の言葉である。源平の争乱のなかを生き抜き、いくつもの勢力をあやつりほろぼした法王は日本国第一の天狗といわれた。だが、そのことに疑義をはさむ見解にのったのが、安部龍太郎『浄土の帝』（角川書店、2006）である。史料と時代の解釈によって、後世の時代解釈はかくも異なる。となれば、「あそびをせんやとうまれけむ、悪戯せんとやうまれけん」と生きたようにおもわれる徽宗の心底はいかがだったのか。伊原弘編『アジア遊学』特集「徽宗とその時代」（勉誠出版、2004）参照。

の意味をもった絵なのだ。

その結果、この画巻は多くの模倣を生んだ。* 画題も構図もほとんど同じものがつぎつぎと生み出されていく。画題もほとんど同じである。もっとも有名なものは清院本の『清明上河図』であるが、明代の画家仇英の手になるものも有名である。* 日本にもいくつか、同題の画巻がある。このうち、岡山の林原美術館にあるものはよく知られているが、仙台博物館にも所収されている。*

模倣はそれだけでない。明代南京の繁栄を描いた『南都繁華図』、清代蘇州の繁栄を描いた『姑蘇繁華図』など、多くの類似例を生み出しつつ近年に及んでいる。民国以降になってうみだされた太平洋戦争時代頃の北京の図『残冬京華図』もその一例であることは述べた。これらの絵の時代や場所は違うが、『清明上河図』とまったく同じ構図をとる。

たとえば、かの『残冬京華図』である。この画巻もまた郊外から始まり、次第に村落に近づく。そして橋を越えて聚落に近づいていく。画巻のただなかを河がよこぎる。これも同じだ。ただ張択端のものは開封を支えた汴河と目されている。この点他の絵は違う。

これらの河には船がやってある。荷のあげおろし場所やにぎわいが描かれる。そして都市に入るか、都市をかすめて最終画面に入っていくのである。張択端の『清明上河図』は、中国の画巻のあり方を決定したのだ。

解読に入っていこう。だがその前に、もうひとつ、心においておかねばならぬ

＊あらためて画巻解読を研究した名著をあげておきたい。古原宏伸『中国画巻の研究』（中央公論美術出版部、2005）は『清明上河図』を絵画として詳細な解析をおこなったほか、中国の画巻に関しても詳細な研究を行なっている。

＊台北の故宮博物院所収の清院本は、多くの美術書に記載されている。また、CD・ROMにもなっていて、たやすく鑑賞できる。仇英のものについては、加藤繁「仇英の『清明上河図』について」（『支那学雑草』、1944）参照。

＊これらの画巻については、東京大学東洋文化研究所編集の中国絵画目録をごらんいただきたい。仙台博物館の画巻は未公開であるが、2005年8月25日に調査を許可していただいた。関係者にあつく御礼を申し上げる。現時点では非公開のこの画巻がいつの日か、公開されることをのぞんでいる。また、国内にはなお非公開の画巻がある。これもまた、すべてが公開される日が来ることを望んでいる。

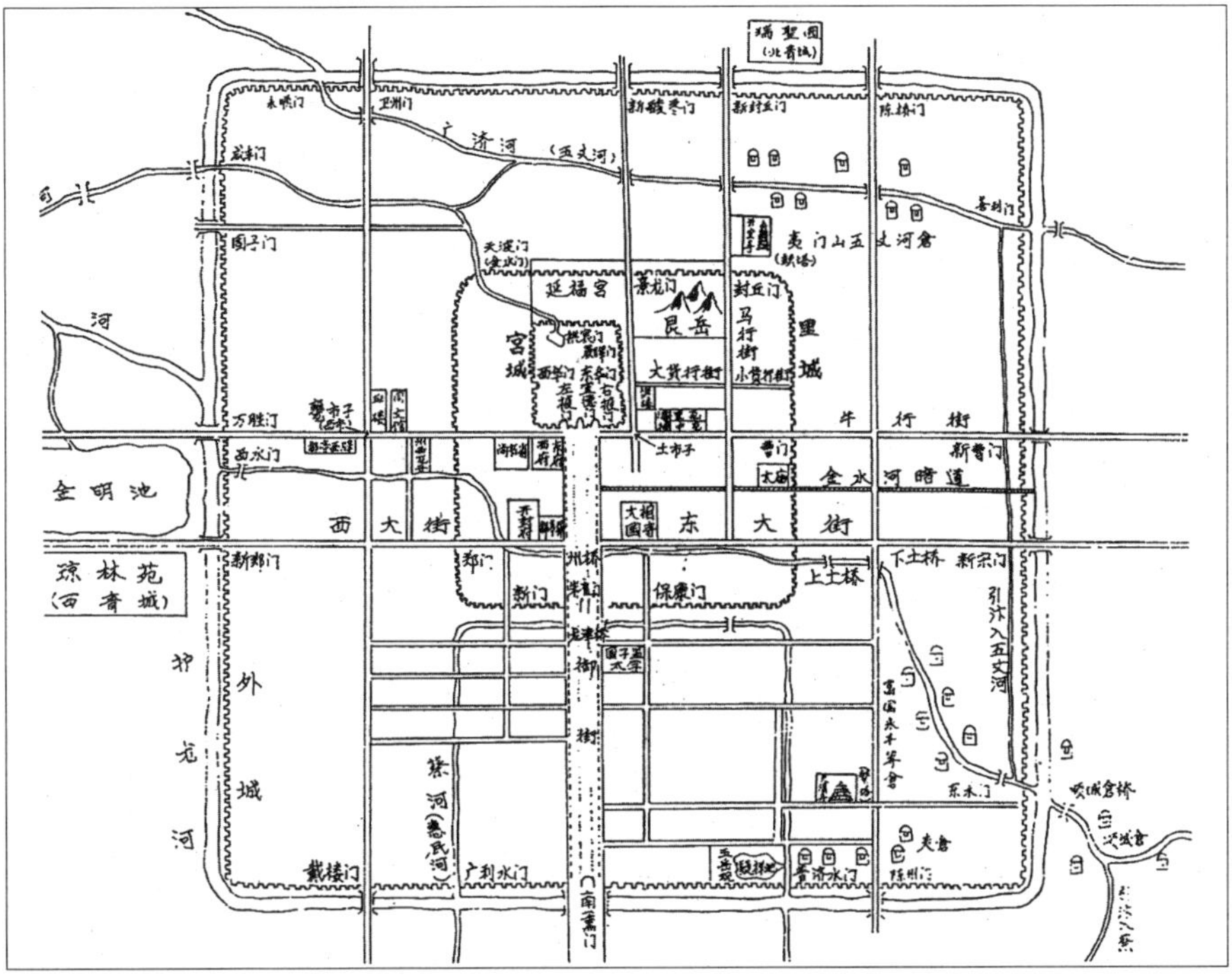

開封の復元想定　開封の復元想定図はいくつかあるが、ここでは河南大学の周氏のものを採用した。開封在住の研究者だからである。周宝珠『宋代東京開封府』(1984年)より

宋代の開封　元刊『事林広記』所収。簡略な上に形態もデフォルメされているが、城内に運河があり、壮麗な建物があったことなど巧みに簡略化して示す。

びっしりと宮殿が建てられた開封宮城　元刊『事林広記』所収。中段の東華門と西華門を結ぶ道路で内外が分けられる。西側の文徳門は時の管理所であった。

ことがある。張択端が宮廷画家であると述べた。ということは、この絵は時の権力と権威が描かせたということである。つまり、権力や権威が嫌うことは描いてないということだ。宋代開封の街で見かけたかもしれない乞食や貧民、喧嘩や災害のようすは画面に登場しないということである。とはいえ、時代による違いはある。

たとえば、清代の『清明上河図』には喧嘩が描かれている。しかし、これは街の日常的風景程度のものにすぎない。これに対して民国時代の『残冬京華図』になると、葬式のようすや墓場の遺体を掘り出して食い散らかす犬も描く。それも一つや二つでない。街には外国兵もいれば、子供を売りに行く様子すら描かれる。

このような景観は、おそらくは北宋の開封でもみられたことであろう。記録には都市に殺到しようとする飢民や棄民の記録が多いからである。また、養老院や孤児院、施薬院の話も多い。華やかに見える都や都市も、実は暗い一面があるのだ。強い光があるほど影の部分も強い。それと同じである。

だからこそ絵は時代が描かせるといいうる。そして、権威と権力がさかんなとき、芸術はそれに奉仕する。それまでの『清明上河図』系統の絵は権威と権力にしたがったが、『残冬京華図』は時代にしたがっている。庶民が権威を持つ時代が訪れようとしていることを、『残冬京華図』は示している。絵は時代をうつすのだ。

では、絵の主人は誰か。日本の画巻には画題が特定されている場合が多い。一

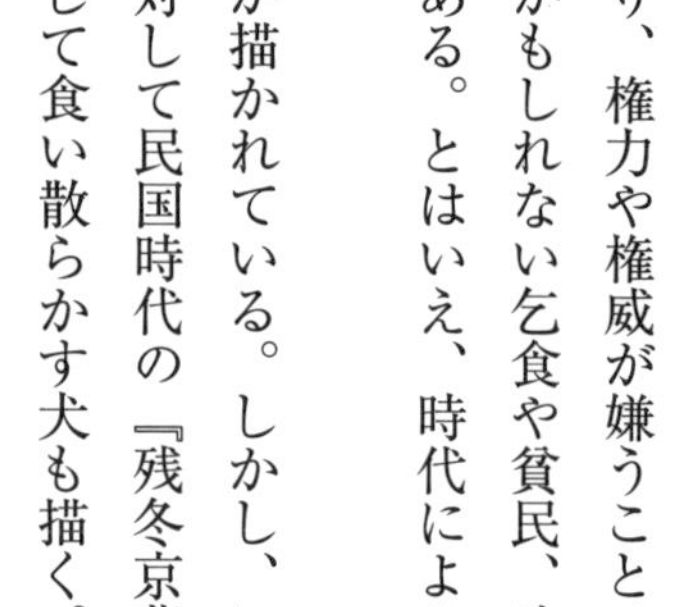

葬式 左に遺体を掘る犬

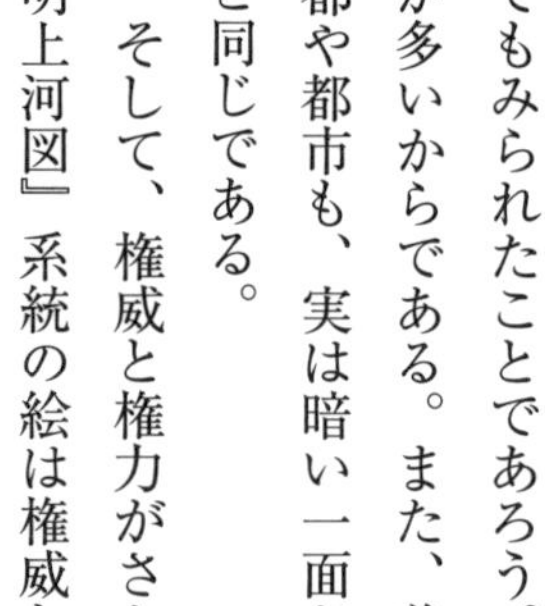

子供を売りに行く

＊都市の中に墓所をおかないのが慣例である。開封も城壁より7里離れた箇所に墓所が点在していた。

＊伊原弘『中国開封の生活と歳時』（山川出版社、1991）参照

遍上人の事跡を描いた『捨て聖　一遍上人絵詞』などの場合は、主人公である一遍*の肖像が随所に入っている。だが、『清明上河図』などの類の中国の画巻には特定の人物を主人公に決めて描くものは多くない。このゆえか、熱狂する場面が比較的乏しいのも特徴である。祭りや芝居に熱中する画面がないわけではない。だが、日本の画巻のように、興奮する画面は多くない。後世の画巻のなかには喧嘩を描きこんだ箇所もあるが、それとて大いなる興奮の場面ではない。絵の主人が体制ゆえだろうか。ここに、日本と中国の表現の違いがみられる。

『清明上河図』の清明とはなにをいうのか。まず、ここから考えていこう。「清明」とは「清明節」をいう。清明とは墓参の日である。人びとはこぞって郊外に出かける。『清明上河図』が画題とした開封では、郊外七里のところにある墓所へこぞってでかける。*この日はまた、春の行楽の時期でもあった。ようやく暖かくなりだした春の一日。人びとは郊外へでかけて先祖の供養と遠足を楽しむのである。*この画巻は、その風景を描いているとおもわれる。

『清明上河図』の場が北宋末の開封であることは、ほぼうごかぬところである。ただ、その場所が城内か城外か、はたまた、両方を含むのかは議論が分かれている。また、その場所が開封の西か東かも判断が分かれるところである。西欧の研究者のなかには西と考えるものがいる。

もっともこれは視点の違いから出たのであろう。左に向って拡げる画巻を、東アジアの人は右から見る。これに対して欧米人は絵を左から見る傾向があるから

一遍　いっぺん［1239-1289］鎌倉中期の僧。円照大師。全国各地で念仏や踊り念仏を勧め、遊行《ゆぎょう》上人《しょうにん》・捨聖《すてひじり》ともいわれた。

船を引く人びと（上）『一遍聖絵』
船橋（下）『一遍聖絵』

である。画巻の本質的理解からはとおくかけ離れたものである。*

画巻を開いていくと、そこは都市郊外の蕭々とした景観である。一種の昿野だ。そのなかのうら寂しい道をいく旅人たち。やがてすこしずつ人が増え、家も増えるが、人家まではまだ遠い。この風景は典型的都市郊外のものである。盛り場となると、まだまだとおい。だが、静まりかえった風景のなかにしだいに動きが生じる。すこしだが、家がある。そのなかを走り回る人たち。手綱を振り切って駆け出す馬がいるのだ。ここの解釈は画巻の補修とかかわり難しい。だが、どうやら奔馬を追いかける騒動の様子らしい。路上の一コマだろうか？

やがて画面に河がでてくる。河畔にはたくさんの船がもやってある。大体が大きな河船である。船のうえで動き回るひとたち。船から荷揚をするひとたち。街路に面しては多くの建物が並ぶ。建物の中には机と椅子がある。アジア世界で机といすの生活が行なわれるのは中国のみである。何故なのか。これも不思議の一つだ。

絵の中には所在なさげに座り込んでいるひとたちがいる。つまり、繁華街としての活気がないのだ。一方で建物は屋根が波打っている。これは、柱の礎石が十分でないことを示す。また、この建物が相当時をへたものであることも示す。ということは街もある程度の時間がたっていることを示すと思われる。宋代の建築技術は東アジアのなかでも群を抜く。瓦も使われているし、家の骨組みもしっかりしている。だが、礎石が十分でないなど、いまだしのところもあるのだ。*それ

*たとえば、伊原弘編『『清明上河図』をよむ』（勉誠出版、２００３）に所収のジュリア・ムレイ氏の論考である。大方の説と異なり、開封西部からの絵とする。ただ、その論拠は危うい。その証拠を城門と目した楼門の扁額に西方門名の「鄭門」があると主張する。だが、これは俗称である。開封への重要な入り口の門名に俗称を使うであろうか。

*日本での瓦葺の普及も遅い。江戸時代。大岡越前の努力によって、江戸の茅葺屋根が板葺きに変わったのは有名な話である。

とも建築技術の進歩の一つ前の街風景なのか。

家の側には瘤だらけの木が生えている。以前、北陸都市史学会で『清明上河図』について発表したときに、これは梶の木だと教えを受けた。日本では紙を漉くときに楮*を使う。中国の農村では梶の木をつかい、これで紙を漉くとの教えであった。木をきっては使う。その結果、この画巻のなかの樹木のように、瘤だらけになるのだという。

街は市街地にちかづいていく。家並みは、すこし街らしくなっていく。軒先には旗もかかげてあるし、看板もある。* 近代的な都市景観が誕生しつつあることがわかる。旗をあげ、木組みの飾りをつけた店がある。これは酒楼のしるしだ。酒楼とは一種の料亭である。開封には豪華な酒楼があってにぎわっていたというが、そうしたものなのだろう。* 酒楼らしきものでないところにも椅子や机がおいてあり、人が座っている。だが、机の上にはなにもない。だから料理屋ではないという意見もある。とするとここは、取引所なのだろうか。

画巻をひろげていくにしたがって、しだいににぎやかになっていく。人びともふえ、車や驢馬などもふえていく。にぎやかな宋代の聚落のようすがはっきりとしてくる。画巻の中心にでてきた河には船が密集している。とおい江南から物資を運んできたのだ。荷物をあげているひと、船を引くひと。さまざまである。画巻のなかの人びとは水運関係のひとだけでない。振り売りもいれば職人もいる。

こうしたなかで事件もおこる。記録によれば、当時の川岸は乱雑このうえもな

楮　こうぞ　クワ科の落葉低木。山野に自生。春、小花がつき、実は食べられる。樹皮は和紙の原料。「紙麻（かみそ）」の音変化。

＊『清明上河図』には実に多彩な看板がでている。市井を描くこの種の絵に看板が多いのはあたりまえだが、時代による差異もある。張択端の画巻のなかの看板は店の職種と所在を知らせる看板のほか、飾りや旗も描かれていて興味深い。

＊酒楼は開封にあった一種の料亭。有名なもので70ほどあったという。本店を正店、支店を脚店という。『清明上河図』には本店と支店の両方が描かれている。橋のたもとが脚店で、街なかにあるのが正店である。ただ、十字街の孫羊店は『東京夢華録』のなかにでてこない。『清明上河図』が開封城内を描かぬというのは、このように画巻に登場する看板が城内の記録と一致せぬことによる。

振り売り　担いだ商品の名を大声で呼びながら売り歩くこと

かったという。病気平癒祈願のために父を背負って歩いていた若者が、綱に足を取られて倒れ父を河に落とした。助けを呼ぶ声に河岸の人びとは知らん顔。いくらだすかと救助費用の交渉をしていた。値を交渉していた息子に流されている父親が、「伜やそれ以上払うな」といったという話がのこっているほどである。

道は家並みをぬけて、橋にさしかかる。アーチ型の橋で虹橋とよばれる。この一帯はとてもにぎわっている。荷揚げに忙しい人びと。船をひく人びと。みんないそがしそうだ。そのなかを橋にさしかかる。たくさんの人びとが、橋のうえから河を覗き込んでいる。

河のなかでは事件が起きている。橋の下をくぐろうとしているかに見える船のうえで、混乱が生じている。船上でも、みなが大騒ぎである。船が橋にぶつかりそうなのだ。船柱をさげ、さらに船全体を下げようと、さお竹を繰り出している。もっとも、この船が橋をくぐろうとしていると考える解釈（絵）には首をかしげる向きもある。

この点に注目したのが山形欣哉氏である。氏は舵のむきから船が方向転換をしようとしていると解された。河にかかるアーチ型の虹橋の向こうの左岸にある渫船をさけんがためであるという。となると、船の動きの解釈は異なってくる。舵を切って船を建て直させようとしているのではないのかという疑問がないでもないが、絵をおろそかにみてはいけないという証左でもある。画巻冒頭の奔馬を追いかけるのと同じような事件が画中に描きこまれていることがわかる。その上

『清院本清明上河図』（部分）台北故宮博物院蔵

清明上河図の画巻の中でもっとも有名な虹橋である。虹橋は普通名詞でアーチ型の橋をいう。すばらしい橋であり、対岸下部には橋の綱曳きが通る路がある。橋の上もにぎわっている。

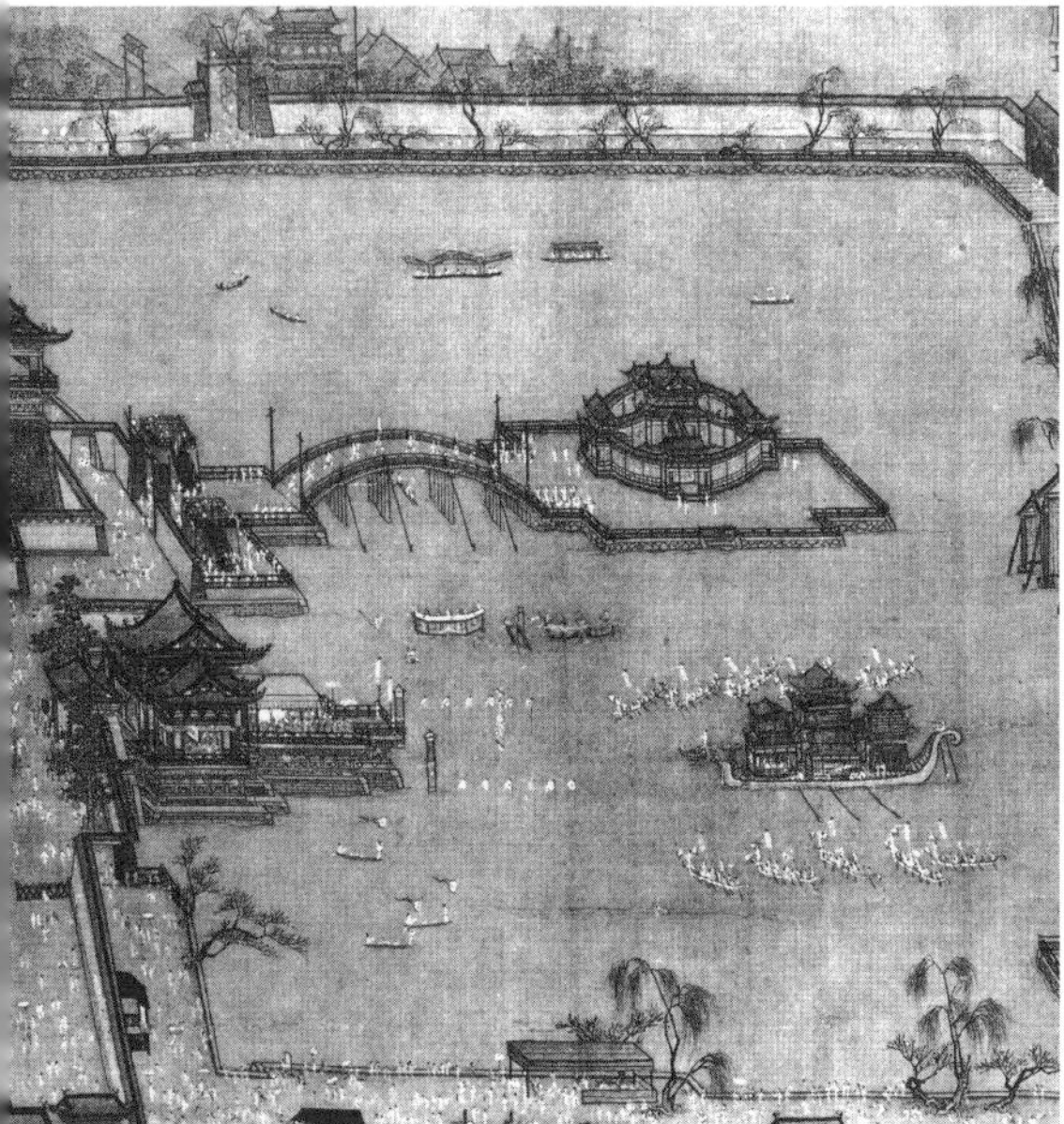

船を方向転換させようとしているのか。山形欣哉氏のかきおこし。山形欣哉『歴史の海を走る』（農文協　2004年）

金明池争標図　張択端画　28.6×28.5cm　天津市芸術博物館蔵　金明池は開封の西部、城壁外にある池である。池では水軍の演習が行なわれたが、周辺も含めて行楽地でもあった。

にかかる橋の上もにぎやかだ。かれらはやじうまなのだ。のぞきこんでいるひとも大声をあげている。これから雑踏が描かれるが、そのはしりである。

橋のうえには多くの店がでている。だが、橋のうえに店を置けば、橋が痛むし沈む。よって禁じられていたが、人びとはどこ吹く風。商売に余念がない。当時の風景だったことはどの『清明上河図』でも橋上の店を描くことからわかる。しかも、後世のものほど立派な常設風の店になっていく。禁令など守られなかったのだ。*記録によれば、開封の主たる運河汴河の護岸にも物売りや屋台など多くの店がでていたという。画巻の中心を占める河も汴河とみなされているが、ここには屋台のようなものはない。どれもが、かなりしっかりしたつくりである。

橋のうえの雑踏をすりぬけておりていくと、これまた雑踏だ。たくさんの人びとがながめられる画面だ。だが、これだけの画面のなかに登場しないひとたちがいる。それが軍人である。宋代は軍人の多い時代であった。遼や西夏の対策に必要だったからである。しかも都には多い。だが、これほど人を描く『清明上河図』に軍人が出てこない。のみならず、関連の画巻にも軍人や兵士の姿はない。

軍人や兵士は描くことが禁止されていたのか、それとも太平の御世を描くには不都合と考えて入れなかったのか。よくわからない。『東京夢華録』のような都市紀行文には軍人や兵の記述もあるから、都市の中にいなかったわけではないと思うのだが。

さて、この界隈である。橋の向こうより手前がにぎやかだ。それだけ街に近い

けんかの場面　『清院本清明上図』部分

*橋のうえに店を出すことなどどこでも禁じているが、どこでも守られない。フィレンツエやヴェネチアでも同様の景観を見ている。

のだ。橋のたもとにあるのは酒楼だ。これは脚店、つまり支店である。「天の美禄」とある。酒楼の手前では銭を運び出している。束は一つが銅銭一〇〇〇枚で、重さが三・五キロもある。十束もあれば三五キロだ。これは重い。時にはそれを首にかけて歩いた。だから、宋代、というより、中国の貨幣経済は体力勝負だったのだ。

酒楼を通り過ぎて行くと、さらににぎやかな街に入っていく。車の修理屋など日常の大事な仕事を請け負う店屋も並んでいる。路上には牛や驢馬にひかれた車が行きかい、小物売りもいる。もちろん酒楼もある。ここも支店だ。よほどにぎわっていたと見え、銭をまとめて引き取り手にわたしている。*

ここでも人や車が続いている。『清明上河図』のなかは、車であふれている。車の種類も多い。宋代に利用された多くの車は都市交通の豊かさを感じさせる。

道具類も多い。とくにカゴが目立つ。小泉和子氏が指摘するように、本画巻には多くのカゴが描かれている。これほど多種類のカゴは珍しいそうだ。これも日常生活の豊かさを示すのである。

道端には占い師も店を出している。人、とくに女性は昔から占いが好きなようだが、この時代、男性も通ったという。科挙にうかるだろうか。受験を志すものにとって最大の問題だが、この判断は易しいという当時の記事がある。競争率の高い科挙試験に及第するのはむつかしい。だから難しいといっておけばいいのだと。

銭さしにさした銅銭を持つひと、運ぶひと。『清明上河図』より。

*当時の一般通貨は銅銭である。これは重い。一枚が一文。これは重さをいう。

『清明上河図』『姑蘇繁華図』

都市郊外の風景。時代の差や華北と江南の差がよくわかる。

橋のそばにさしかかった旅人の一行。

郊外まで立派な建築物がたつ。清代江南の繁栄がよくわかる。

家の建築風景。今日と同じで多くのひとが働いている。

都市化のなかで樹木の種類も減ってきている。

都市の周辺、聚落はずれが寂しいのは今日も同じだが、宋代清明上河図の郊外は特別に寂しい。これは歴代の画巻を比較するとよくわかる。郊外もまた時代を映している。

宋代の農村風景。藁屋根もあるが、いくつかの建物では、すでに瓦が用いられている。

桃の花の咲く丘で士大夫たちの宴会が開かれている。清明上河図は春の前を、姑蘇繁華図は春の盛りを描く。

聚落の郊外の様子こそ、宋と清の違いである。人口・人家ともに密度が違う。

豊かさの源の江南の水田だが、この絵は都市の繁栄に目を向ける。

梶の木か。このコブは紙の材料をとったのだとの指摘がある。樹木の描き方こそ画家の卓越した技術を示す。樹木はとかく雑に描かれがちなのだ。

典型的な江南の小都市。商店や倉庫が密集する小都市群が都市を支えているのである。

びっしりと並ぶ商店街。たくさんの種類の商店がある。

清明節のならわしで駕籠に花をさしていく行列

ゆきかう旅人。都市へ向かうひともいれば出て行くひともいる。

典型的な華北の畑である。陸田の様子が描かれるのは珍しい。しかもひとがいない。

このあたり、絵にほころびがあるようで、一部欠けている。

密集する船は商船か。

河岸には倉庫が建っている。しかも堂々としている。宋代の画巻には見えない景色である。

河岸の護岸は宋代に比べ大幅に進んでいる。

石橋の技術は西洋のようなアーチではない。アーチは古代ローマの遺産である。

肩に米袋を担いで荷揚げに余念がない。手に持っている棒は杖でない。運んだ荷物を数えるためのものであろう。

庭園を備えた水郷の建物である。立派な倉庫。江南の裕福な生活がうかがえる。

もやる船。広がる酒楼や家並み。どういう街なのか。大聚落でないだけに当時の様子がわかる。

立ち並ぶ家をよくみると、きわめて粗いつくりであることがわかる。これに対して清代水郷鎮の家は充実している。

断続的に続く江南の小聚落。これこそが都市を支える傘下の小都市鎮である。

酒楼の前には旗が出ている。青と白の縞である。店の前の木組みが綵楼歓門である。酒楼のしるしである。

もやってある船は客船や輸送船のようである。

巨大な船の窓ははめ込み式なのか、ひとの影も見える。

今も残る宝帯橋は江南の小都市鎮の連結の様子を示す。

船は綱でひかれて河をさかのぼっていく。

次第に繁華地に入っていくが、河岸は未整備である。

広がる湖南。文字通り、絵に描いたような景色であるが、江南の特色をあらわしてもいる。思いのほか漁船がいない。

水に浮かぶような水田こそ江南の風景である。

地回りの芝居小屋。だしものは何だろう。

水路と水田。典型的な江南の水景である。

都市域に近づくと河岸の整備が目立ってくる。

橋の下の一大ドラマ。船は橋の下をくぐろうとしているのか、それとも左へ回ろうとしているのか。船上では一体どうしようとしているのか。

橋の下に注意してほしい。綱を引くための回廊がついている。

いよいよ蘇州の城壁に近づく。大都市の周辺は大混雑だ。

橋の上には仮設の店が密集している。法令では禁止のはずなのだが。

ここは盤門。いよいよ蘇州入城。高い塔は今日も残る。

汴河の浚渫船。

小物売り

密集する家並みのなかでは宋代のようなのんびりした光景は見あたらない。

壮大な木の枠組みの酒楼。「天の美禄」と酒をたたえている。「脚店」とあるから支店である。旗の下では銭を積んだ車が見える。この銭は売り上げか。それとも商売用に持ってきたのか。

城壁に沿って商店が広がる。

城壁の側は不法建築ばかりだ。建て込んだ店や家並みは過剰な密集を示す。

いよいよ画巻の道は河を離れて街へ向かう。

城内外には密集した家がひろがる。宋代に比べると明らかに密集度が増している。

新たに開かれた門の側もにぎわっている。

胥門。今も残る繁華地。

運河の傍らの茶店(?)。家の手前に張り出した建物の上には石も置いてある。どの人も帽子をかぶっている。左は車の修理屋。

地方都市の科挙試験の様子である。机に向かって必死なのはいつも変わらぬ風景である。

このあたりは雑貨商の並ぶ街である。

このあたりでも机の前に座っているひとがいない。何故なのか。

街路を無視して家を建てるのは今も昔も同じである。

詳細に描かれた街並みだが、宋のほうが、はるかにのどかだ。

ここでは占い師が店を出している。街の人生相談だ。

画巻はいよいよ城内。びっしりと建物が密集する。

邸宅の前に座り込む人びと

どこまでも続く家並み。過密化した蘇州である。

びっしりと建物がたつこの一帯は密集度が高い。この密集度こそ蘇州の繁栄のしるしである。

たくさんの人びと、駕籠や車が行きかう。だがよく見ると決してにぎやかでない。宋代の街は、まだまだ充実していない。

このあたりの家は新築か。屋根がまっすぐだ。

車やひとの行きかうこの一帯もにぎやかな街だ。

絵は再び城外へ近づいていく

楼門前の橋。ここにも多くのひとびとがたたずむ。

壮大な閶門の前には多くのひとが集まっている。このひとを目当てにサーカスが行われている。綱渡りである。

この塔は北寺塔。今日も残る。

閶門は唐以来の繁華地である

城北は軍営地が多い

蘇州城の西南角。一番にぎやかなところだ。だが少し聚落をはずれると何もない。都市とはこのようなものである。

人びとが行きかう楼門の下には座り込んで話に夢中な人がいる。店がはりついている。

楼門は城門か否か論があるが、門上に時をつげる太鼓があるので鼓楼の可能性が高い。

どこまでもひろがる水郷都市である。

駱駝の商隊

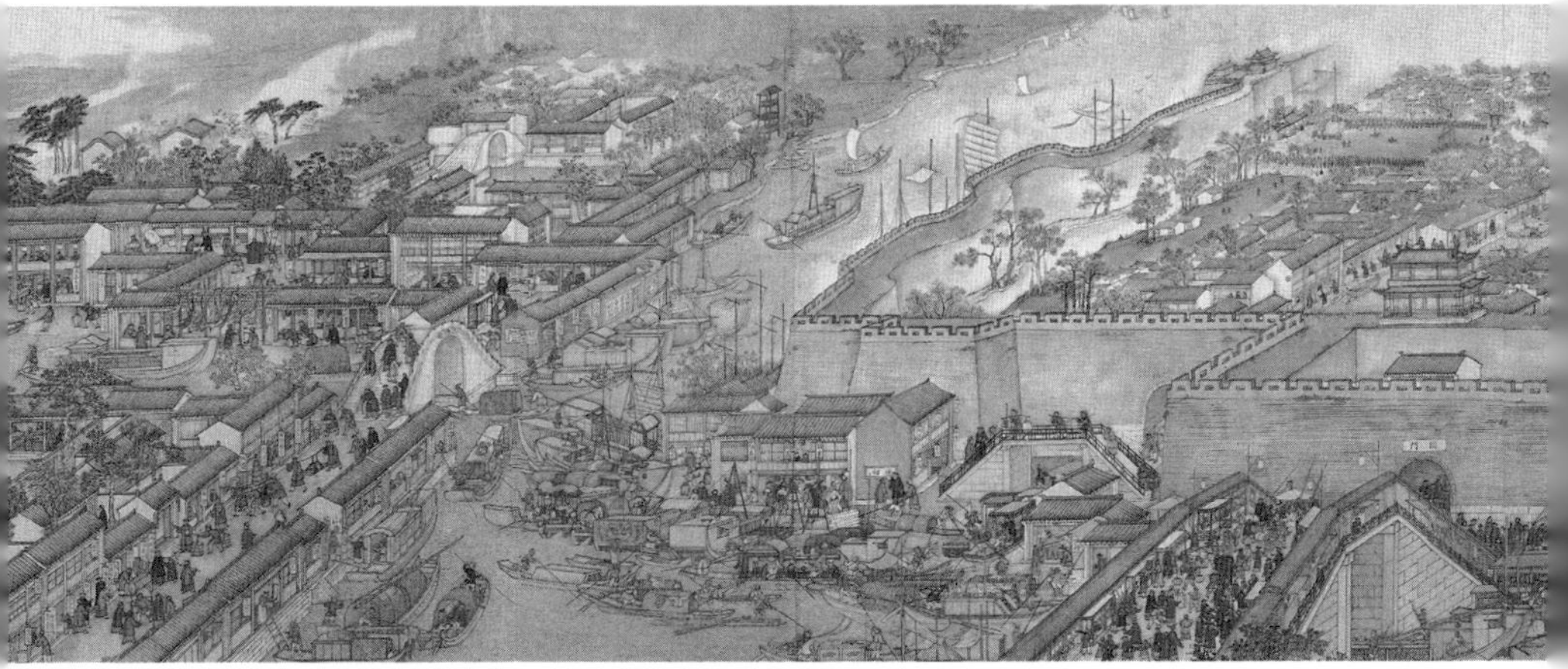

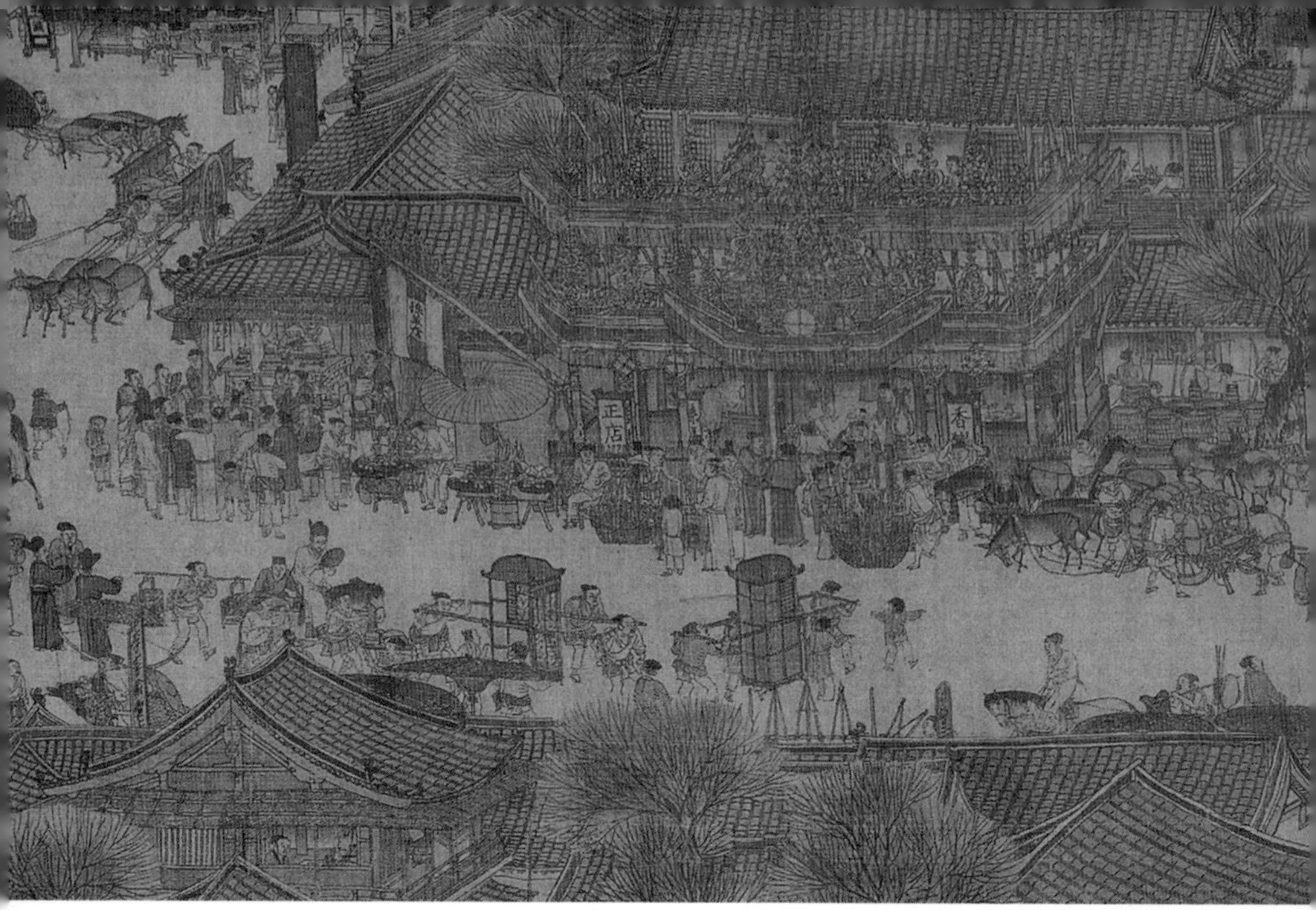

弓をもった店がある。馬借か桶屋か。共に弓を使う。

二階建ての建物は多いが、ひときわ立派だ。

巨大な酒楼とその前の雑踏。店の前はもの売りがたくさんいる。

城郊外の鎮。小市場聚落、つまりはマーケットタウンである。これより続く郊外のマーケットタウンは江南の都市の豊かさを示す。

店の前で芸人が熱演中。十字街、つまり四つ角である。もっとも全体でみると奥はさらに左へ曲がる。さまざまな人間模様が見える。

このあたりは高級品を売る店が多い。

傘や桶、駕籠など、多用な日用雑貨が描かれている。小物の一つ一つがおもしろい。

井戸である。水汲み口が四つある四眼井。街中に上水道があったのか。

このあたり薬屋がある。清明上河図系の絵には薬屋が多いのが特徴の一つである。

はるかに虎丘をのぞむ。

開封と蘇州では車の使用などに大きな違いがある。

道はやや広がり、奥には邸宅らしきものもある。門前近くには所在なさそうな人もいる。本画巻で数少ない、暇人の出現だ。この先にも暇人らしきものがいる。橋をわたると、ここでもよるべなきさまの人びとがいる。絵は時代が描かせるといった。また、権力や権威が描かせるともいった。だから『清明上河図』にはそうした景観が少ないとも述べた。だが、ここではわずかながらそうした景観が描きこまれる。世は衰退にむかっているのだ。

面白いのは、これから楼門に向かって進む道の前に橋があることだ。多くの水路の存在を示すとともに、繁華街が別世界であることも示している。それは橋が結界でもあるからだ。*

川をこえて未知の世界に入っていったり、昇華していくには橋をわたる必要がある。この構図は、実は張択端のものに固有な構造である。他の画巻は同じような構図をとっても、このような強調はない。ここに張択端の工夫と、他の画巻のおよばぬ点があると考えるのだが。

橋とその近くでもドラマが展開している。よるべなく楼門によりかかる人。橋のうえで犬らしきものを抱えている人。それを見下ろす身分のたかそうな人。画巻のなかには何箇所か動きがあるが、ここもそうだ。橋は結界であるとともに、事件のある場所であることが描かれている。

橋をわたると楼門である。もっとも、この門が楼門か城門か、それとも鼓楼のようなものなのか、判然としない。楼門のうえに、太鼓がみられること、当時は

*橋が都市にとって重要なのは、設計理論のしめすとおりである。また、我国の浄瑠璃でも、事件展開の重要な場面となっている。吉田隆英『月と橋』(平凡社、1995)などを参照。

楼の上に太鼓をおいて時を知らせたことなどにより、わたくしは鼓楼とみる。城門だとしても、城壁がないのだ。いずれにしても、ここが街の分岐点になっていることはたしかだ。鼓楼は通常は街中、それもいくつかの街路が行きかう一帯に建って、目安にもなる場だ。この鼓楼も同じ役目を持っているのではないか。

鼓楼を潜り抜けると駱駝がいる。中国の北に駱駝がいるのは老舎*の『駱駝の祥子』で有名である。わたしも北京郊外で目にしたことがある。開封の街にもいたのである。この駱駝はどこに向かうのか。西にむかうか。それとも北にむかうか。都市や周辺の向きを考えるひとつのてがかりになると思うのだが、判然としない。

画巻を開いていくと、道に沿っていくつかの店がならぶ。なかには弓のようなものをあつかっている店がある。最初は馬借のような商人グループを守る傭兵隊のようなものかと考えていたが、そうではないようである。桶を締め付ける竹のようなものを曲げているところだという。そういえば、その店には桶が重ねてある。画巻のなかの風景を短絡的に考えてはならぬ証左である。

道はさらに街にむかっていく。大きな酒楼がみえる。ここは本店だ。酒楼のそばにはいくつかの店が並ぶ。また、人ごみもある。宋代の都市には、芸人や商人・職人など多くのものが歩いていたが、『清明上河図』にもそれがみえる。鋸をもったものや荷物をもって振り売りをしているものもみえる。この鋸、それも小ぶりなものをもった絵は珍しい。

ここからも宋代中国の活発な様子がうかがえる。このほか、当時の路上には多

老舎　ろうしゃ［1899-1966］中国の小説家。北京生まれ。本名は舒慶春。ユーモア作家として出発、のち悲惨な運命をたどる車夫を描いた「駱駝の祥子」を発表。文化大革命中に自殺したといわれる。ほかに「四世同堂」、戯曲「茶館」など。

くの芸人がいた。宋代の都市には芸人が多く、路上で客を呼んでいたようだ。北宋の杭州から中国に入り、江南から華北まで旅した成尋は杭州の街へでかけて茶をのみながら芸人を見ている。このような光景はどこでもみられたことであろう。もっとも画巻に登場する芸人は、わずかひとりである。酒楼の隣の店の前で長髯をたくわえた人物が人を集めている。講釈師である。人前で語っている。話は多分『説三分』。つまり、『三国志』であろう。『水滸伝』はまだ、物語として成立していない。というより、同時進行の物語である。水滸伝は北宋末期の皇王徽宗のみ世に梁山泊につどった無頼のものたちの物語りが語りものになり、ついで大河小説になったものである。物語の成立は南宋にはじまるが、確立は明代である。*

開封城内には劇場も多く、早朝から客を集めていた。夜叉座、象座などのこれらの劇場は並んでおり芝居小屋の景観をつくっていた。とてもおおきくて数千人が入ることができたというが、これはちょっと過大に過ぎる。今日の劇場ではないのだ。多分、数十人の書き間違いであろう。

なにを誰が演じたのか。『東京夢華録』には演目や芸人の名前が連ねてある。当時すでに、いろいろな芸人たちがいた。奇術・曲芸・漫談・寸劇。なんでもあった。そのなかには、奇妙な演目やそれを演じる芸人の名前もあがっている。虫を自在にあやつる芸まである。

中国での芸は唐代のものが有名である。西域を通じてつたわった芸目が長安の

講釈師　『清明上河図』より

*伊原弘『「水滸伝」を読む』（講談社現代新書、1994）

街角で演じられていたのだ。そこには、奇術・曲芸・サーカス。あらゆるものがあった。そして、これは開封でも同じだったのだ。

『清明上河図』の酒楼の前に芸人がいる。その後ろにあるのが、料理を作っている家である。食堂をそなえているわけではなさそうだから、ここで買って帰るのだろう。当時の開封には多くの屋台があり、レトルト商品のようなものもあった。惣菜をきりわけ、皿にのせたものもあったという。今日の中国でみられるような屋台や朝食を売る店がすでに出ていたのである。

陸游の日記には食べ物や料理店の記事が少ない。だが、当時の街には料理店が多かった。ひとは食べ物に贅沢である。少々の空腹は我慢し、おいしいものでなければ食べない。とくに、旅の折には各地の名物がたのしめる。だから、食事は旅の楽しみでもある。だが、陸游の日記に食べ物の記録はあまりでてこない。宋代の食べ物屋はおいしいものをだしていたから残念である。調理方法にも工夫され、人びとの舌を満足させていた。* ものの味を見極めることは知識人の資格だし、通人の証明でもある。この記録がないのは、首をひねる。

もっとも、食べるひとは二種類ある。食通と大食漢。俗にいう、グルメとグルマンだ。かれらの要求を満たすために都市には多くの食べ物屋があった。すでに折々の料理屋それぞれの地方名物もうまれつつあった。* 北方料理とか南方料理とかいろいろあったが、一方で中国独特の炒め物を中心とした料理が誕生し主流になりつつあったことにも注意をしておく必要があろう。

＊篠田統『中国の食物史』（柴田書店、1974）参照

＊北宋の都開封には南方料理で売った店もあった。この店は開封陥落後そのまま南へかえった。

中国料理のひとつの特徴にシチューや生ものが多くないという点があげられる。生ものは新鮮度や病虫の有無、伝染病の有無ともかかわる。その点、中国は不利であって、早くから火を通した料理が発達してくる。* その変遷のなかで、宋代はひとつのピークをむかえるのである。

外食産業が発達してきた時代になると外で食べ物をかってくることや、食堂などに出かけるということがはじまる。そして宋代のもうひとつの特徴は、それらがより広範に行なわれるようになったことだ。庶民も気楽に入られる外食産業が発達し、街中で茶を飲むこともできた。盛り場で、気楽に楽しめたこれらの店には、とても高級なものもあった。とくに、開封の街の料亭はすごい。食べて飲んで銀百両というから、一般人はとても寄りつけない。ここには高級ホステスもたくさんいたという。

このような料亭やレストランは、地方都市にもたくさんあった。また、街道にもちょっとした食べもの屋があった。古くからあったようで、戦国時代の故事のかの「邯鄲一炊の夢」* のなかの食べもの屋も街道の店である。宋代である。だから建康府にもあった。それだけでない。蘇州や地方都市にもあった。官僚世界ゆえに官官接待も盛んだった宋代のゆえである。どんな地域にも食を楽しむ人がいたのだ。

画巻の道をもう少し先にいこう。酒楼の横の街角で芸人にむらがる人びとの横は十字街である。紅橋の上と並んで、画中でもっともにぎやかな場所である。一

婦女斫鱠画像瓦塼　北宋　中国歴史博物館蔵

*中国の料理書は多いが、木村春子『火の料理水の料理』（農文協、2005）を参照されたい。

*盧生という青年が、邯鄲で道士呂翁から枕を借り富貴を極めた五十余年を送る夢を見たが、目覚めてみると、炊きかけの黄粱（大粟）もまだ炊き上がっていないわずかな時間であったという。『枕中記』より。

貨郎図（部分） 李嵩画 宋 中国の街にいた物売りである。 北京故宮博物院蔵

貨郎図（部分） 金尊牟画 清 当時の市井の様子をあらわしている。

大儺図 宋人画 儺は年末の行事である。 北京故宮博物院蔵

洪洞広勝寺壁画 魚売り 寺は後漢の創建。唐代に改修したが元の大徳7年（1303）に地震で倒壊し再建された。水神廟の演劇壁画は貴重な資料である。

般にアジアの都市には広場がないといわれる。だが、決してそうではない。広い道が交差する一帯は人びとの集まる広い空間、すなわち広場をつくっていた。このあたりは香料店や染色店などがたちならぶ。

ひとの行き来もはげしい。立ち止まって話に余念がない人びと。道具をもって忙しげにいきかう人びと。また、荷をのせて行きかう車も多い。十字街を上へ進むと別の街へ。下へ進むとこれまた別の世界へ行きそうだが、画巻の幅がそれをさえぎる。

画巻の展開にしたがって先に進むと、このあたりには薬屋がある。大きな屋敷もある。絵はようやく本来の街らしい景観に入るが、ここで終わる。まるで、断ち切られたかのようである。後世の絵が、さらに景観を描き続けるのを見ると、みな同じようにおもったようにおもえる。かれらが張択端の『清明上河図』の実物を見ているかどうかわからない。だが、この構図がおかしいことだけは気がついているのである。

絵図に描かれていないのが、まずしい人びとだ。かれらを収容する場所があったのは、述べたとおり。地図には養老院や公共墓地が描きこまれている。これらの施設は北宋の末頃に全国的に配置された。* このことはすでに一部、述べてきた。宋代に原則的には全土の大小とない都市に設けられた救済施設にはみよりのないものや貧しいものたちが収容された。それらが都市にあったことは述べたとおりだが、かれらもまた都市の景観なのだ。

＊星斌夫氏は中国史上におこなわれた社会救済事業の歴史を詳述している。ただ、わたしは、表題の社会福祉という言葉はもちいるべきでないと考えている。あくまでも現代的言葉だからである。その意味において、日本の画巻のほうが真実性をもつともいえる。病人や貧民を多く描くからである。この意味において、中国の画巻には形式主義があり、読み込みに一定の限界があるといえる。

この磚の銘文を見てほしい。『清明上河図』のような画巻に、決して描かれることない人びとたちである。ここには、行き倒れの旅行者、貧民、救済施設の収容者、下級兵士、犯罪者などの伝記が多く出てくる。こうした人びとがたくさんいたことは記録に出てくる。だが、すくなくとも宋代の絵画にはほとんどでてこない。どういう訳か、『清明上河図』その他、宋代の絵画にほとんどでてこない人びとなのだ。宋代だけでない。後世の画巻のなかでも描かれることのない人びとだ。

繁栄する社会の下でうごめくものたちは実に多い。だが、かれらの姿を画中にとどめる画家はあまりいない。絵が画院の画家の手になる以上、それはできなかったのだ。また、史料のなかにはでてくるが、その行く末を確固としたかたちで把握することもできなかった。その見えない存在がこうして声をあげているのだ。

だが、このような宋代の都市の底辺にいきている人びとは『清明上河図』の中にも少しでてくる。とくに、貨郎とよばれた振り売りである。かれらの絵は多く残っている。背中一杯の荷物。それも玩具などをかついで振り売りをする姿は街の風物だったのだろう。日本でも失われたもの売りがなつかしいのと同じである。かれらはまわりを子供が取り囲む、街の人気商売だ。振り売りの商売はほかにもある。お茶を売る。食べ物を売る。宋代の都市のなかには多くの行商人がいた。そうしたなかで興味を引く商売のひとつが担銭人だ。銭の運搬人である。

宋代の銭は銅銭である。これは重い。『清明上河図』のなかに銭挿しを車に載

陝州の漏沢園から見つかった磚文
→ p.69

市中の通貨の相場

公定	77
市中	75
魚・肉・野菜店	72
貴金属店	74
宝石店	68
書店	56

単位は1差しあたりの1文銭の枚数（孟元老『東京夢華録』より）

せている絵がある。述べたように銭千枚を紐で貫いたもので一貫文である。銭のなかの穴を紐で貫くところからこういう。街中では百文単位で使うことが多いが、百文だから、これは百枚である。そして重さは三百五十グラムだ。これが一貫なら通常のもので、重さ三・五キログラムになる。われわれは、これより少ない小銭でも重く感じるのだから、宋代の担銭人の仕事はよほど辛いものだったとおもう。

ところで、宋代の銭は奇妙な方法によって運営されていた、それが短陌とよばれる銭の換算方である。陌は百。百に足りぬという意味である。要するに、銭百文未満の銭挿しを百文としてあつかうので、七十七枚つまり七十七文しかなくても百文としてあつかう制度で、これはわかりにくい。というのは、ひとつの街のなかでいくつもの短陌制度があるからである。前頁の図をみてほしい。これほど多様なのだ。

しかもこの制度で銭の価値を考えれば、枚数の少ないものほど銭の価値が高くなる。特別の銭ではない。同じ銭なのだ。しかも、その銭挿しは自分で括れたというから、一層理解に苦しむことになる。そんな勝手なことがあるのだろうか。宋代は銭の沸き立った時代だが、なお理解に苦しむことが少なくない。* しかも、銭には四川などで通用した鉄銭もあった。これは一層重く不便である。

貨幣制度の不便さを補ったのが、銀と紙幣である。銀はしばしば用いられた。もっとも、銀の貨幣がつくられたのではない。中国では銀は秤量貨幣としてもち

＊宋代は中国の貨幣が世界通貨となった時代である。この銭は、日本船によって大量に輸入され、国内の基軸通貨にもなった。ときおり発見される宋銭が天文学的数字であることが、我国に輸入された宋銭の膨大さを示す。鈴木公雄『出土銭貨の研究』（東京大学出版会、1993）参照。

＊銀の使い方で面白いのは南宋の杭州を舞台にくりひろげられる、「売油郎」の物語である。一晩でもいいから花魁の客に上がりたい若者が銭をためて登楼するこの物語は、我国でももてはやされ、落語にもなっている。面白いのは商う品が、中国では油なのに日本では炭であることだ。彼我の生活の違いをしめすのだろう。吉田真弓「短編白話小説のなかの杭州城と西湖」（『アジア遊学』三「風景としての中国」、2001）、日下翠『金瓶梅』（中公新書、1996）参照。

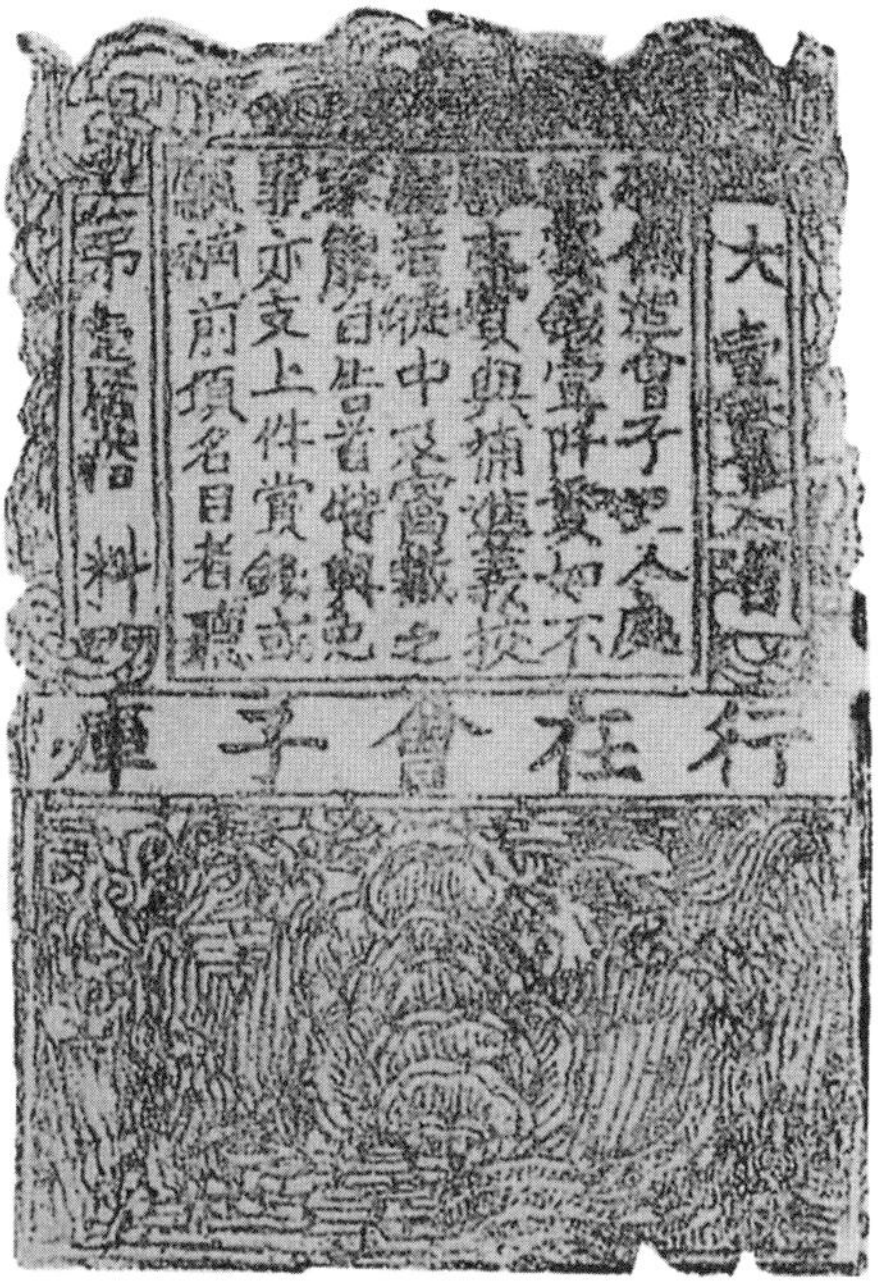

南宋会子　宋紹興30年（1160）。

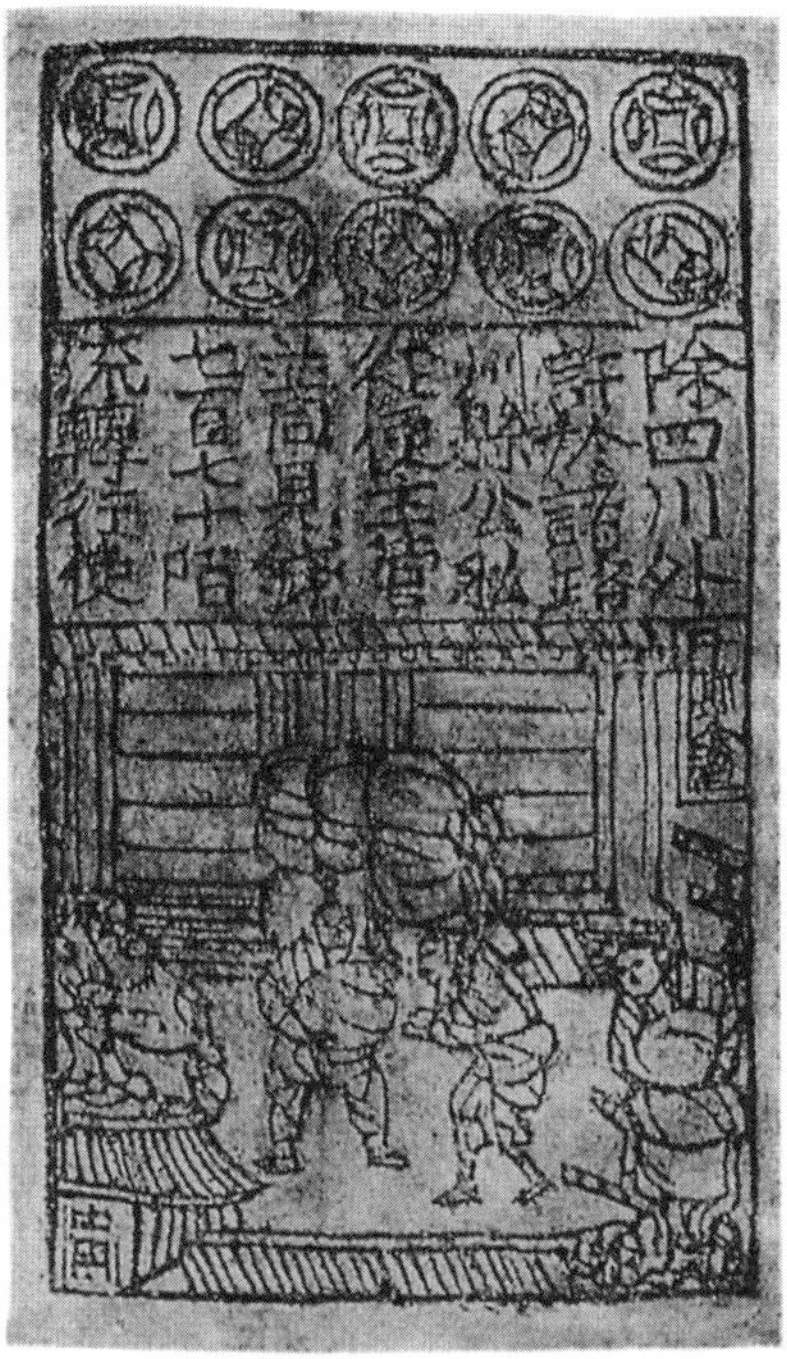

交子は早期の紙幣　これは宋仁宗の天聖元年（1023）。

内蒙古発見の北宋の銀錠　右は杭州都税院の銀錠で長さ15.2cm、重さ2000 g ある。左は信州鉛山場の銀錠で長さ14.7cm、重さ2006 g 。

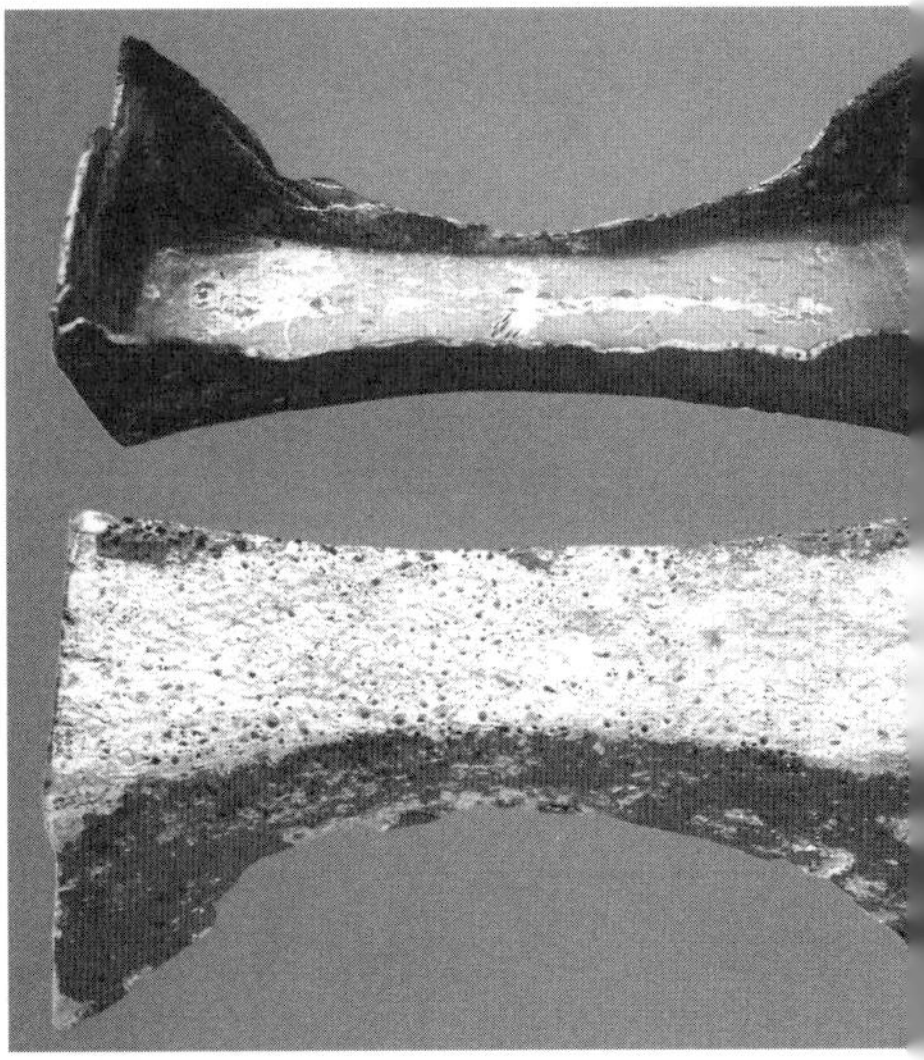

宋代銀錠　宋代も銀の使用が多い。銀は秤量貨幣として必要に応じて砕いて使われた。

いられた。金貨などないわけではないが、これはどうも儀礼的なもののようだ。一般に銀錠として知られるこの貨幣は、砕いてかけらを銭に交換してもちいたのである。これもまた、『水滸伝』を読んでほしい。好漢たちが銀器を砕いたり握りつぶしたりしてもっていく。必ずしも宋代を忠実に描いているのではないが、銀の使い方はわかる。*

この銀錠に面白い彫り込みがあるものがみつかっている。それが「出門税」という刻印である。字のごとく、城門を出るときに課税したという意味の刻印である。都城を出るときに税を賦したのは面白い。出門税の存在は資料的にも裏付けられるが、問題はこれが銀錠という高額な単位の銀塊に刻み込まれていることである。なにに出門税がかかったのか。もうすこし追求してみる必要があろう。

この刻印はもうひとつ、大きな問題をなげかける。一般に、中世都市の管理は厳重だったとされる。ことに西欧ではそういった風潮がみえる。それに対して、アジアでは都市にたいして個別的かつ独自の行政と対応はなかったとされる。問題はここである。本当にそうなのか。もしそうなら、日本の東洋学に多大な影響を及ぼすことになる。税は都市行政の問題とかかわり、それゆえに都市の自立性の比較問題にかかわるのだ。

城門をくぐるときに税をとろうとしたのは、すでに唐の徳宗の事例がある。間架除陌の税である。梁の大きさを基準とした家の間取りや、物を売ったときのいくばくかを税としてとりたてようとしたこの税法は、租庸調制度から両税法への

北宋の通貨

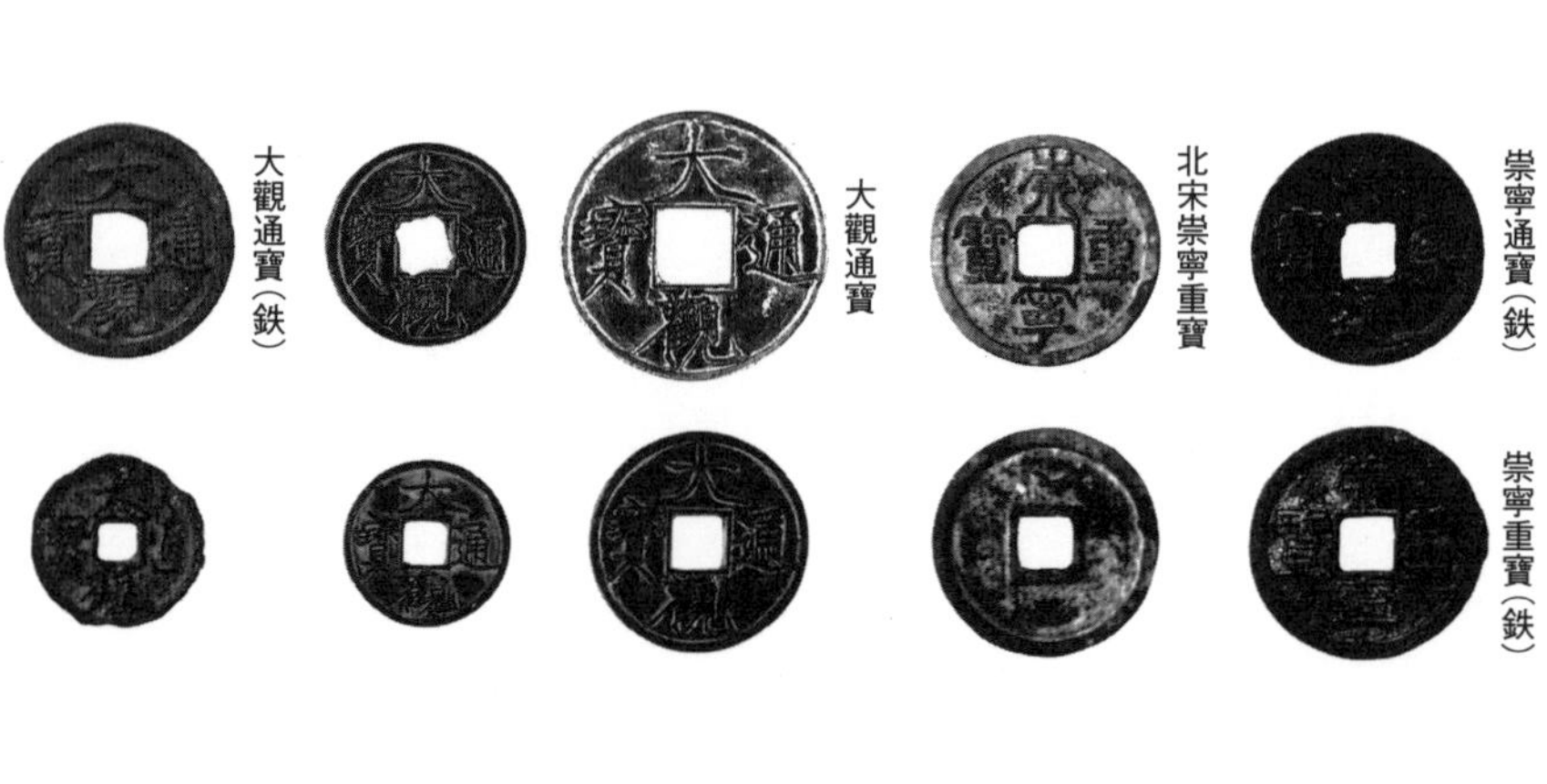

崇寧通寶（鉄）
崇寧重寶（鉄）
北宋崇寧重寶
大観通寶
大観通寶（鉄）

過渡期に施行され混乱を生んだ。一種の間接税にも似たこの税は混乱のなかに消えたが、都市への持込のときに課税しているのだから、一方で一種の入城税ともいえる側面がある。この種の税の存在はもうすこし追求されなくてはいけないが、現時点ではやや追求史料が欠けている。*

街なかでの銭の使用状況はどうだったのか。『清明上河図』のなかに小銭をやり取りしているらしい場面がある。小物売りになにかをわたしているのである。しかし、このような小銭のやり取りが描かれる例は多くない。

銭のいきかう商売には存在の誇示が必要だ。そのために必要なのが看板だ。この看板は昔からあった。とくに印象の深いのはかつて旅したイタリアである。オステア*やポンペイ*といったところには、商店とそれをしらせる絵などがのこっていた。同じような景観が、『清明上河図』にも見られる。看板は都市の活発な様子を知らせる象徴でもある。

看板には単に文字だけでなく、飾りもあった。種類も多い。商店のものだけでない。医者や薬屋のものあった。これらは文字だ。『清明上河図』のなかでは、絵で示す看板がみあたらない。どういうわけか、画巻のなかには医者や薬屋の看板が多い。開封内城内の北部には、これらの集中した街があったというが、ここでその様子がうかがえるのだろうか。同業者の集中した街が多かったとは記録にもあるが、医師や薬屋も集中した街があるのは興味深い。*これでは、患者に不便ではないか。

＊宋代の都市の税賦については梅原郁「都市の税賦」（『東洋史研究』28-4、1970）がある。

オステア ローマ近郊に位置する海辺の遺跡。

ポンペイ イタリア南部、ナポリ近くにあった古代都市。79年のベスビオ山噴火によって埋没したが、発掘によって円形劇場、城壁などが発見された。

＊『東京夢華録』参照。これは開封内城内の北東部にあったといわれている。とすれば、不明な『清明上河図』の位置を知る手がかりになるのだろうか。なお、歴代の『清明上河図』の看板にも医者や薬屋が多い。これは張択端のものをうけついだのではないか。

中国の都市人口は多い。本来は、都市に人口が集中することは大体が得策でない。過密化は病気の伝染を容易にするからである。医薬関係の看板の多さは、都市のかかえるある種の不安さを示すのではないか。だからこそ、都市は下水などの施設を要求する。開封には巨大な下水溝があった。それは都市を浄化し、病のはやるのを防ぐ。しかし、一方で暗渠は悪の温床となり、都市の管理者も手をつけられぬ状態になっていった。開封城内の暗渠が悪党のたまり場だったのは、南宋時代にまで知られていた。

では、都市の浄化は進んだのだろうか。どうもそうではないようだ。道は悪くごみも散乱、というのが、当時の一般的景観だった。というより、今日まで続く景観が当時も見られたということか。他の都市の例をみてみると、橋や河川などの劣悪な場所に多くの人が住みついている。河も有力者の勝手な占拠であふれることがあった。いまも解決できぬこの問題は宋代都市でも人びとを悩ませていたのである。*

『清明上河図』は、ここで画面がおわる。断ち切られたような終わり方である。おそらくはきられたのであろう。いつ、だれが、どのような目的できったのか。もはやわからない。『清明上河図』に類似する多くの絵が都市的景観をさらに描き、最後にまた自然景観を描くのをみると、張択端の絵にもそのような絵が続いていたのかも知れない。だが、一方で、あまりに不自然な終わり方だったので、画家があるべきものとしてつけた可能性もある。もはや解きようのない謎がここ

＊都市と病気は、たとえば、見市雅彦氏の研究がある。だが、これは近世以降の話である。中世都市における病気の問題はこれからの追及課題である。近年の環境論も自然破壊のみで、この種の問題の追及は十分でない。

に秘せられているのである。

以上が『清明上河図』の景観である。田園とおぼしき都市の郊外からはじまり、しだいに聚落に入っていく。幾多の景観と風景、人びとの様子が描かれる。だが、『清明上河図』は都市の景観をすべて描いたのではない。また、都市的景観の細部まで組み立てたものでもない。また、描ききれるものでもない。そこで、他にものこる絵図を組み立てながら、都市生活の実態をさらにくわしくみていこう。

2・切り取られた風景のなかから

『清明上河図』が宋代の都市やその周辺を描いた一大シンフォニーであることは、いうまでもない。この一大叙曲のような画巻がまねて描かれるのは当然である。多くの『清明上河図』が描かれた後世だけでなく、宋代にもあったかもしれない。[*] それほど、都市という画材は面白い。それゆえに、いろいろな形で描かれる。そこで、いくつか見つけた絵を使って、描かれた都市をみていこう。

このような都市や風俗を描く絵は、寺観の壁画や墳墓のなかの壁画にも残される。たとえば、山西省にのこされた『繁峙岩山寺』の壁画である。[*]

繁峙岩山寺は山西省にある。当時は金の統治下にあったから、[*] 完全な意味で宋代の習俗と景観とは言えない。だが、社会習俗は急速に変わりようもない。だから、漢族統治下の習慣と景観を色濃くのこしているものと考えてよい。

ここでも、街のようすが描かれている。この絵は金朝治下のものといっても、

＊『清明上河図』以前の北宋時代に『七夕夜市図』があったと記されている。画題から考えるに、七夕でにぎわう夜の市を描いた画巻とおもわれる。

＊山西省は、どういうわけか遺物の残存が多い。『山西民俗』などにも古い習慣を伝えている様子を紹介している。ただ、これらは戦後の日本と同様に、急速に消滅しているとおもわれる。

＊金［1115-1234］は女真族の王朝である。遼を駆逐して、北宋を滅ぼし南方においやったあと、華北に進出した征服王朝である。華北において北宋の文化を継承した。

時代的には南宋に相当するから、当時の変化のない社会を示すともいいうる。* 寺の様子とそこにひろがる街角の様子が描かれていて面白い。全体的には不鮮明な絵だが、街に旗が飾られ店があり雑踏がある様子がうかがえる。

かれらは自宅でどのような生活をしていたのだろう。それを描くのが、河南省にのこされていた「白沙宋墓」である。そこには、人のよさそうな地主夫婦の豊かな生活の様子を描いた絵が残されていた。通常、みかける宋代士大夫や地主の絵は、研ぎ澄まされた顔をしたものが多い。だが、「白沙宋墓」に描かれた地主たちの顔は丸く、生活もしゃれたものとはいいがたい。だが、それでも豊かな生活には驚かされる。給仕するものたち、楽器を演奏するものたち、ペットなどが描きこまれている。そして、目を引くのは銭を持っているおとこたちの絵である。地主の財力を示すのか。それとも、銭のあふれていた当時の街をあらわすのか。都市近郊に生きるものたちの生活なのであろう。

宋代の景観はその他の絵画からもうかがえる。これらを組みあわせてみることによって、社会生活を組み立てることが可能になる。たとえば、パレードのようすである。都市にはお祭りがあり祝祭があった。そのときは、人びとが街ににぎやかに繰りだす。とくに軍楽隊や軍隊の行進は、興奮を呼ぶ。しかも、その先頭には象がたつ。開封のパレードでも、いまと同様に象は人気があった。象のおもちゃを引く子供の絵も残っている。それらが先頭にたったのだ。人びとは、観覧

第三号墓甬道東壁壁画

繁峙岩山寺壁画

Valerie Hansen氏の論文（JSYS26,1996）による岩山寺壁画のかきおこし

の棚を組んで見物したという。いまの阿波踊りのようなものである。このような街の賑わいは諸画巻や諸書籍に散在する史料によって組み立てることができる。

祭りは、庶民の暮らしが豊かであったことを示す。そのゆたかな生活を支えたのが道具である。道具は加工や生活を続けるためのものでもあるから、その豊かさは生産性の高さの証明でもある。我国でも室町以降、急速に道具がふえていくといわれている。そして大事なのは、その道具がどのように使われ、どのように人の生活を助けたかである。

たとえば、車である。人間の生活に輸送手段の確立と運営が重要なことはいうまでもない。馬や驢馬といった動物の活用。そしてそれらを利用してひかせる車。こうした工夫こそが人間の特徴だし、その進化こそが、社会の成熟度を示すことにもなるのだ。

もっとも、進化こそすべてではない。ひとは最初歩いていた。それから牛や馬に乗り、車も使用するようになる。ところが、近世の日本ではひとがカゴをかつぐようになる。スピードは落ちていったのである。運搬方法も同じである。それぞれの場によって変化するのだ。

宋代にはさまざまな運搬方法があった。背中や肩に背負って運ぶにしても、いろいろな方法や手段があった。もっとも重要な品に米がある。米などの荷揚げの際は、荷揚げ人足が肩に背負って、ひとつひとつ運んだ。人夫頭が監督し、人夫が米袋らしいものを背中に負っている絵がある。かれらは片手に棒を持っている。

米の荷揚げ　『清明上河図』より

これは、多分、運んだ荷袋の数を数えるための棒だろう。

米は、おおむね江南から大運河で運ばれた。量は一年に六百萬磧といわれている。実に大量である。もっとも、これらは大半が軍事用であって、民間用のものではなかった。つまりこの点に錯誤があるのである。

たしかに、華北は江南からの物資の輸送によって社会の安定を見た。だが、すべてを江南からの輸送にたよったわけではない。華北でもゆたかな生産があって、人びとの生活を支えていた。一般に大運河の開通以降は江南の物資が華北を支えたという。だが、それのみでは華北はいきていけない。華北にもゆたかな生産の大地があった。その代表が麦である。

麦は粉食の基本である。米と違い、さまざまな調理方法で加工して食する。そのために、まずは粉にする。そして、練ったり干したりして食べる。調理法もいろいろだ。イースト菌を入れてパンにもするが、のばして油で焼いたり、包みものにして蒸したりする。麦を主食にするには米以上に手間隙のかかるものなのだ。とくに、大量に粉にするのが大変である。だから、都市の周辺には大きな碾き臼がもうけられ、麦を粉にしていった。これが有名な碾磑である。

碾磑とは巨大な水力利用の碾き臼である。唐代後半から華北に出現し、粉食の拡大にあわせて大量の小麦粉を生産した。河川の側には巨大な碾磑が並んだのである。多くの貴族や寺観、有力地主にとって利殖の場であった。その敷設は、河川の荒廃をまねくことが多かった。その急激な伸張は一層粉食の助長を招いた。

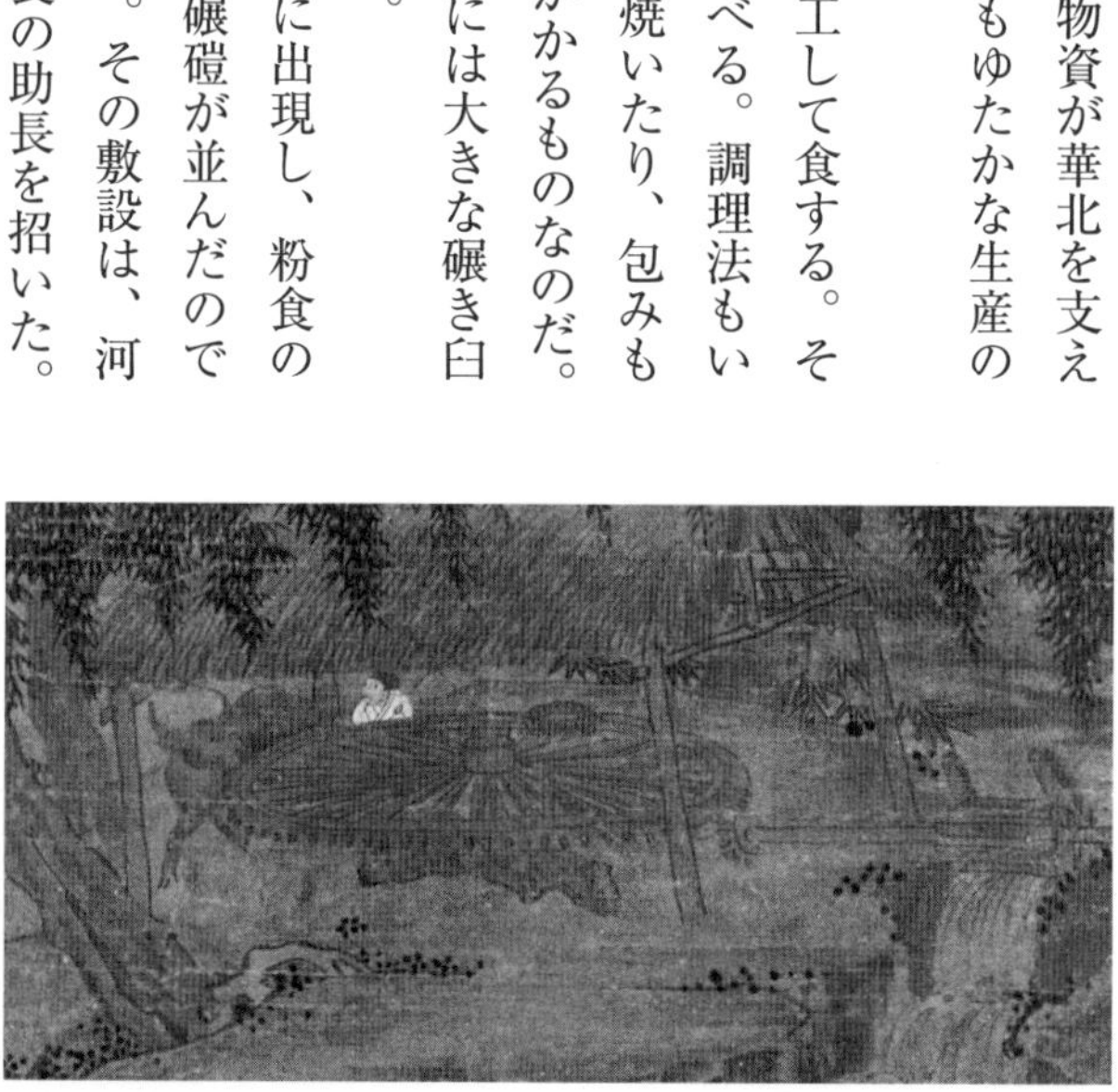

柳蔭雲碓図 無款 宋人画 水車は随所の農村に普及していた。水力を歯車によって水平にまわる力に変えていく様子もよくみてとれる。しかしここでは水力だけでは力が足りないのだろうか。牛力をも利用した珍しい図である。北京故宮博物院蔵

粉食の助長は麦の生産の拡大をまねく。麦の生産の拡大は、ついに税制の変化もまねいた。

唐代半ばまでの均田制下の税制では麦のような農作物は課税品目に入っていなかった。米などが主体である。しかし、麦生産の発展は税品目の脱漏をあきらかにしていく。そこで、新課税目をくわえるための税制改革がおこなわれる。これが両税法である。夏秋、つまり麦の刈入れの夏と米の刈入れの秋に焦点があるところからこの名があるが、銭納制を目的ともしている。この税によって、課税制度の変革と貨幣制度の充実と拡大が明確になっていくのである。

碾磑図（次頁上）を見てほしい。実に巨大である。地形を生かして河から水を引き込むこの方式は、欧州のものと形式が異なり、水平に軸を動かす方式である。非常に詳細な絵で、水車が動く様子が精密にはっきりと描かれている。また、そこにはたらく人びとのようすも描かれる。人夫のなかには文身をしているものがいる。文身とは、今日的には入れ墨である。かって倭人は体に文身をしていたというが、魔除けなどさまざまな意味を込めて体に彫りものをした。古代から今日までみられる習慣である。宋代は文身の流行した時代だった。装飾として文身をしたのだ。その様子がここに描かれているのだ。

ところで周辺には多くの車があって荷物を運び込んでいる。宋代には多くの車があったが、その一つがここにある。大きな荷車がひきもきらずやってくる。宋代運送業の発達と畜力の利用度がわかる。これらは商業や交通団体、つまりはギ

閘門盤車図巻（部分）　唐代に小麦の生産が盛んになって以来、製粉業が盛んになる。この絵は五代のものだが、水を引きこみ水平に回転させる様式の製粉機である。船や車などあわただしい荷運び、商談の様子などくわしい。［上海博物館蔵］

繁峙岩山寺壁画　金代に描かれた碾き臼の様子

ルドに統括されているのである。

碾磑の側の建物のなかで商取引をしている様子が描かれている。顔をつき合わせ商談に余念がない。宋以降は商業が盛んになるが、手続きも複雑になっていた。手形や為替もあるし、遠距離の取引もある。需要をめぐった駆け引きもある。その様子である。この時代は算盤はまだ発明されていない。複雑なやりとりは算木を使いながら計算したのだろう。当時の庶民の識字率や計算能力についてはいくつかの考えがあるが、ここにいる商人たちは相当の知識があり、複雑な計算をしていた。取引の計算、市場価格のにらみ、それにあわせた価格の設定など、複雑な商品取引をして市場を動かしていたことが想像できる。

手前には荷を運ぶ車や人がいる。そこの囲いの中にいるおとこが体を彫りもので飾っている。『水滸伝』の好漢たちのように文身で飾っているものが、こうした取引や仕事の場にいるのである。日本と違い文身の絵はのこっていない。この点、珍しくも描かれた文身図として注目にあたいする。『水滸伝』のようなとってつけたようなものでないから、余計に面白いが、絵が判然としないのは残念である。

3・絵画の背景

画巻のなかになにをみるか。これは読み手の専門と関心によって大いにことなる。建築家は建物に時代を読み、交通史の研究家は車の構造をみ、輸送手段をみ

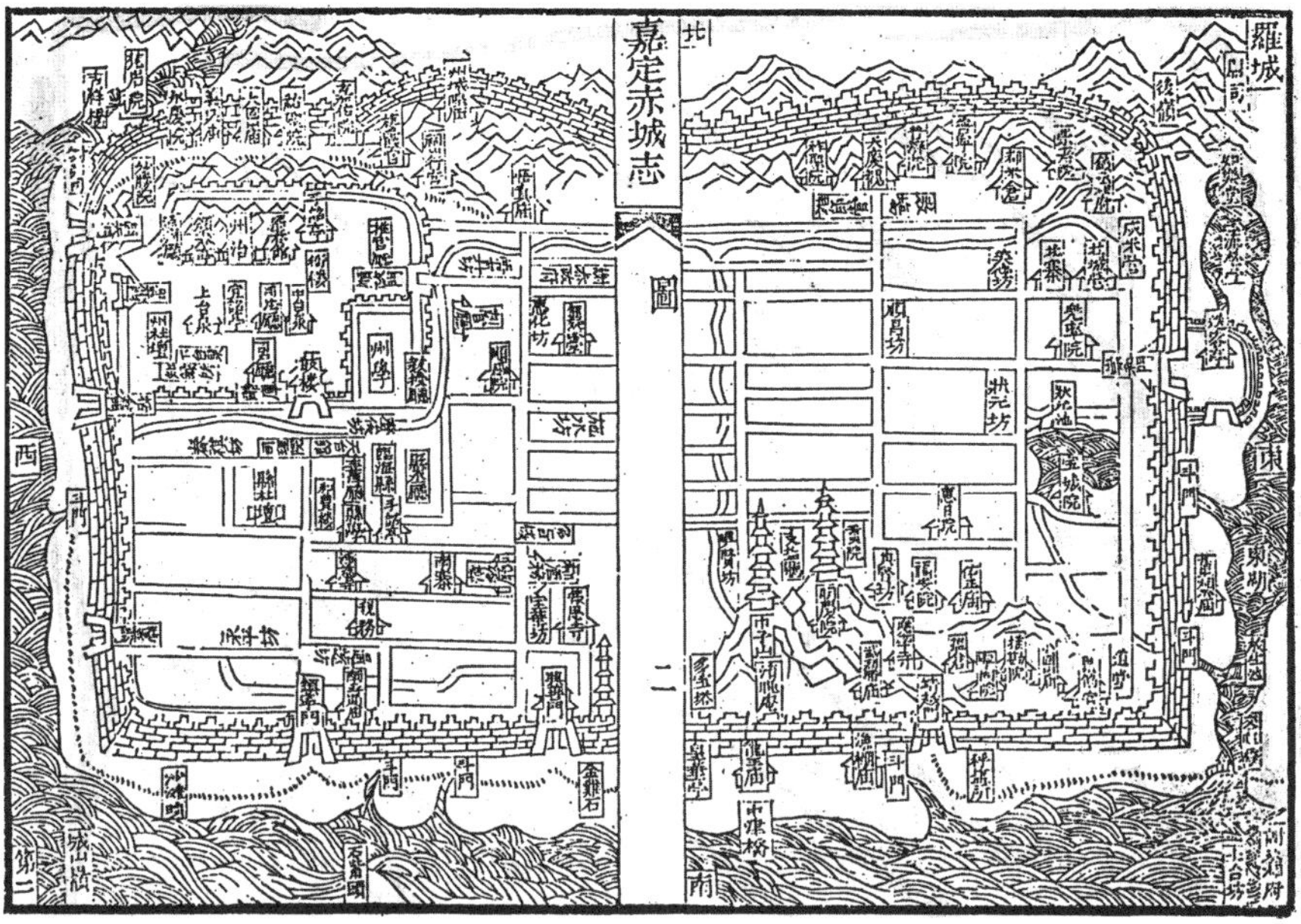

宋代台州城図　嘉定『赤城志』所収。台州の領域図と都城図は若干異なる。都市図では海に面しているが、実際は少し離れている。

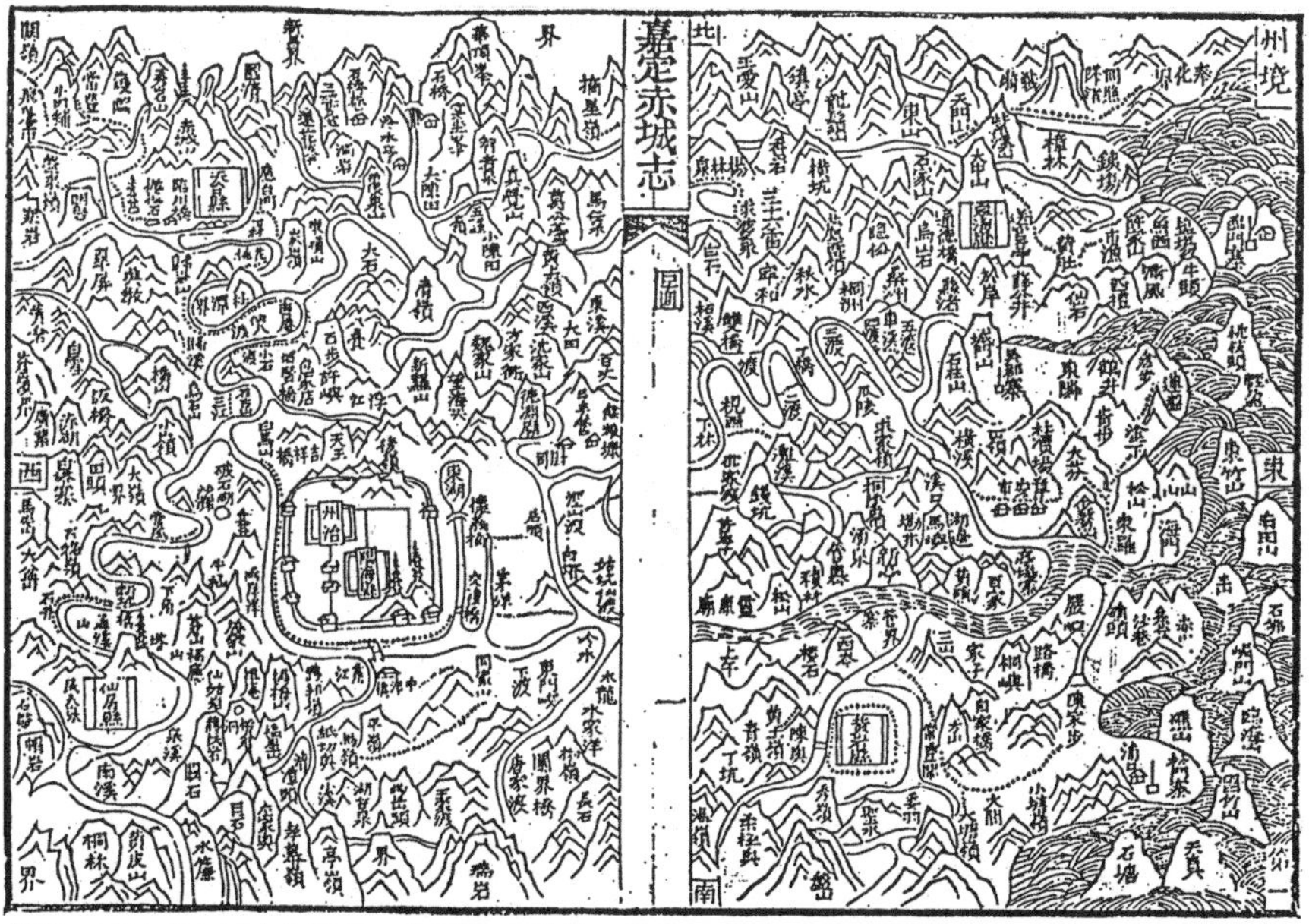

州境　嘉定『赤城志』所収。中国江南仏教の聖地天台山のある台州。城壁で囲まれた都城の周囲は山に囲まれている。入宋僧も多く訪問した都市である。

る。同じ交通史専家でも船の構造に技術を読もうとするものもいる。また家具の研究家は、家具の歴史を読もうとする。それほど、『清明上河図』は視点の豊富な画巻である。

だが、問題もある。示唆し述べてきたように、この画巻の主人公は誰なのか。日本の宗教関係の画巻のように、明確な主人公はでてこない。なぜなのか。となると、注文者が主人となる。そうなると、画巻の主人公は、多分、皇帝だ。この絵は皇帝、すくなくとも庶民の上に立つ注文者の視点にそって描かれたと考えるのが妥当ではないか。

そうなると、もうひとつ疑問がでてくる。画中に裕福そうなひとが少ないことである。また、気になるのが肥満したひとがいないことだ。古代のヴィーナスはみな肥満した女性である。たっぷりとした体はふくよかな女性と生命のよろこびを示すと教えてこられた。だが、一方で肥満は病気だという説もある。人類の最初からおきていた肥満という病気。宋代には病人はいなかったのか。画中に病人はいないが、薬屋の看板が多いのは述べたとおり。

『清明上河図』が描かれた時代は北宋末期で、政治的には重要な時期だった。都市がにぎわい、物資の流通も豊富で、貨幣経済が横溢し、人口もふえている。ある種、日本のバブルの時期に相当する時代だったといえる。その様子は、画巻によみとることができる。肥満した人はいないが、貧窮したとおぼしき人は少ないからである。解読に警戒は必要だが、一見して社会は安定したようにみえる。

柳塘牧馬図　宋　無款　北京故宮博物院蔵

長橋臥波図　宋　無款　北京故宮博物院蔵

それともそれを無視して、あえて、きわめて裕福な人を描かなかったのは、画家の悪戯なのだろうか。

このように、画中は平和だが、時代の変化も目前にせまっていた。にぎやかな繁栄を見せる社会にそぐわぬ、社会救済政策の充実が徽宗によってはかられている。それは、社会に不安が忍び寄っていることをしめしているとおもわれる。また、叛乱もみられるようになってきている。江南一帯でおきた叛乱や『水滸伝』で有名な山東省の叛乱は忍び寄る社会不安を示すとおもわれる。

北方でも不安が生じていた。新興勢力の女真人が、かつての宋の相手の遼を脅かすようになっていた。かれらはやがて政権をたてて金と称する。その金はやがて遼を打ち砕く。北で起きているこのような力関係の激変はやがて、宋に重大な影響を及ぼす。金はのちに宋と国境を接するのである。しかもそのかたちは、遼より一層深刻になる。北宋は金に華北の地を奪われて南遷せざるを得なくなっていくのだ。『清明上河図』はこのような激変がおこる直前のようすが描かれているのだ。絵画を読み込むには、このような時代の認識がなくてはいけない。

このような変化の様子は、数値に読むことができる。宋の経済力や人口その他は繁栄の様子とことなって、徽宗時代には衰退にむかっている。というより、北宋中期の努力の余韻がここにあるというべきか。ここで宋代の数値表*をながめてほしい。述べてきたように北宋のなかごろに数値は絶頂に達する。以後は下り坂である。その意味では北宋後半期は平成時代ににている、というのは言い過ぎか。

*→p.199

しかも、安易な歴史の比較は無理がある。それを承知で述べよう。

昭和後半の経済の進展と拡大を受けて、日本社会はいちじるしくのびた。産業も発達し、物価も高騰し、都市などの社会施設の充足がめだった。街はあかるく、人びとの生活も豊かだった。その勢いが平成になると薄れていく。街には行く先のないひとがふえて、ホームレスという言葉がでてくる。かれらは公園などに住み着いて問題になっていく。倒産や自殺もふえていく。閉塞感のただよう社会のなかで、改革が叫ばれる。だが、改革の進展がすすまぬままに、自殺や犯罪も増えていく。これが平成の現状である。

北宋の後期はまさにこのような時代だった。長い平和と安定を受けて経済が充足し、都市の繁栄がみられた。だが、その一方で、しのびよる不安があり、表面上の繁栄とはべつに経済の破綻もしのびよりつつあったのだ。こうしたなかで、人びとは繁栄を楽しんでいた。街には食堂がならび、高級料亭で散財をするものもいた。遊ぶ代表が徽宗皇帝である。

徽宗は宋代文人の代表である。宋代社会がつくりあげてきた文人官僚の世界を代表する人物なのだ。かれは絵画や音楽にすぐれ、風雅を友としていた。また洒脱な生活を楽しんだ。これこそ、宋代士大夫の理想の姿である。蘇東坡は「わたしはたくさんの本を読んだが、一度も法律の本はよまなかった」。こういっている。これはある種、無責任である。だが、これこそは宋代の官僚の姿なのだ。だから徽宗こそ、宋代を象徴する人物なのだ。

枇杷繡羽図　宋　無款　北京故宮博物院蔵

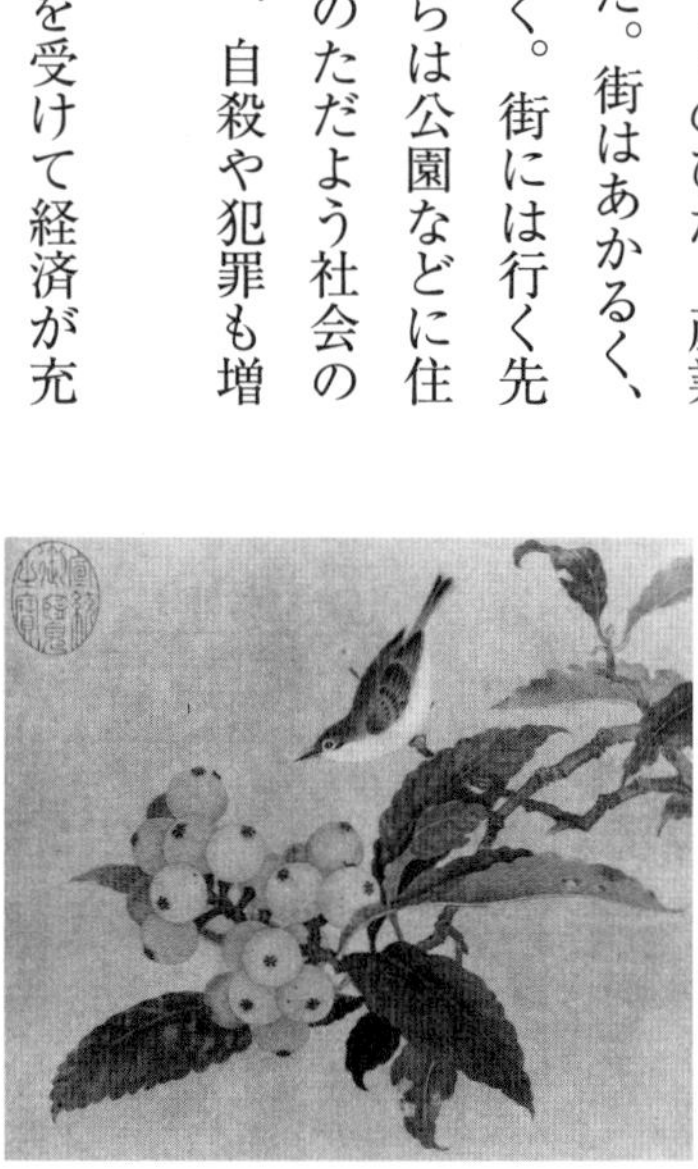

蓮舟仙渡図　宋　無款　北京故宮博物院蔵

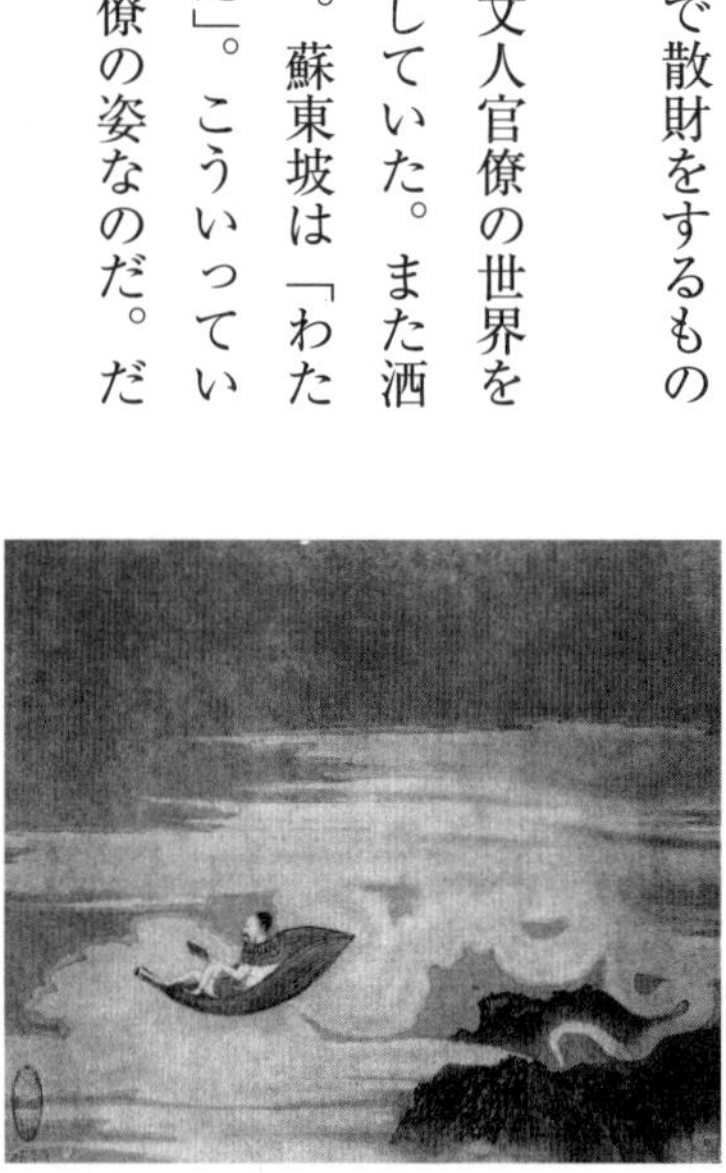

▌数字よりみた宋代史

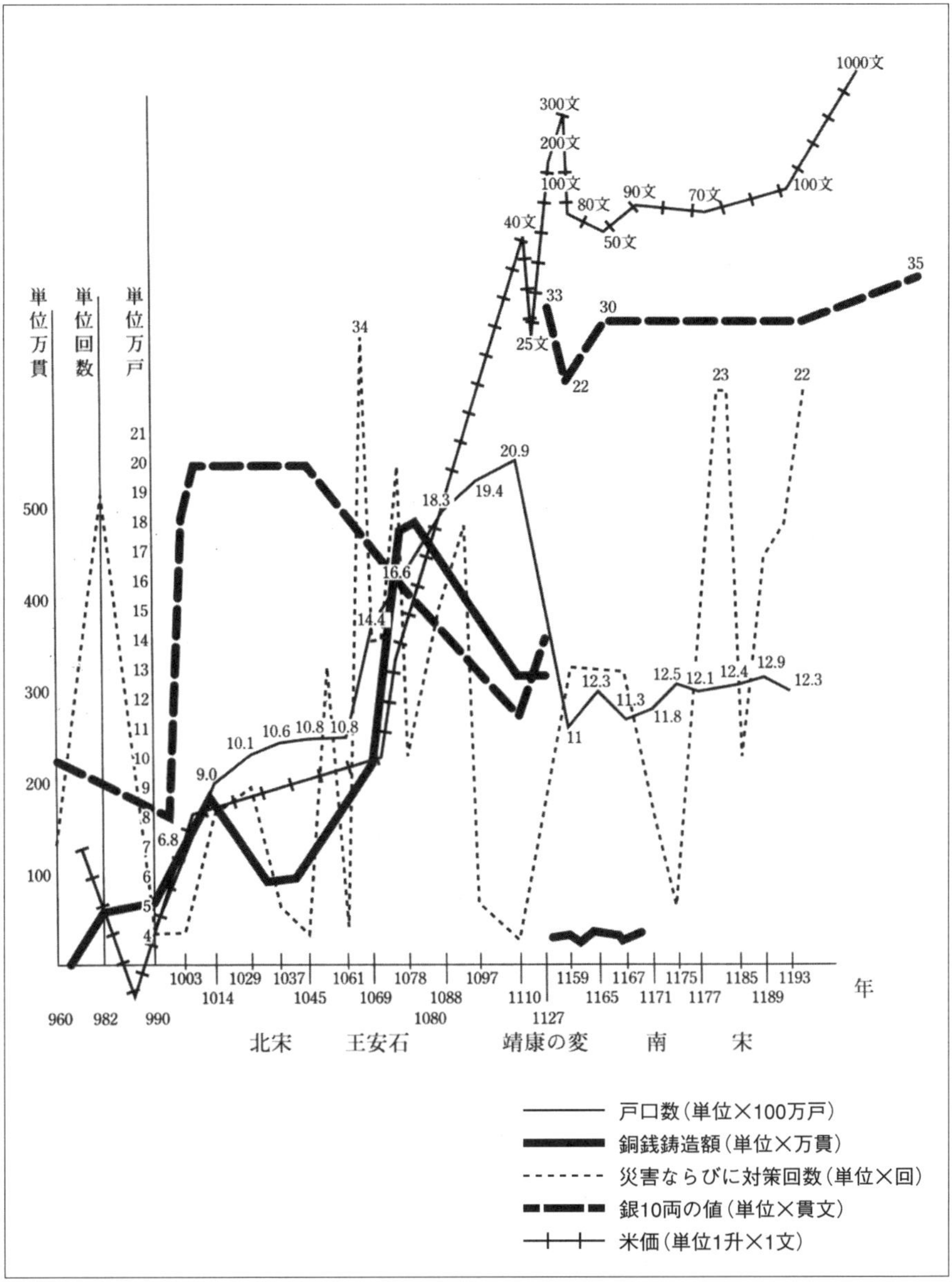

諸研究成果をも参照しつつ作成したが、参考文献は割愛した。この表にはなお粗い部分がある。たとえば、災害には多くの種類があり、対策も同様である。これらは基本的には分別すべきものである。だが、国内の安定は対策を恒久的なものや社会成長に関するものに対応させており、人口増加と社会の安定がみられることがわかる。

しかも、ではかれらが政治をしなかったのかというとそうではない。往時の記録のなかには民のために、政治に一生懸命な官僚が多く記されている。宋代の官僚は私利私欲にかられ、無法な行為が多かったという議論が少なくない。もちろん、そうした例も多くあったろう。だが、記録を見る限り、宋代の官僚にはよき官僚であろうとする姿が見える。これは今日とて同じである。政治家・官僚の諸問題が多い今日だが、篤実な官僚も多いし、身を粉にしてがんばっているひとも少なくない。何かというと批判しあげつらうが、それは正しくない。たとえば都内一等地の官舎が問題になる。安すぎるというのだ。また広すぎるともいう。その一面はあるが、一方で民間の家賃の高さはいわない。官僚は狭い所に住めといわんばかりもおかしい。都心一等地というより要地には危険に対処しなければならない国や地方公務員や関係者をバランスよくゆったりと住まわせ、非常時に対処しようという意見がないのは不思議でしょうがない。これはまた、臨機応変の体制でもあるのだが。

蘇東坡とて同様である。かれが中央政界での政争に一定の立場を占めていたのは有名だが、地方官として赴任したときも政治に一生懸命である。地方赴任時代に宋代にあった公的接待役の女性たちを呼んで宴会をしたりして遊んでいる。だが、火事にあった別の赴任地で陣頭指揮して災害から都市を救ってもいる。蘇東坡にしてこの態度である。その意味では政治に携わり、民衆の生活にかかわろうとしているだけ、徽宗はましなのかもしれない。

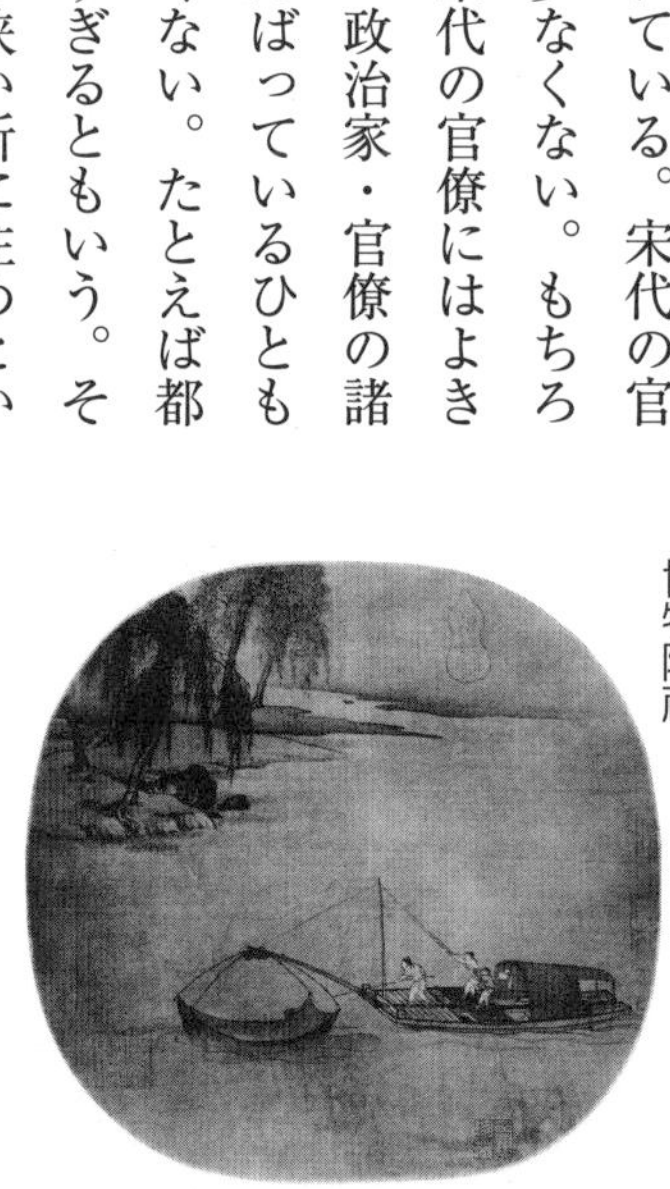

柳渓捕魚図　宋　無款　北京故宮博物院蔵

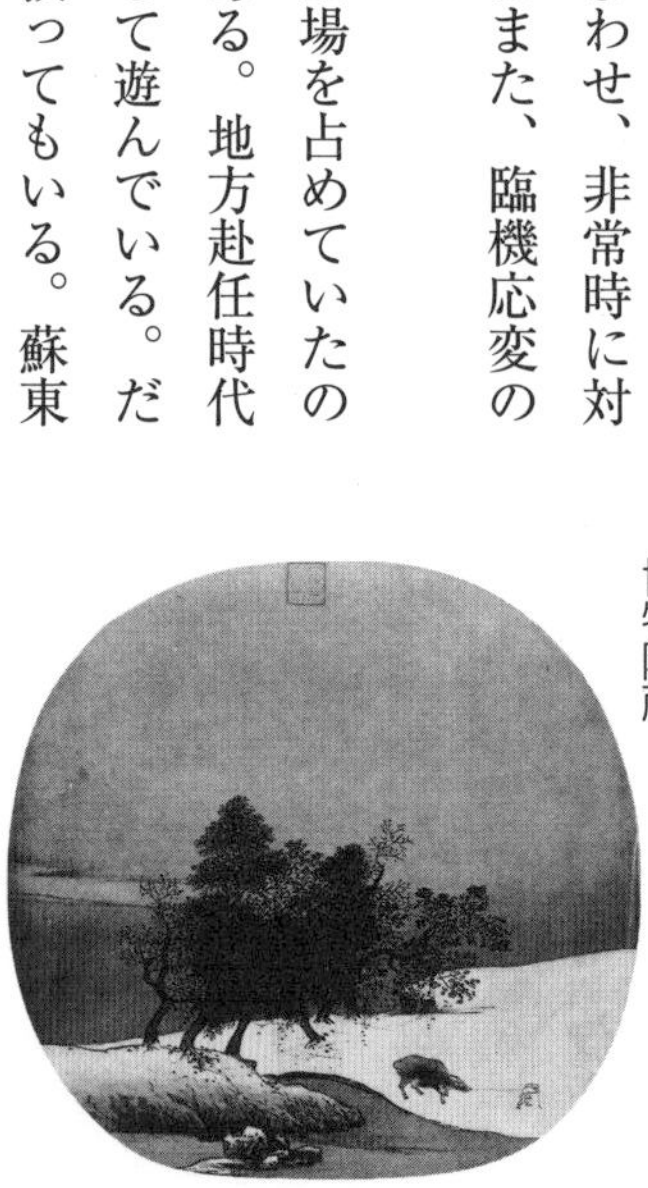

秋渓放犢図　宋　無款　北京故宮博物院蔵

聴琴図　絹本着色　147.2×51.3cm　伝徽宗画。琴を弾じる徽宗と、耳を傾ける家臣・蔡京。ここだけ別世界である。北京故宮博物院蔵

都市は人工的な景観がパノラマのように広がっていく世界である。陸游がみたように、遠くから望む都市は高い城壁をめぐらしている。そして、人びとを圧倒する。しかも、そのなかは複雑である。入り組んだ街路。建てこんだ家々。しかもそれらは高低があり、色も装飾もことなる。そして、そこに密集した空間を形成する。また、多くの人びとが住んでいる。このような空間では人間関係も複雑である。そして、いくつもの人生の縮図をみることもできる。ひとも世界もまたパノラマの世界なのだ。

都市のなかに江戸川乱歩が述べたような縮地はないにしても、都市はあらゆるものの縮図としてパノラマを形成するのである。そしてそれは万華鏡のように変化する。都市もまたカレイドスコープの世界なのだ。

このように都市は猥雑で危険なものをひめている。そしてそれゆえに、ある種、怖いものを秘めながらも、都市は魅力にあふれている。娯楽もあれば流行もある。品物も豊富である。宋代の都市の画巻もそうした魅力を描ききっていたのである。

残された絵図や地図は時代をのぞきこむ窓である。いくつもの絵図や地図の中に入りこみ時代を旅したが、今度はそのなかから現代をのぞいてみたいものである。現代もまたパノラマが展開し、カレイドスコープのように変化しつづけるからである。

中国歴史関係年代略表

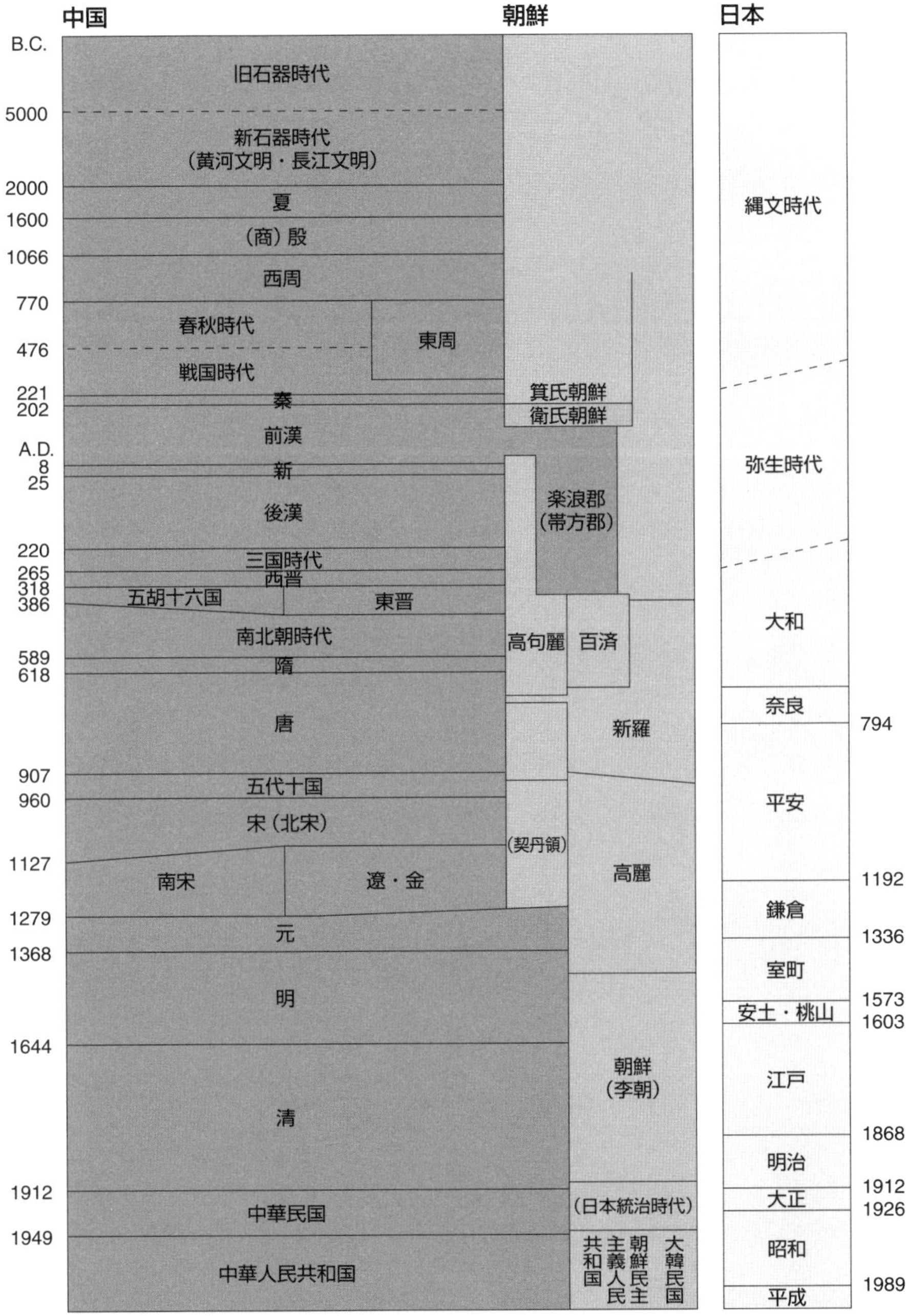
中国
朝鮮
日本
B.C.
旧石器時代
5000
新石器時代
(黄河文明・長江文明)
2000
夏
1600
(商) 殷
1066
西周
770
春秋時代
東周
476
戦国時代
221
秦
202
前漢
A.D.
8
新
25
後漢
220
三国時代
265
西晋
318
386
五胡十六国
東晋
南北朝時代
589
隋
618
唐
907
五代十国
960
宋 (北宋)
1127
南宋
遼・金
1279
元
1368
明
1644
清
1912
中華民国
1949
中華人民共和国
箕氏朝鮮
衛氏朝鮮
楽浪郡
(帯方郡)
高句麗
百済
新羅
(契丹領)
高麗
朝鮮
(李朝)
(日本統治時代)
朝鮮民主主義人民共和国
大韓民国
縄文時代
弥生時代
大和
奈良
794
平安
1192
鎌倉
1336
室町
1573
安土・桃山
1603
江戸
1868
明治
1912
大正
1926
昭和
1989
平成

おわりに

本書の依頼を受けてずいぶん時間がたった。現在は体調がたてなおってきたが、一時ずいぶん不調に苦しんでいたためである。実際、そのころはあたらしい仕事をしようという意欲に欠け、編集その他ばかりをしていた。それらもまた、遅れがちで、大抵のあとがきがお詫びばかりである。この繰言はもうしばらく続くが、それでも、いいわけを書く場はしだいに少なくなっている。あと数度とおもう。

都市を視覚的にみる仕事には、以前から関心を持っていた。そこで、本来の仕事であった士大夫社会研究の傍ら、地図や画巻を利用した都市研究をおこなってきた。では、官僚社会の研究と都市社会の研究という、両輪を持った研究者というのかというとそうでもない。両者がふかく結びついた存在だからである。

官僚たちは都市に住む。都市はあらゆるものを呑み込み、人もまた引き寄せられる。都市はまた権力と権威を放射する場でもある。よって、都市研究に手を染めたのは、官僚たちが住む都市の実態を知りたいという望みがあったからである。

方法的に地図や画巻を駆使する方法をとったのは、みずから絵を描くこともあって、文字資料だけでなく視覚史料を研究に役立ててみたいという気持ちがあったからである。しかも、歴史研究にさいしての図像の重要性が確認されていく時代がきていた。とくに日本史の分野でこの動きが顕著であった。比較都市史研究会でこのような先鋭的資料の読み込みを開拓しているかたがたに知り合えたのは幸いであった。また、『『清明上河図』をよむ』

を上木しえた際も寄稿者から多くの示唆を得た。ここで、謝意を表しておきたい。ただ、個人的には絵の解読をしえたが、時代を読み込むにはなお時間を要すると考えている。絵を読むのと、絵に時代を読むのはまた別の作業なのだ。なおこの点に到達しえぬのは、ひとえに筆者の努力不足が原因である。

本書はこのような経験と反省にもとづき、地図や画巻を自在に読み、そこから読み取ったことをこれまた自在に描いた。だが、なお課題に到達しえていないのも事実である。本書執筆の遅延をわびつつ、この点を反省していきたい。多くのわがままを許していただいた農文協「中国文化百華」編集室のみなさんに心より謝辞を呈しつつ筆をおく。

著者

■参考資料

◎多くの著書・論文のお世話になったが、ここでは単行本を主体にした。あげえなかった多くの著書の執筆者にお詫びしたい。

加納喜光『漢字の博物誌』大修館書店　1992／海都宣男『宇宙をうたう―天文学者が訪ねる歌びとの世界』中公新書　1999／シェファー著、吉田真弓訳『サマルカンドの金の桃』勉誠出版　2006／斎藤尚生『有翼日輪の謎―太陽磁気圏と古代日食』中公新書　1982／エチエンヌ・バラーシュ『中国文明と官僚制』ミネルヴァ書房　1971／R・F・バートン著、大宅壮一訳『千夜一夜』集英社／小南一郎『西王母と七夕伝承』平凡社　1991／平林章仁『橋と遊びの文化史』白水社　1994／アリストテレス『政治学』岩波文庫　1961／イーフー・トゥアン『空間の経験』筑摩書房　1988／大室幹夫『劇場都市』三省堂　1981／李済『支那民族の形成』生活社　1943／藤田弘夫『飢餓・都市・文化』柏書房　1993／同『都市の論理』中公新書　1993／竺沙雅章『宋元仏教文化史研究』汲古書院、2000／梅原郁編著『中国近世の都市と文化』京都大学人文科学研究所　1984／梅原郁訳注、沈括『夢渓筆談』平凡社・東洋文庫／梅原郁訳注、孟呉自牧『夢粱録』一～三　平凡社・東洋文庫　2000-2001／入矢義高・梅原郁訳、孟元老『東京夢華録』平凡社・東洋文庫　1996／『日本古典文学大系73　和漢朗詠集』岩波書店／清木場東『唐代財政史研究運輸編』九州大学出版会　1996／中国古典文学大系25巻『宋・元・明通俗小説選』平凡社　1970／イザベラ・バード『日本奥地紀行』平凡社・東洋文庫　1973／上田篤『橋と日本人』岩波新書　1984／岩城秀夫訳、陸游『入蜀記』平凡社・東洋文庫　1986／大室幹夫『西湖案内―中国庭園論序説』岩波書店　1985／エドウィン・ライシャワー『円仁―唐代中国への旅』原書房　1984／愛宕元『唐代地域社会史研究』同朋舎　1997／三浦国雄『中国人のトポス』平凡社　1988／内山知也『明代文人論』木耳社　1986／須川秀徳『李朝商業史研究―十八・十九世紀における公権力と商業』東京大学出版会　1994／栗本一男訳、J・ジェルネ著『中国近世の百万都市』平凡社　1990／愛宕元『中国の城郭都市』中公新書　1991／岩城秀夫訳『板橋雑記・蘇州画舫録』平凡社・東洋文庫　1964／岡本不二明「筆記小説からみた宋代士人の金銭感覚と経済状態」『アジア遊学』18号　勉誠出版／安部龍太郎『浄土の帝』角川書店　2006／古原宏伸『中国画巻の研究』中央公論美術出版部　2005／加藤繁「仇英の『清明上河図』について」『支那学雑草』　1944／吉田隆英『月と橋―中国の社会と民俗』平凡社　1995／星斌夫『中国の社会福祉政策』山川出版社　1988／鈴木公雄『出土銭貨の研究』東京大学出版会　1993／日下翠『金瓶梅』中公新書　1996

[伊原弘著・編]『中国開封の生活と歳時―描かれた宋代の都市生活』山川出版社　1991／『中国人の都市と空間』原書房　1993／『蘇州―水生都市の過去と現在』講談社現代新書　1993／『「清明上河図」をよむ』勉誠出版　1994／『水滸伝を読む』講談社現代新書　1994／『宋代中国を旅する』NTT出版　1995／共著『世界の歴史7　宋とユーラシア』中央公論社　1997／『中国中世都市紀行』中公新書　1998／「宋銭の世界」『アジア遊学』18号　勉誠出版　2000／編著『知識人の諸相―中国宋代を基点として』勉誠出版　2001／「徽宗とその時代」『アジア遊学』64号　2004／「宋代都市における社会救済事業―公共墓地出土の磚文を事例に」長谷部文彦編『中世環地中海圏都市の救貧』慶応義塾大学出版会　2004

■図版出典ならびに参照資料

『中華古文明大図集』宜新文化事業有限公司／図録『秦の始皇帝とその時代展』／『東アジアの古代都城』奈良文化財研究所／『中国の都城2』集英社／『中国建築史』中国建築工業出版社／『中国古代建築史』中国建築工業出版社／『中国城市建設史』中国建築工業出版社／『建築歴史研究』／『東アジアの都市史と環境史―新しい世界へ』科研／図録『中国秦・兵馬俑』／『栄宝斉画譜』栄宝斉出版社／『國寶』商務印書館香港分館／『中華古地図集珍』西安地図出版社／『蘇州古城地図』古呉軒出版社／『繁峙巌山寺』文物出版社／『白沙宋墓』文物出版社／『山西民俗』山西人民出版社／『姑蘇繁華図』商務印書館香港分館／『蘇州版画』駸々堂／『江戸時代の神奈川』有隣堂／図録『南宋絵画』／『高松塚古墳と飛鳥』中央公論社／『復元水運儀象台』新曜社／『宋元地方志叢書』中国地志研究会／『THE CHINESE EMPIER』JOHN NICHOLSON LTD.／『中国古代地図集』文物出版社／『北宋陝州漏沢園』文物出版社／『中国の星座の歴史』雄山閣出版／『西安名勝』中国旅游出版社／『第六回古代史シンポジウム　古代帝都の世界』／『中国博物館総覧下巻』中国博物館総覧刊行委員会／『日本歴史展望』旺文社／『図説中国の歴史』講談社／『中華五千年文物集刊　宋画篇』中華五千年文物集刊編集委員会／『中国古代耕織図』中国農業出版社／『中国科学技術典籍通彙　技術巻』河南教育出版社／『中国全記録』錦繍出版／『蘇州』中国旅游出版社／図録『中国古代版画展』／『残冬京華図』第一法規／『中国山西歴代貨幣』山西人民出版社／『清明上河図』三聯書店／『故宮文物月刊』国立故宮博物院／『中国巨匠美術叢書張択端』文物出版社／『Journal of Sung-Yuan Studies 26』／『晋祠』山西人民出版社

■協力

時の科学館儀象堂／京都国立博物館／大阪市立美術館／竹生島宝厳寺／株式会社撰

岡本央　写真　p29上　p51右上　p63上　p76　p97上下　p99下　p100上下　p105下　p106上下　p110上下

大村次郷　写真　p140

桜井澄夫　写真　p83中左／p112上

各章扉・p4　絵／伊原弘

図説❖中国文化百華

第7巻 王朝の都 豊饒の街

中国 都市のパノラマ

発行日 二〇〇六年七月五日

著者 伊原 弘

企画・編集・制作 「中国文化百華」編集室

企画・発行 (社)農山漁村文化協会
東京都港区赤坂七―六―一
郵便番号一〇七―八六六八
電話番号〇三―三五八五―一一四一[営業]
〇三―三五八五―一一四五[編集]
FAX 〇三―三五八九―一三八七
振替 〇〇一二〇―三―一四四四七八

印刷/製本 (株)東京印書館

ISBN4-540-03089-2
〈検印廃止〉
定価はカバーに表示

図説　中国文化百華・好評既刊

天翔るシンボルたち
幻想動物の文化誌
張競著
龍、麒麟、一角獣から人面犬、蛇頭魚身まで500点の図版でアジア精神文化の広がりを探訪。
3200円

おん目の雫ぬぐはばや
鑑真和上新伝
王勇著
高僧なのに、命を賭して渡日した鑑真の宗教的情熱。中国側資料が初めて明かす鑑真の生き様。
3200円

イネが語る日本と中国
交流の大河五〇〇〇年
佐藤洋一郎著
DNA考古学で探るイネの起源と伝播。河姆渡遺跡、徐福伝説、大唐米など稲作文化の源流と未来。
3200円

しじまに生きる野生動物たち
東アジアの自然の中で
今泉忠明著
野生を捨てて人と生きるか絶滅か。トラ、パンダからアルガリ、シフゾウまで60種の生態と運命。
3200円

神と人との交響楽
中国　仮面の世界
稲畑耕一郎著
三星堆の瞳が飛び出した仮面。山あいの村で現代も続く仮面劇。未知なる中国文化の古層。
3200円

癒す力をさぐる
東の医学と西の医学
遠藤次郎／中村輝子／マリア・サキム著
東西伝統医学はなぜ違う？　薬、処方、病気観、風土…差異の背景と新たな融合の途を探る。
3200円

火の料理　水の料理
食に見る日本と中国
木村春子著
だしとスープ。生を活かすか火を駆使するか…火（中国）と水（日本）を比較しながら味わう。
3200円

真髄は調和にあり
呉清源　碁の宇宙
水口藤雄著
碁は勝負でなく宇宙の調和の表現。一代の棋神の生涯と思想をたどる。林海峰・陳祖徳氏も寄稿。
3200円

歴史の海を走る
中国造船技術の航跡
山形欣哉著
独自に発達したアジア造船技術を唐代から清末まで考証。精緻な復元図多数で古代船が甦る。
3200円

「元の染付」海を渡る
世界に拡がる焼物文化
三杉隆敏著
世界を魅了しマイセンやウェジ・ウッドを生んだアジアの陶磁器。元朝時代の国際文化交流。
3200円

（価格は税込。改定の場合もございます。）